简又文◎著

者

从阅读走进现实
knowledge-power

knowledge-powe

读行者

图书在版编目（CIP）数据

冯玉祥传 / 简又文著.—长沙：岳麓书社，2016.8

ISBN 978-7-5538-0623-5

Ⅰ.①冯… Ⅱ.①简… Ⅲ.①冯玉祥（1882–1948）—传记 Ⅳ.①K825.2

中国版本图书馆CIP数据核字（2016）第121096号

著作权合同登记号：图字18–2016–140号

FENG YUXIANG ZHUAN

冯玉祥传

作　　者：简又文

责任编辑：龚　昊　蒋　浩　李郑龙

监　　制：于向勇　马占国

特约策划：秦　青

特约编辑：王　蕾

营销编辑：刘晓晨　罗　昕

装帧设计：张丽娜

岳麓书社出版发行

地址：湖南省长沙市爱民路47号

直销电话：0731–88804152　88885616

邮编：410006

2016年8月第1版第1次印刷

开本：700×1000　1/16

印张：20.5

字数：300千字

书号：ISBN 978-7-5538-0623-5

定价：45.00元

承印：三河市鑫金马印装有限公司

质量监督电话：010— 59096394

团购电话：010— 59320018

总序

岳麓书社依据台湾的《传记文学》，分类编纂，陆续出版“传记文学”书系，这是两岸文化交流史上的大事，是中国近代史和中华民国史研究的大事、喜事。

1962年2月5日，时值春节，曾在北大读书的刘绍唐向当年的校长胡适拜年，谈起胡适长期提倡传记文学，而始终未见实行，向老师透露，自己正准备创办《传记文学》月刊。胡适虽肯定其志，却以为其事甚难，办月刊，哪里去找这么多“信而有征”的文字，因此不大赞成。不料当年6月1日，绍唐先生主编的《传记文学》竟在台北出刊了。自此，直到2000年2月10日，绍唐先生因病在台北去世，历时38年，共出版453期。每期约30万字，453期就是约13590万字。此外，传记文学出版社还出版了“传记文学丛书”和“传记文学丛刊”，其中包括《民国人物小传》《民国大事日志》等许多民国历史方面的著作。

尽人皆知，绍唐先生没有任何背景，不接受任何政治集团、经济集团的支持，只身奋斗，孤军一人，却做出了台湾官方做不出的成绩，创造了中国出版史上不曾有过的奇迹。因此，绍唐先生被尊为“以一人而敌一国”，戴上了“野史馆馆长”的桂冠。

我在大学学习中国文学，毕业后业余研究中国哲学，1978年4月，调入中国社科院近代史研究所，参加《中华民国史》的编写，自此，即与绍唐先生的《传记文学》结下不解之缘。在众多历史刊物中，《传记文学》最为我所关注。但是，我和绍唐先生相识则较晚，记得是在1995年9月，纪念抗战胜利50周年之际。当时，台湾史学界在台北召开学术讨论会，我和其他大陆学者31人组团越海参加。这是海峡两岸学者之间交流的起始阶段，有如此众多的大陆学者同时赴会，堪称前所未有的盛事。我向会议提交的论文《九一八事变后的蒋介石》，根据毛思诚所藏《蒋介石日记类抄》未刊稿本写成。当时，蒋介石日记存世一事，还不为世人所知，绍唐先生很快通知我，《传记文学》将发表该文。9月3日，闭幕式晚宴，由绍唐先生的传记文学出版社招待。各方学者，各界嘉宾，济济一堂。我因事略为晚到，不料竟被引到主桌，和绍唐先生同席。那次席上，绍唐先生给我的印象是热情、好客、豪饮。次年，我应“中研院”近史所所长陈三井教授之邀访问该所，在台北有较多停留时间。其间，我曾应绍唐先生之邀，到传记文学出版社参观。上得楼来，只见层层叠叠，满室皆书，却不见编辑一人。绍唐先生与我长谈，详细介绍《传记文学》创刊的过程及个人办刊的种种艰辛。绍唐先生特别谈到，办刊者必须具备的“眼力”“耐力”“定力”等条件，可惜，我没有记日记的习惯，未能将绍唐先生所谈追记下来，至今引为憾事。绍唐先生交游广阔，文友众多，因此宴集也多。每有宴集，绍唐先生必招我参加，我也欣然从远在郊区的南港住所赴会。许多朋友，例如旅美华人史学家唐德刚等都是在这样的场合下认识的。在台期间，台北史学界为纪念北伐战争70周年，召开北伐及北伐史料讨论会，我根据原藏俄罗斯等处的档案，撰写《1923年蒋介石的苏联之行及其军事计划》一文参加，绍唐先生不仅到会，而且当场确定《传记文学》将发表拙文。我离开台北前，绍唐先生再次将我引到他的藏书室，告诉我，凡传记文学出版社出版的图书，喜欢什么就拿什么。我因为“近史所”已赠我大量出版物，又不好意思，只挑选了《陈济棠自传稿》《傅孟真先生年谱》《朱家骅年谱》和李济的《感旧录》等有限几种，回想起来，至今仍觉遗憾。

绍唐先生自述，他有感于两岸的文士因为历史原因等种种关系，“许多史实难免歪曲”，因此，创办此刊，以便“为史家找材料，为文学开生面”。我觉得，绍唐先生的这两个目的，比较成功地达到了。政治对学术，特别是对历史学的干预，古已有之，但是，学术特别是以真实为最高追求目标的历史学，又最忌政治和权力的干预。绍唐先生在台湾的白色恐怖余波犹在的年代，能够不怕“因稿贾祸”，创办刊物，发行丛书，保存大量中国近代史特别是民国史资料，供千秋万代的史家和史学爱好者采用，这是功德无量的盛事、盛业。刊物虽标明“文学”，但是，取文、选文却始终恪守历史学的原则，排斥任何虚构和想象，这也是值得今之史家和文家们借鉴和注重的。

绍唐先生去世后，《传记文学》由中国新闻界的前辈成舍我先生的后裔续办，至今仍是华人世界中的著名历史刊物，衷心希望绍唐先生的事业和精神能长期传承，永放光彩，衷心希望“传记文学”书系的出版，能得到读者的喜欢，助益历史学的繁荣和发展。

杨天石

2015年5月于北京东城之书满为患斋

目录

引言

中华民国十五年（一九二六）秋，余在北京因秘密参与革命工作，受奉鲁军阀之压迫，名列被通缉的黑名单。于是辞去燕京大学教席，微服出亡，南归广州，积极参加国民革命运动。蒙孙科、徐谦两先生荐举，中国国民党中央党部任命为西北军“政治工作委员”。会国民革命军克复武汉，余即经沪赴汉，转车北上。翌年（一九二七）三月初，抵达西安，向西北军冯玉祥将军总司令部报到，以后担任各种政治工作。余本与冯氏有旧，至是重聚，在其麾下正式受职。因有公谊私交双重关系，故于任务进行，甚为顺利。

公务之余，余仍不脱书生本色，怀着学术研究的兴味，分向各方搜集冯氏本人生平事迹，及其所创建的西北军（别称“国民军”，详后）史料，拟撰专书纪之。一有所得，辄笔之札记中。至十八年（一九二九），离军从政。暇时，则以所有资料，作系统的编述。

越年，成初稿十四章——由冯氏出生起至北伐成功止。以后，时事变幻，波谲云诡，冯氏之出处，大成问题，不易下笔。而且其后数役，余因早已脱离关系，不在冯军，未曾亲历其境及躬预其事，见闻复未周，亦不敢率尔操觚。中间经过八年抗战，有关冯氏的资料尤不易得。于是搁置草稿垂四十年。最近，整理旧作，喜见本书原稿，虽屡历沧桑浩劫与人事变迁，幸而尚未被蠹鱼白蚁蛀蚀。亟趁治太平天国史工作告一段落，发愤执笔，重写全编，冀为我国现代史保存多少史料。

冯氏于民国三十七年（一九四八）下世，去年（一九七一）且二十三年了。其一生棺虽盖而论未定。以迄于今，中西论者对其人犹毁誉参半，本书亦未能妄下武断的、终极的结论，这恐怕要留待后代世界史家之公判。不过，在今日执笔记载其事迹，根据显著的、可信的事实，平心而论，其早年由一个不识不知的贫寒小子，艰苦奋斗，屡著勋劳，而成为功业烜赫、权势重大、手拥数十万大兵之军事领袖，其中年为国民革命努力以完成北伐之殊功伟绩，与夫晚年团结勠力以达到抗战胜利之苦心孤诣，耿耿精忠，自无可非议者。虽其间及晚年与中央时合时分，屡有不协之言论与行动，不免受人指摘（特别是因其生前仇雠太多，旧敌余党，怨恨未息，动辄诪张为幻，蓄意诋毁，厚诬其人，实是乘势下手“打死老虎”）。然而无论如何，要亦不能掩其大半生奋斗成功，叱咤风云，与屡次扭转时局，促进革命，毕生爱国为民之奇行、大志、苦心与伟勋。在中国近代史、民国建国史中，当然不失其为一个有数人物而占有相当地位的。然则又乌可不传？

书成，署签曰“冯玉祥传”，盖于国史、正史，或自传、别传、外传之外，另为私家记载之作也。抑且此亦有异于学术研究之完全根据记录、详加注释的史传。除了参考所得书籍文件之外，多系著者所亲切认识的冯氏之一生事迹，以及其人格、品性、情感与思想信仰（其中有不少是世人所不知的），而时或加以个人的印象及观感。读者可由此而对于其人、其行、其时代及与其有关之国家大事，得有多些真确的知识，故既可作为近代掌故读，而一般专治中国现代史者，也许可由此“实录”而获得多些特殊的、可用的资料，是则著者希望之所在，更引为幸事的了。（友人某教授，前在英国一家大学掌教中国历史，著作等身。年前来港，屡顾寒园，披阅本书全稿，摘录内容不少，谓将为其新著史料之用。又：下文本书资料来源之（九），指出一位美国史学教授之权威的巨著，亦曾引用我所提供的资料，可为上言之证。）所望读者如发现书中有挂漏或舛讹之处，不吝随时指正，幸甚。

本书的资料来源，有以下九类：

（一）曩在军中，除亲历亲见之事实外，时得冯氏亲口告以所历旧事，往往娓娓不倦。其后在南京、重庆，屡次会晤亦然。此为独特的、直接的源头。

（二）冯氏最初在军营中相与同事之老友，如尚得胜、邓长耀、史心田、石敬亭等多人，我从征时尚在军中，一一为我讲述许多冯氏早年的逸事，是至为难得而可信之第一手资料。

（三）全军干部中有许多高级军官，都曾参预以前各役的，也给我许多至有价值的直接资料。

（四）冯氏自己的著述是最好不过的资料。在军中，他给我一本《冯玉祥自传》未刊稿，《冯玉祥日记》自校稿，均交我保管和参考。后来又有详细的自传《我的生活》（民二十六、上海出版）。尚有其他诗歌、训令、读书札记等，亦曾一一参考。

（五）我个人从前在军中所写的《我所认识的冯玉祥及西北军》《西北军革命奋斗史》（民二十四），与后来的《西北风》（载《西北东南风》，良友公司出版），另有个人的零碎札记及片段的回忆，皆转而成为本书之直接史料。

（六）早年有关冯氏生平之中英文出版物，如①陈崇桂牧师之英文冯氏传记Marcus Ch'eng. *Marshal Feng*，*The Man and His Work*，1926，Shanghai；②George T. B. Davis，*China's Christian Army*，1925，The Christian Alliance Pub.Co.，Philadelphia；③张之江：《证道一助》；④李泰棻：《国民军史稿》（民十九）；⑤蒋鸿遇：《国民军二十年奋斗史》二集（军中石印，非卖品）；⑥王瑚：《冯公郁亭墓道碑志》（拓本）等，皆载有极有价值的资料。

（七）《冯玉祥将军纪念册》，系于冯氏去世后，“中国国民党革命委员会”在香港为其印行者（非卖品，无年期），亦有多少资料可用。

（八）近年在台湾出版品有冯氏旧部所写的①刘汝明：《刘汝明

回忆录》（一九六六年，传记文学社）②秦德纯：《秦德纯回忆录》（一九六七年，传记文学社），载有关于冯氏的资料不少。

（九）最近，有一位美国西北大学历史教授薛立敦，专门研究冯氏的生平，出版了一本《冯玉祥的事功》（James E. Sheridan，*Chinese Warlord*，*The Career of Feng Yu-Hsiang*，1966，Stanford Univ.Press）（由其哲学博士论文增补成书），系施用科学研究方法、学术的传记体裁，搜集中西大量的史料编著而成，为最完备之学术性的冯氏史传，记载翔实，立论公平，其中一部分的资料是由我特别供给及由其引用上录之（五）拙著各编者。而拙著本书之内容，亦有转用他自己所得的资料。谨此声明，并志谢忱。（书简称“薛著”）

回忆当抗日大战末期，我在陪都谒见冯氏（这是我最后与他会面的一次。其时，他喜欢人以“先生”称呼他）。从新聚首话旧，感情欢洽。他即席书赠他的“丘八诗”（自称），有句云：“不作张子房，便为张自忠。”后来，我也报以“丘三诗”（“丘八”落伍，非“丘三”而何？）两首。其一云：“先生教我作留侯，可惜汉高未碰头。愿学其人之晚节，功成快共赤松游。”末句，辞婉而讽，类似“谲谏”，隐寓劝其功成身退，不需杯酒而自释兵权之意。（按：战时，总统蒋公得美总统罗斯福亲笔来函，保证援助我国抗战必胜，故人人怀有成功之希望。）他虽与我半生结患难之交，有袍泽之谊，而后来志趣歧异，门路不同（我不涉政治，埋头治学已廿余年），如今更以生死殊途、恩怨都泯，趁有机会将本书发表，了却一宗多年心事。知我一向站在客观的历史立场以报道真实事、爱讲公道话者，当能谅我。知我与冯氏多年公私关系者尤当谅我而不罪我。属草至此，四十年旧事，萦回脑际，不禁百感交集，心头隐隐有“将军一去，大树飘零”之痛焉。这是自然发生的念旧真情。若目为借此以效庾信之《哀江南》，则又岂敢岂敢？

一九七一年七月

简又文驭繁氏书于九龙猛进书屋

第一章　家世及童年

（一岁至十四岁，一八八二—一八九五）

一个青年圬者

清季，安徽省巢县西北乡竹柯村里，有一个姓冯的农工人家，因经济的压迫，阖家的男女老幼俱要合力做工以维持生活。在夏天，他们种田或打鱼；冬月则从事纺织。男子汉更要出外做工。这家里有一个青年人，因为父亲是当泥瓦匠出身，自幼也跟着去学得这门手艺，所以自自然然的便承袭了这一种职业以帮助糊口养家了。

这个青年瓦匠，就是冯玉祥将军的父亲。他原名秀文，后改为有茂，字毓亭（亦书郁亭）。人严正戆直，义侠豪爽。其生平轶事，为人所乐道。兹缕述数则于后，以表出其性格。

当毓亭公在少年时，太平天国战事蔓延至长江两岸，兵燹之灾，及于巢县。他奉母挈妹出奔避难。他们走到一河边，后面有乱兵苦苦追来，前面有河而又无船可渡。他找得一个大木盘，即让母妹二人坐在盘里，而自己则凫水推盘过河。渡适彼岸之后，忽闻后边原岸有两个十七八岁的女子呼救声，这也是被乱兵追迫而逃难的。

他救人心切，凫水推盘回去，照样送她俩安然渡河。那两女子以无家可归，同行又不方便，且为报德酬恩起见，向其母献身同为媳妇。那严正不苟的毓亭公却坚持不肯，说道："救人于患难，是自己的本分，乘危而取利是不义的行为。"恰巧次日在路上，遇见两女的父母，遂将二人交还。由是他乃有"侠士"之称。其后，毓亭公娶妻游氏，即冯将军之母也。

既复得安居，毓亭公仍操旧案。一次，他在张姓富户家里做工。那家主请了一名教师，在家教其孩子辈练武。毓亭公本是有志向学上进而没有机会的，如今每当工作之余，便实行"偷师"，日常暗自窥探那教师授课。他苦心求学，自然容易得其秘奥。晚上又苦心练习，成就更快更多了。有一天，那教师无意中很诧异的察觉这"偷师"的工人，技艺成绩，居然比他的正式徒弟为优。他有意栽培后生，忙告诉东翁知道。那富翁也是好人一个，很愿意作育人才；查明此事果是真的，即将此青年泥匠提拔起来，许他与自己的孩子一同上学，同时为他们服役。这可算是一个工读生了。

毓亭公一得有正式求学的机会，自然益为用功。加以身材魁伟，饶有膂力，武术更有精优的成绩。及至随同那富家诸子赴武试，他竟然出人意表地名登榜上——中了一名武秀才，而诸子反名落孙山。这真实事迹，宛似小说中岳飞出身的故事一般，可云巧合矣。

当时，干戈未息，正是有志健儿建功立业之秋。毓亭公既进武庠，以志向远大，不甘枥伏，遂毅然离家，投身军籍，隶刘铭传部，即李鸿章淮军中之"铭军"是也。"有茂"之名，即于投军时所改。他体力雄健，身手不凡，加以武艺过人，忠勇尽职，且屡立战功，未几，遂得升为下级军官。后来，带兵作战，遍历江苏、湖北、山东及甘肃西陲诸省，到处保民爱民及为民服务。每遇饷项不足之时，他必严禁部下滋扰抢掠，全部只好忍苦挨饥，时以白薯果腹而已。有一次，在都田地方过年，他把所有钱银分给士兵们，自己身上只留大钱两枚。那时，适有一人前来私下馈送他八千钱，请求许他在新年时开赌一天。毓亭公大怒，面斥其人说："如果我肯收受这些黑钱，我早就发大财了。我怎能要这些不义之财以贻害人民呢？”那行贿者失望，抱头鼠窜而去。

毓亭公更有一出色之点，即是：无论带兵到甚么地方，必率领全部兵弁为社会服务。例如：光绪十六年（一八九〇）他在直隶（今河北）唐官屯至小站一带筑河与修路。到光绪十八年（一八九二）他抢救直隶永定河，造益人民尤为远大。这河水患频仍，堤坝一决，即为患地方。是年毓亭公奉令修河，自誓决不使本年河决为患。他告诉部下全体兵弁说：“如果河堤今年再有崩溃，我是头一个要跳入河中的。”工程还未完竣，大水忽然涌至。毓亭公果然跃身投入中流，以身为殉。人丁们当时奋力把他救起来。因感受他这一腔义气之鼓舞，全体人人奋不顾身，抢救河堤，卒使大水不致泛滥为地方人民害。该处沿岸人民至今仍称道其功德不已。事后二十年，他的儿子——冯玉祥将军——驻扎南苑时，亦曾率军抢救永定河一次，地方人民命其所修之堤为“冯公堤”，不啻是他两父子到处保民爱民、服务社会、先后辉映的纪功碑。毓亭公一生带兵严肃勇义，高树风纪，早已为其儿子树立了爱国爱民的军人模范了。所谓“有其父必有其子”，信然。

“科宝”诞生

光绪初年，铭军驻直隶。当时，直隶总督李鸿章，以太平军及捻军战事先后平靖，拟在濒海各地谋屯垦，乃令所部将士家属移居驻防各地附近之村镇。毓亭公遂举家迁居天津附近青县之兴集镇。冯玉祥即于斯地诞生。时，光绪八年岁次壬午九月二十六日（夏历）也（一八八二）。是年，毓亭公本应赴江南乡试考武举人的，但因军职羁身，不能如愿南下，而宁馨儿适于是时出世，所以就为他取乳名曰“科宝”，用作科举宝贵的纪念。其实，如果他在九泉有知，应当觉得这个儿子之诞生，比当时入场中式举人更为喜庆得多哩。

冯玉祥兄弟共七人，自己排行第二，名基善。长兄名基道，号治斋。在早年，兄弟二人已甚相得，共同生活于家庭。后来，治斋亦投军效力，先入李鸿章之保阳军马队，后改编入第四镇，积功累升至陆军中将。后又转入文官一途，亦有政声。其为人也，忠厚和蔼，有长者风。晚年，隐居天津、北平间。至其余小兄弟五人，早已相继夭折了。

铭军后被改编为“练军”，共有五营，驻保定，故名为“保定练军”。其时，毓亭公因功已升为后营右哨哨官，亦迁居保定。他虽然屡次升级，但因军饷无多，而赋性豪爽，不治家人生产，又不屑私取不义之财，所以家境一向贫窘。他们所住的房子在离保定城二里多远之东关外的大康格庄，全房只得屋子四间。过了半年，乃搬到一家稍大的房子，一共七间，系由典当而得的。举家居此，其狭隘郁闷可想而知。冯玉祥就在这乡间陋室度其缺乏幸福的童年生活。

家庭生活

冯氏幼年的家庭教育，得自其严父人格之熏陶及影响最大。在六七岁的时候，保定乡间有唱戏的。有一天，他跟着大哥去戏台那里趁趁热闹。在外边玩了一会，戏还没有开唱，哥弟俩就回家了。凑巧父亲刚从营里回来碰见他们，问知情由，大为震怒，立刻把两人很严厉地教责一顿，以后不准再出外胡跑乱玩；还将老大用绳子捆在楼上，幸得房东说情，才把他释放了。在这种严峻的约束之下，冯氏的品行受影响甚大。据其自说，自经此次严责，以后几十年，除了间中与同营弟兄出外应酬看戏之外，自己永不沾此嗜好。这一顿教训果然发生禁绝其胡跑乱玩的长久效能。

最不幸的，冯氏双亲都染了当时流行社会上下的恶嗜好——抽大烟。他们屡次要戒了，但因多年老瘾一戒就病，全身筋肉都痛起来，所以总不能戒断。冯氏尚记得小孩时日夕为父母捶背，以减少其因戒烟而起的痛苦。但老人家仍不能支，只好又吸上了。抽鸦片烟的人喉易干涸，爱吃水果，当父母吸烟后，他便劈一个梨以进，自己只吃剩下了的梨皮梨心。他们家道已是不丰，两餐白米常苦不足，又加以“黑米”之要求，更添上水果之供奉，生活更为困苦，而且两老身体亦日形瘦弱。贫病交迫，生计好不易过！

冯氏身历其境，切肤受痛，反感自生，所以他从那时起便痛恨鸦片，比恨别的恶嗜好尤甚。后来，他到处实行禁烟，对于部下施禁尤严，莫非由于幼年在家庭所得的痛苦经验之反感也。

家里衣食已不充足，人口又多，小孩子的物质供养当然缺乏得很。冯氏在孩提时，全家所吃的不外麦面素菜，肉食无多，所穿的更为朴素。据其自言，两足所穿的鞋子，都是富家孩子们所穿过的，破而且烂，复经鞋匠缝而后补，在旧货摊上贱价发卖，俗称“二鞋”。他尚依稀记得买一双这样的鞋子花铜钱三十文，买得一双便穿好久。全身所穿的衣服，也是破旧不堪的布衣，大褂子（罩袍）是每年添一件新的，都在三月十五日以前做好——因为那一天正是“刘爷庙”出巡的盛会。他又说，这件大褂之为用大矣！既可炫耀于别的孩子们的眼前，又可遮盖里面全套的烂衣旧裤。无怪乎他说穿上了这件新布袍，其宝贵简直“像穿皇袍一样”。

冯在童年迫于家境，所享用的都是布衣布履，从不与丝罗文绉有缘，生平之俭德由此养成；习惯已成，布衣自适，一穿上绫罗绸缎，反觉全身内外大不舒服。是故以后数十年，不改故态。苟明乎其幼年之家庭背景与半生之生活习惯者，断不至以“作伪”或“沽名钓誉”讥其人了。（作者按：以上据冯氏自述、陈崇桂英文传记及其他资料。）

教育与宗教

生活于这样贫苦的家庭，冯氏之教育自然难望得有完善的了，可是仍然未算是完全没有上学的机会。他的大哥是在一位姓陈的塾师那里念书。

到光绪十七年（一八九一）九月，因入了马队，迫得要中途辍学，可是还有三个月才到散馆的时候，他的父亲很经济的就叫老二顶上了这学额，继续去上了这三个月的学。这时冯氏年纪十岁。过了这年，他又入姓马的书塾，后来又在姓颜的馆中念书。直至入伍时为止，他总算是一共受过两年三个月的书塾教育。几十年前乡间冬烘先生的散馆，当然不能比拟现在有规模的小学。冯氏幼年的教育成绩不问而知。据他说，幼时曾念过《大学》《中庸》，“仅识之无”，尚不能看书也。（作者按：上据余早年采访资料本甚可靠。但冯氏自撰之《我的生活》页二九，言正式上学只有一年三个月，未载第三年入颜姓馆事，似遗漏。）

这短短的书塾生活，后来所留存在冯氏脑中的印象只有这一点——那很厉害严峻的陈老师常拿起十二两重的老烟杆头，毫不爱惜地敲打他的头颅，每每打到红肿好像一座小山一般。数十年来，每一忆起，犹有余痛云。

读书之余，他也有一些游戏。当时保定儿童好踢球之戏，他也随着学友们踢球。听说，他因为身体壮，胆量大，所以踢得比群童为优。他又最好打架，附近十三村的童子全不是他的敌手。这都是可信的，因为他后来对于武术和各种运动，均是出类拔萃的哩。

冯氏幼年时的宗教生活，也不外是普通社会牛鬼蛇神的多神教罢。他记得有一次家里出现了一条蛇，他父亲便恭恭敬敬地设一个牌位供奉它为财神。每月初二、十六日（广东人称为“做牙”即“祃牙”），家人就用鸡蛋来祭神——有钱时六个鸡蛋，没钱时三个。家里还供着一位佛爷。他父亲每逢礼拜此佛爷之时，必正其衣冠，庄重拜跪，口里喃喃地祈求：“佛爷！保佑我们一家平安，升官发财。”冯氏在小孩子的时候随着尊长胡跪乱拜，当然不能有甚么特异的、超越的宗教思想。不过，他在那时的感想已仿佛觉得他们求神拜佛，无非是为一家一身的福利而不知其他，真是可鄙。到后来，他习知基督教牺牲博爱之道理乃是利他的、为多数人谋幸福的。两相比较，天渊立判，他的多神教信仰直到那时才被根本推翻。这是冯氏后来所自述的。

父母的感力

在十一岁那一年，冯氏生命中经历第一宗极悲痛的凶事。他的母亲——游太夫人——因生产他的七弟，不幸得病去世。当药石无灵、群医束手的时候，家人转而求神问卜，冀得超自然的护佑。冯氏爱母心切，尤其诚笃恳挚，独自到“刘爷庙”许下救母大愿；又常对天叩头，把额头磕到红肿起来。母亲弥留时，想吃梨和肉丝面，可是家里不名一钱，家人只好叫他拿些衣裳到城里去当了，换得几文钱买给她吃。他还要跑三里多路才可到铺子里买得这些东西哩。然而母亲卒要离去他们父子三人，溘然长逝了。冯氏生命中遂留下第一宗大憾事。游太夫人一生慈祥和厚而好施与，且早年敬事翁姑极为孝顺，不愧贤妇良母之称。冯氏性格固执刚直，有类乃父，而胸怀却慈祥仁厚，则又是由太夫人所感化、训育或遗传而来的。以后毕生，每谈及先人，他辄想念其慈母之贤德不已也。

毓亭公还有一种性格影响于他儿子者甚大，不可不补述。他生性刚直，自不免有愤世嫉俗之言行和与人落落难合之态度。对于当时社会——尤其是官场中——之恶习，他均不沾染，而且还具有只手挽狂澜之苦心，时时处处都不惮烦难，不怕招怨，竭力矫正时弊。例如：他虽为官，而不屑谄谀上司，不好逢迎同人，因此居恒与人少有来往，谢绝应酬，凡送礼、请客等陋习俗例，一概不行。冯氏在军政界多年，性格行为也很像乃翁之孤立独行，父子先后若同出一辙。他自谓这种习尚，都是幼年在家庭中从父亲所得的教训而来。

挂名入伍

光绪十九年（一八九三），是冯氏生命中很可纪念的一年，因为他开始当兵了。当时练军一个兵士每月发饷三两六钱。利之所在，投效者众，竟至争竞入伍。为取缔计，营中规定入伍的必须有人保送，所以不大容易。冯那时只得十二岁，哪够入伍的年龄？但因他父亲同事好友哨长苗开泰的一哨里适缺了一个兵额；他情谊高厚，恐怕别人捷足先登，于是不出一声，先把世侄的名字填补那空额。那实是招呼朋友的十分好意。冯氏于乳名之外，在家族中依兄弟班辈的正名本是“基善”，但苗氏不知，临时随意为他填上“冯玉祥”三字，所以其后这便成为他毕生的大名了。当时，他年纪还幼，体格矮小，试穿军衣，既长又阔，太不成样，惹人大笑。然而他并不须到营里服务，只是挂名营中，每月干拿三两六钱的饷银以帮补家用而已。这是其时军营盛行的一种恶制度。那种饷名为“恩饷”。所以在这一年，冯氏虽说是开始当兵，其实，只不过是初隶军籍而已。（作者按：上言冯氏十二岁入军籍，根据其《自传》，可信。但其所著《我的生活》页二九则云是上一年十一岁事。时期相异，志此备考。）

光绪二十年岁次甲午（一八九四），中日战起。保定练军奉命以六成开赴大沽修炮台。毓亭公亦与其役。一时，官兵家属送行者大都抱头痛哭，盖各人皆以为此去是与日本作战，必无生还也。冯亦亲送其出征的父亲。毓亭公却壮烈无惧色，且谆谆嘱咐两儿说：“你们好好地做人罢，不必挂念我。我是去和日本人打仗，为国家拼命，没有甚么害怕，算不着怎样的大事。”他老人家半生戎马，两条腿已跑过陕西、甘肃、青海、西藏诸地，真是身经百战，久历疆场的老将。这回到大沽去打日本人，算甚么一回事哩？真良好的父亲！真壮勇的战士！真爱国的健儿！在这一小别中已给他的小儿子一个极深刻的人格印象与极其超优的军人模范，尤其重要的便是：于不知不觉间，将一粒单纯爱国的种子，种在他的丹心里；三十年后开花结果，立功于国，誉满全球。（作者按：《我的生活》页三〇至三二，言随父同去，似与后事混乱。上据余早年采访。）

十四岁的小兵

不久，毓亭公由天津回保定，旋挈其次子复回大沽防次，驻曹头沽、南港、双桥等处。冯随侍父亲于军中，也跟着做工。至光绪廿一年（一八九五）父子两人始还保定。在这兵工期间，种种经验予冯氏三大教训——这都是与其后来的事业很有关系的。其一，甲午战役，日人欺侮压迫中国。他幼年即身受此痛苦；国耻之打击愈甚，其爱国心因而愈炽愈坚。其次，中国军队孱弱无能，彻底腐化，他此时尽行知道；对于兵官之好嫖好赌，勇于私斗，不尽职守等恶风纪，深心痛恨，因而使其私下发生革除陋习、改良军纪之伟志。复次，则以河南、河北修筑炮台一事，本由李鸿章经手，从德国买得海炮数百门，口径多在廿四生[①]以上，复费了多少官兵两年的苦工，始造成各炮台。及至庚子一役，联军来侵，各炮台未及一试，竟全被拆毁，并订约以后永远不准中国再在大沽口设置各种军事防御工程。冯父子其初本是身与兵工之苦役的，而后来联军入京，外国压迫欺凌吾国，他自己亦亲历其境。先后两次，刺激殊深，国仇国耻，没齿不忘。他一生反帝国主义之大决心，盖由于此。（作者按：冯氏随父于一八九五年回保定，见《自传》。《我的生活》页三五，系下年事。但页三二言“我们在大沽口住了一年多”，则当为一八九五年事。）

是年，保定大疫，人民病死者无数。官吏乃有打瘟之举，令练军留防者每哨拨五十人带枪五十支去从事。但冯氏所隶的一哨，兵士或病倒，或告假，缺席太多，人数不够，长官不得不多找兵士的亲戚朋友来凑足人数去缴差。冯名本在军籍，更不得不参加。那时，他身材已长得高大如成人，因此也穿起军服，托着长枪，随众入城打瘟去了。当时北方社会军民

① centimeter的音译。意为厘米。

人等，痛恨外国人之压迫和侵略已甚，可是人人虽积恨于心，却无机会以表示反抗的行为。冯氏此时还是一个十四岁的小童，却已充满爱国热诚了。他趁着多人拿枪打瘟神、声势汹汹的机会，走到一所外国教堂——美国长老会——附近。一时，热血沸腾，冲动激起，举起枪向着教堂的木匾连放数响，以泄一口气。在今日看来，这虽是一个无知小子的愚妄举动，此举却可反映当时社会心理对于外国人之不满和反动，而在冯氏个人一生，这是爱国热诚之初次的表露。（作者按：《我的生活》以打瘟神事系于一八九三年十二岁时，似言之过早。）

冯与营中有一个姓刘的兵丁成为好朋友。姓刘的本来是不识字的，但因肯自己用功，日渐进步，居然至能读《三国演义》。他又好写字，常在地上方砖用黄土当墨汁，挥手“涂鸦”。冯氏不时入营与其交游，受其感动，也走入好读书、勤练字的门径了。在营里又看见人打算盘，他的求知欲也为其激起而发生了习珠算的兴趣，后卒学会了。这几宗轶事都是他挂名在练军营中的经验。

冯氏在其《自传》（拙藏未刊稿）中，述其童年生活，有一句毫不自讳的奇语：“余幼时一蠢童耳。”真的，以他生于一个无产阶级的贫窘家庭，长于一个孤陋朴素的农村环境，所交者皆是椎鲁失学的村童，所受者只是简单蒙稚的教育——见闻寡陋，知识无多，怎能不长成为一个“蠢童”兮？然而他禀受父亲的刚直性格和母亲的慈祥心术，在家庭饱受严正的道德训育，因而不至染得社会上骄惰浪漫的恶风弊习，又未袭受其时代浮华颓败的态度思想，竟然养成了一个质朴的、憨直的、孝友的、纯谨的、仁爱的人格，兼储蓄得一副奋斗的、反抗的、坚毅的、刻苦的、忍耐的、勤恳的能力。及至与军队生活接触，一受国耻之刺激，更燃着爱国的烈火于其充满热血的心窝，后来若是之人格和能力尽行发展于救国救民的单纯出路。几十年来的革命大事业莫非由此时之佳种与沃壤而发萌者。我们在古今中外历史中，常见到旷代特异的豪杰，每每由极简朴的生活或极困苦的环境，与极艰难的经验中产生出来。圣保罗说："上帝拣选了世上愚拙的，叫有智能的羞愧；又拣选了世上软弱的，叫那强壮的羞愧；上帝也拣选了世上卑贱的、被人厌恶的以及那无有的，为要废掉那有的；使一切有血气的，在上帝面前一个也不能自夸。"这几句不朽的名言，纵然富有宗教色彩，却已将人类经验之一个大矛盾而却是真真实实的奇异点充分表出。吾述冯玉祥之家世及童年生活竟，不禁重有感其斯言。

第二章 在行伍间的奋斗

（十五岁至廿一岁，一八九六—一九〇二）

入营当兵

自天津回保定后，毓亭公移防于安肃县（今河北省保定市徐水区），即迁家于县城之北关。翌年（光绪廿二年，一八九六），冯氏发愤自立，入营服务，自是正式当兵。他那时已是十五岁了，生得身长体阔，魁梧壮健，在军中有“冯大个儿”之称。三十多年的正式军队生活自此开始。（按：《自传》与《我的生活》均言十六岁，但自一八八二至是仅得十五岁。）

这时，父子俩同在军营。冯氏处于父亲和长官双重的威权之严正的训导和监督之下，无异继续其家庭的训育，得益实在不少。在积极方面，对于营中的种种规矩和生活，他固然得正当的指导；在消极方面，他有严正的父亲，事事监督管教，因而不致沾染了军营和社会的恶风败俗。例如：当时营房附近有一家新开张的烧锅店，为巴结顾客以广招徕，天天请士兵们去吃酒。有一天，他也在被请之列，众人因其父亲当哨长，都称他为“少爷”，拥其坐了首座。你一杯，我一盏，彼此劝饮，热闹非常。他一时高兴起来，也就开怀多饮了几杯，登时醉倒。朋友们扶他回营，他便呼呼大睡，直过了一日一夜才醒过来。他的父亲知道了，立刻严厉地教责一顿。从此之后，他便终身戒酒，有如童时父亲禁戒看戏一般有效。

一日，毓亭公骑马进城。马劣路滑，跌下马来，身体受伤，在家卧床九个月才痊愈。在卧病期间，冯氏在家服侍老父，但逢三、八两日，军营教练之期，则须进城报到。每入城一次，父亲给他制钱六枚买油条吃。可是这笃孝节俭的小兵，拿钱在手，总舍不得花了。每次，他把这六枚，凑上照例到操场打响剩下的药条卖得十余枚，跑上东关去买些肉，回家孝敬卧病的父亲。他父亲不知怎地晓得小儿子这番心事，每一举箸，便掉下几滴老泪来，想是嗟叹自己老命蹉跎，不能为一家老幼挣扎得较好的境遇，致令孩子们要这样为己牺牲，同时亦未尝不感领其儿子的一片纯孝心也。在冯氏呢，多年后思之，犹以此时能稍尽子道，为生平大乐事和大幸事，因父亲病愈之后不久便要和他分离了。

原来，队伍不久由安肃撤回保定，上官旋即要实行裁兵。毓亭公入伍多年，虽有功绩，亦在老弱被裁之列。冯氏却得留在军中照常当兵。他弟兄俩尚未成立，无力奉养，只得典宅质衣，筹些路费，送他老人家回原籍休养。毓亭公舍不得其少子，原意是要带他同去的，但因倾家所有只凑得路费八十千钱，不敷两人之用，没奈何只得父子分离。于是老人家孑然一身，踽踽凉凉地回安徽巢县去了。自是之后，冯氏的生活又进入另一阶段，从此不再得严父的督导，个人完全独立。前途一生的成败、祸福、进退、荣辱，自己须完全担负道德上的责任了。

在北方社会里有一种流行的秘密教——“理门”，或称“在理”。这一教门具有些少的宗教仪式，入教者须经过一种神秘的手续。其最要的教规是戒绝烟酒，团结精神，实有一种道德社会的性质，确是切中我国社会上道德的需要。会员——教徒——不可胜数，为北方社会之一种很大的道化势力。冯氏自老父南旋后，即自动加入“理门”，恪守其教规。他本来已烟酒不沾，自为在理教徒后，对于其个人操行更有莫大的利便，因自己是“在理”的，对于朋友的应酬便可坚决谢绝烟酒，却不至于有碍情面而且得人体谅了。（按：有研究中国宗教史学者尝发表一理论：北方的“在理教”原是唐初入中国的基督教——即“大秦景教”，后至元时称“也里可温”——被消灭后，民间教徒继续秘密组织，改称“在理”或“理门”，奉行基督教道德伦理云。未能断定，姑志此待考。）

冯氏在营中，不特自己戒除嗜好，而且时时劝导同营的弟兄们戒嫖赌、戒烟酒，不惜苦口婆心以帮助同人共度道德上清洁生活。因此之故，有好些人讨厌他，但却又有好些人得他的勉励而成为好人，而深心佩服他的也不少哩。（按：这是当年与冯氏同营的人告诉我的。）

军营的生活，颇为枯燥。操练之余，兵士们又没有别的娱乐或教育，而当时军中纪律废弛，所以他们逛街、冶游，否则抽烟、赌博，相聚嬉戏、言不及义。冯氏则不然，自始即表露其努力上进之苦心和大志。他不肯耽于逸乐和嗜好，一有余暇便写字读书。其对于种种武功——摔角、劈刀、攀杠等——均勤苦练习。当时的军队，略具新式，对于喊操一项甚为注重，喊得好的易于升级。冯氏知有此上进途径，则昼夜习之，甚至在街上独自行走，也傻头傻脑地一边走，一边喊，致惹路人注目惊愕，莫名其妙。他自走自喊，一概不管不理。同伍的兵士，交相讥笑，送他一个绰号，叫作“外国点心”——意谓其好喊洋操，终必为外国人打死也。冯氏听人这样称呼他，则反唇相讥说：“被外国人打死，是为国而死，荣幸之极，胜过你们要做‘中国点心’多哩。”多年后，他制私章，镌有“外国点心”四字，以留纪念，至饶风趣。其在营中当兵时，刻苦努力和特立独行的行为多类此，故不识其心怀鸿鹄之志者，又以“冯傻子”呼之云。

在此两三年当兵时期，还有一件可以记述的轶事。保定军营外树木甚多，居民往往偷伐作柴火用。军官屡下令禁止，但无效。一日，冯氏持申令禁止伐木的告示，手持军棍前往劝谕，人窃议于其后，他问人仍敢偷伐树木否，众又视为具文，且怒扑之。冯氏只身与斗，大显身手，仆其两人于地，痛打一顿，余众四散。经此一击，树木遂得保存不少。他执法如山，自为兵士时已露头角，后来之所以能掌数十万雄兵而指挥若定者，此种赏罚严明、公正不阿之精神是其一大秘诀也。

义和团之役

当时，北方社会有结社发生，秘密拜会，请神练拳。人民固迷信神权，入会者甚众，蔓延数省。同时外国人压迫和侵略中国，愈趋愈甚，人民仇外的反抗心亦为之激起。练拳者相信有神助，刀枪子弹不能入其身，遂有所恃而无恐，自以为具有抵抗及扫灭洋人之利器了。此种强有力的迷信，一旦受了愚妄的排外心和爱国心之狂热所激动，更受了清廷西太后及一班庸愚的满洲亲贵与大臣，因政治背景而仇恨外人者之利用，遂结成为一种破坏的大势力，蠢然欲动，暗伏危机，一触即发，驯至闹出大乱，祸国殃民，几至不可收拾了。光绪廿六年庚子（一九〇〇），“义和团”之乱爆发，以“扶清灭洋”为口号，在北京、保定及其他地方恣意屠杀外国官员、教士、商民。结果，致令八国联军进攻北京，予我国以极大之创伤，多年尚未能恢复，诚为我国莫大的国耻和国难焉。冯氏于此时，年方十九岁（见《自传》），正在保定练军充当大旗手。是役，自始至终他都是在营效力，身历其境，所以他知道其真相甚详，而且得受极深刻的印象，至一生不忘，而且对于其一生事业发生极大的影响。

据其自述，对于义和团一役，他第一痛心的事就是同胞的愚蠢和迷信。他们相信用六个制钱拴在一根红绳子上，放在谁家屋顶上，谁家便要有火灾。又有所谓“红灯照”——他们的红灯照着哪一家，那里就着火。他们整天地拜师练拳，不是说“我是黄天霸”，就是说“你是孙悟空”。更相信吃符下去，念起咒来，刀枪炮弹不能过身，所以他们居然胆敢以血肉之身去挡外人的枪炮。有时令外人可怜、可笑、可怪，也可怕。他们挑起“扶清灭洋”的旗号，到处烧教堂，杀外人（“大毛子”）之不已，而且一见穿洋布的，或用洋油的，甚至一家有用一支洋烛或一根洋火的，都说是“二毛子”，非杀不可。蚩蚩的民众实是疯狂了！因此惹起弥天大祸，遂令八国联军攻破北京。结果：他们的威风武力，不堪外兵一两阵长枪大炮的射击便全行消灭。独可怜京、津、直隶一带的同胞大受外兵蹂躏。尤为惨痛的便是辛丑不平等条约的订立，我国赔款四万万五千万两，国家丧失元气，多年未复，真足令爱国的人心痛！至于圆明园之被毁，清宫珍宝之被抢，与及清帝后之出奔和亲王之赔罪等奇耻大辱尚是余事了。而推原大祸之所由作，皆从迷信和愚蠢而酿成。冯氏受了这一次的大刺激，所以后来带兵执政，到处努力破迷信，除偶像，改庙宇为学校或工厂，竭力提倡教育，尤其是民众（社会）教育。或讥其矫枉过正，违反人情者，殊不知其目击拳匪害国祸民之深，心中常抱隐痛，一有机会便欲尽一份力开发民智以为国家免除祸根也。

令冯氏痛心的第二件事，就是当时政界军界之腐败无能。从最上层说起吧。清廷利用义和团杀外人以泄私愤——西太后想废光绪帝另立“大阿哥”之阴谋见阻于外人——实是一大祸根，故自始即表示纵容态度。表面上，政府有时派兵弹压乱事以敷衍一下；有时又下诏鼓励他们的勇气，殊相信他们的神秘法术足为“灭洋”的利器。及至大祸作了，政府又不负责任。端王、刚毅、荣禄、裕禄辈，均是在上头后边主动其事的。然而及至祸发之后，无法处理，于是贬黜的贬黜，被杀的被杀。当时民间起了一副童谣式的对联云：“荣禄裕禄，碌碌无用。南廷北廷，廷廷无能。”足见其时当局之胡涂昏瞶了。上头的态度和手段既是如此，在中间奉承命令的官吏如何，不问可知了。所谓文武官员奉令弹压义和团者，率兵前去，无非循例走一趟，应酬一下，便尔回来消差，尤甚者则竟或借此机会去骚扰人民。及至与外国军队打仗，又害怕起来，不敢上去迎敌，首先向后转跑散了。朝廷内外军政大员大都如此，甚么国家大事啦、爱国保民啦，他们一概不闻不问，不懂不理，只知道讲派头，摆架子。以此辈阘茸腐化分子担当国家的重要责任和职守，无怪国不能卫，民不可保，而反弄到国事蜩螗至若斯之地步了。

保定练军，也是腐败不堪的。其状况为冯氏所不满意有如：（一）懒惰成性，（二）官气太重，（三）不尽职守，（四）太无知识，（五）缺乏训练等五项。他是从那里出身的，自己在那里吃过亏，而且亲见国家吃了大亏的，后来他努力改革军队，更努力革除官僚习气，有由来矣。

义和团一役，尤令冯氏痛心疾首而且愤怒含恨、多年不息的，就是外国兵来华到处残害及到处侮辱同胞之暴行。他在保定亲眼看见外国兵到处拉夫，专拉老年人替他们负担东西，大概是劫掠而来的赃物。无力做工的老汉就惨遭毒打。有时壮年的儿子们抢上前去要替老子做工，洋兵不特不准，反把父子两人一齐痛打一顿。凡人出入城门，都被他们苛刻的检查，检查后还要挨上几个嘴巴才得放走，有一天，冯氏亲见一个人被外兵打落门牙四颗，真敢怒而不敢言了。保定卅里以内都成为他们屯兵的地方。老百姓们日间被翻箱倒箧的搜劫，入夜则又在炮火连天之下受痛苦。尤可痛恨的，外国兵每到一处地方，见了中国人第一步便是打手势要女人，当时由十几岁的少女以至几十岁的老媪，被洋兵污辱强奸的实无数可计。其中尤以意大利国的士兵劣迹最著，奥大利[①]兵次之（据自述）。同胞们受此种种凌辱，痛不欲生；有投河的，有跳城的，有一家十数口拴在一条绳上一起投井同归于尽的。种种情形，无惨不见。有些怕死无骨气的人民，在这欲死不肯、求生不得的时候，只好预备八杆旗帜来救急——美国兵来了便插上“大美国顺民”的旗；德国兵来了又换上“大德国顺民”……凡此种种惨状，皆冯氏所身历目睹而血为之涌、心为之痛的事实。其爱国救国的热诚，与反帝国主义的努力，均因此而愈为激动，愈为坚决。他叙述以上事实状况之后，复为自己解说：“中外人常有说我冯玉祥无理的排外、矫情的练兵，殊不知我自有我的历史，我自有我的苦衷。我相信假若你们亲自看见外国人对待我们同胞那种奸抢烧杀的兽行，一如我所目击的，或

① 现通译为奥地利。

者你们的反感作用会比我更厉害些哩。”

初与基督教接触

在此时，冯氏对于外人却另得了一个深刻的、特殊的印象。他早已受了社会传统的暗示和成见，从小孩子的时候起，就不喜欢洋教——基督教。驻保定时，有一次，他在街上看见一个外人在那里传教，他走上去抢了外国教士的桌子。外人问其原委，他说：“有人要你桌子，你应当连椅子也给他。这岂不是您刚才所讲的耶稣的教训吗？”这就是他当时对于基督教的态度了。及至义和团在保定城内残杀外人的时候，他随营被派到两个传教士居住地方弹压，但对于义和团的行动又奉令不加干涉。在那里，他亲眼看见一位年青的外国教士莫女士（Miss Mary Morill）和好几个外国人正被兵民围迫加害。那位壮烈的女教士对暴民呼吁：“你们为什么要杀害我们呢？我们岂不是朋友么？我也曾探视你们家里，看护你们的病人，和传福音给你们听。”狂迷的义和团们大嚷：“你们是洋鬼子，你们是我们的仇人；我们要杀你。”那女教士又请求只杀她一人而释放其他外人，他们不答应，将全体传教士都拥到衙门里一齐斩首。冯氏目击耳闻，心里大受感动，深佩基督教教士为道殉身之忠烈勇壮。

这是冯氏一生与生活的基督教精神接触之始。这个深刻的印象留在他心里永不磨灭。十余年后他受洗礼加入教会为基督徒，后来更被世界人士称为“基督将军”，这经验也是起始的、感化的原动力之一端。《新约》有云：“殉道者的血乃是教会的种子。”那被难的女教士在天堂有知，也可瞑目喊声“哈里流亚[1]，阿门”了。（按《我的生活》页五八，杀莫女士的主凶是骑兵营营长王占魁。后来联军攻入北京，先将王和鼓动义和团最力的藩台廷雍捕杀了。）

---

① 现多译为哈利路亚。

落魄的生活

在义和团乱事期间，保定练军有时奉令去弹压，冯氏也随营出过两次差，此中无甚可录。到乱事快平之际，有一天，他跟随中哨哨官去见护院请示军事，因为德国大将瓦德西统兵将要来到保定，不能不预备对付办法。他们俩与院外巡捕接洽未妥，始终没有得见护院的面。他们在衙门外干候了三四个钟头，依然还是不得其门而入，心里非常的焦急。那一个富于冲动的小兵冯玉祥，就大胆地自己进去对巡捕说："我们的哨官因见敌兵快到了，军中一切的东西，无法处置，所以要来请示。我有一个意见，不知可否实行：不如将营中的器械，一齐埋藏起来，等到风平浪静的时候，然后再想办法，岂不是好吗？"说来说去，也是无用。他们只得嗟咄回去，哨官上马，一路上埋怨冯氏多言多语，可是他自己也一筹莫展。不到几天，外兵蜂拥而来，军中甚么东西都丢了。那时，哨官懊悔莫及，恨不早听从他的小兵的办法。

北京失守之后，军队败退，都奉令在保定集合。既无且退且守的计划，又无指挥统御的纪律，兵士只有各自逃命，纷纷溃散，大概均往南向保定一带狂奔。"秩序"二字当然谈不到了。迨至外兵一到保定，各军惊魂未定，又要逃生，保定练军自然也要散伙了。但冯氏此时死也不肯出走，还有几个大胆的和有骨气的也一起留下。他们便偷空搬运些东西，预备往附近高庄一个小庙寄放。岂知各物品还未运出一半，外国兵又耀武扬威地开到了。那时，全营只剩下冯氏等不过三十名，东西被抢，只余四分之一。无奈洋兵愈来愈多，营房被占，一切物件不准带走，留营的兵全被逐出。至是，他亦不得不离去了。

冯氏既被逐，孤单一人，无军可投，无家可归，只有跑到离东关五里正阳村里一个姓赵的朋友家去。在这个贫苦的农人家里隐藏起来，倒是安稳得很。当痛定思痛的时候，每日受赵友飨以玉黍粥和山药等粗饭，也觉得非常愉快了。但逢洋兵开到村子，他便保卫赵母到野外洋沟里躲避，直到黑夜才得慢慢回家。还有一件趣事令冯氏多年后思之犹有余味：在那患难期中，却在赵家吃一顿鸡肉饭，因为赵母养了几只鸡，恐怕洋人来捉去，所以预先一齐杀了，在家里大家饱吃一顿，免得“肥水流过别人田”（粤谚）。

冯氏在赵家逗留了二十天的工夫，听说和议已成，洋兵已退，而练军则在固安县的大公村集合，便决计前往该处。但从保定到固安县平常有三天的路程，而他当时袋中只存制钱一百文，没奈何只得拼命地跑，果然被他缩短一天，两天便到了。冯氏所隶的中哨，驻在一家烧锅的柜房，大家睡在热炕上。他跑了两天的路已是辛苦得很，又在炕上烤了身体多时，半夜起床的时候，一个不小心被冷风一吹，霎时四肢麻木，晕倒在地上雪中。深夜无人得知，大约过了两个钟头才慢慢地苏醒过来，摸来摸去，回到炕上睡了。当其倒地时，大概两手先着地，都碰坏了。次日起来，双手发肿。他们请了一位儒医替他瞧瞧，但那位大夫恐吓他，要敲他五元医费才肯用药。可怜此时此地的小兵冯玉祥，不名一钱，借贷无门，哪能办到！只有听诸天命不管他而已。不料过一两天手肿全消，居然好了。落魄流离的冯氏，又过了一场小灾劫。

队伍在大公村住了不久，气喘未定，忽然又闹出乱子来。是时，驻村内的共有七营人，军纪废弛，毫无训练，只是循例安置步哨，设立卡子而已。一个卡子里两个兵，有一天忽然看见两个骑马的洋人，由涿州方面驰骋而来。这两个愚鲁冒失的老粗，不管和议成功与否，一见洋人，开枪就打。那外人之一中弹落马。其他回马飞跑，奔回涿州报告。第二天，忽来大队洋兵将大公村包围，大炮两发，七营的官兵又如鸟兽散——三十人或五十人一起的豕突狼奔，狼狈逃命。事后查诘根由，方知是两个卡兵无端打死一个德国人所致。老粗们无知肇事，固是可痛，但该外人当此乱事未尽平息、秩序未全恢复的时候轻身外出，亦未免疏忽不智之甚，恐难免“自取其祸”之讥了。

军营既被第二次打散，冯氏与一个姓张、一个姓葛的，两位朋友一路回向保定奔去。路上盘费全无，忽然想起有一个朋友名王鸿生的住在新城县张庄，即跑到那里求助。王友适不在家，幸从他的哥哥和母亲慷慨借给他们制钱二百文，又送上六七张烙饼以壮行色，方能上路。

回到保定，冯氏得一个也是姓王的朋友关照，介绍在他舅舅所开的古董铺里帮忙。他得了一枝之栖，不及计较。可是他们把全铺的事权都交给他掌管，个个人都跑掉了。既没有钱银留下，又没有生意，吃饭问题即时发生困难，铺中的古钱断不能支持长久。他便觉得这里终非栖身之所。凑巧又得一个姓张的朋友举荐他到保定车站的副站长那里当厨役。冯氏因急于解决吃饭问题，也不管自己做厨房大师傅的本头如何，一口便答应了。及至新主人要试工，先叫他炒一盘苜蓿肉。外行的手段，哪能满人意？于是一个现成的饭碗，还未拿稳又登时打破了。多年后思之，他犹叹自己当年之时乖命舛不已也。

无所事事地飘泊了不久，冯氏又打听得自己那一营的管带在蠡县招集旧部，他便赶去就编。过了一会，有一百多人集合起来，居然重兴旗鼓，成军起来了。幸得当地的绅商担任供给小米。军粮虽有把握而仍未有菜钱。那里有一条小河，名叫“千里滴”，河边的树木常被人偷伐。官兵们怀了深意，自告奋勇前去看守。那时天已下雪，他们因有特殊作用，更于晚上冒雪去巡夜。倒运的、无知的偷木小贼，一被他们抓住了就罚款三十串（或四十串）。过不多时，不特菜钱有了来源，而且收入颇丰，到年底结账，剩下的钱，每人还分得二十余千。这真是一笔意外之财。

在这时候，发生了一宗很有趣的事，而与冯氏的人格很有关系的。在旧日军队中赌博之风甚盛，何况他们现在有一笔偏财（横财）在手，又是过大年高兴的日子，人人不禁技痒，于是一唱百和，自上至下，大赌起来。冯氏本不好赌，尤不精于此道。他这时受了同伴的包围和煽惑，又被哨长再三催迫，也加入战团，算个“逢场作兴”。那时没有甚么正式的赌具，只有拿四个钱在手，任人下注猜宝。冯氏猜中了两宝，赢了些钱之后，众赌友便要他当宝官（庄家）。他既不善于赌术，又为人太老实，所以上了大当！当他握钱在手放在桌上出宝之时，有一个人作弄他，私下问道："老冯，我知道你向来不会诳人的，你能对我们说这一次出的是甚么数吗？"这"冯傻子"真告诉他们"是三"。于是众人都倾囊地下注在"三"上。开宝之后，果然是三。冯还以为是开开玩笑罢，可是众赢家认真起来，要他赔钱。结果：不特连他个人所分得的偏财都输光了，而且连一个朋友信托他，存在他手上的钱也赔完了，还不够数，更要欠下一身赌债。过了几天，队伍奉令在蠡县点名，每兵发了四个月军饷，他的饷银全拿去结赌账。尤可怜者，那个寄款在他手的朋友被遣散回家，冯氏也没钱还他，真对不起信托自己的朋友。焦灼与懊悔交迫于心，他从此深觉赌博之为害，当即下了决心以后毕生不再赌，并且起誓："假如以后再有赌博的行为，将要把自己的手砍掉以为惩罚。"上文曾叙述他幼年受了严父的熏陶、督责和训练，已戒绝烟、酒、看戏等嗜好，自是以后，更与赌博绝缘，对于其克己寡欲的人格之养成，百尺竿头又进一步，未始非此一大打击之功也。

改隶淮军

光绪廿七年正月（一九〇一）残余的练军奉令改编为"淮军"（因直督李鸿章向两淮盐局借款充军费，以改名"淮军"为条件）。一营共三百八十人，左、右、前、后四哨各八十人。每哨设哨官、哨长、教习各一人。冯氏隶吕本元所统之元字前营。因他平素喊号和操练均极纯熟，得拔充右哨教习之职。编妥之后，队伍被派赴肃宁、安平、博野、祁州、易州、涞水、广昌（民初改为涞源）等属剿匪。易、涞、广三属间多河流，队伍常要过河。他在营中有两个好友——一老一少。老者怕寒不敢涉水，少者胆小也不敢涉。每次过河，都由其仗义背负他们。哨官啧有烦言，但他以患难相助、背负老幼是大丈夫义侠所为，长官申斥，所不顾也。但因往还涉水多次，他自己身体受害了。后来他腿上常有寒气，至在豫时也曾发肿得很厉害，大概是在这时候种下的病根。

在这剿匪的差遣中有故事三则，冯氏每乐于为人道及。有一天早晨，两个兵士在街上闲谈，互相问答，把营中的秘密军机都说出来了。偶然被匪徒窃听，全军遂遭了截劫，以至损失弹药、饷银、洋枪等军实。他因此得了一个“恪守秘密”的教训。又有一次，军队分两路出发，被土匪侦知他们所走的一路，预先在山口埋伏，拦出袭击，结果：官兵死伤在枪弹和马蹄之下数十人。各长官一闻枪声，便四处逃跑。有的逃往民房躲在面柜里，后来被士兵搜寻出来，弄得浑身是白，变成粉团，真是可笑！这一次又给了他一个“侦探须清楚”的军事教训。再有一回，军官们听得侦探报告，有匪徒数十名，连枪带马窝藏在某处某村。管带不问青红皂白，立刻带兵往剿，将近到村即如临大敌般下令开火。打了数十分钟总不见还枪。比及入村，却不见一个土匪。庄主满口呼冤，管带也难下场，只勉强说他们不该有两根长枪（为自卫用的），胡乱埋怨一顿，率兵退去。这又令他得了一番“不能轻信报告”的教训。此少年时代行军的经验，皆足以增长冯氏军事实验的知识，对于他后来用兵是很有价值的。

是年十月，匪患平息，冯氏随军回保定，驻丰备仓。十一月，光绪和西太后回銮，驻跸保定。时，冯氏在卡轮任清道职，因得见帝后仪注容貌，觉其骄奢过甚，极不愉快，但只印之于心而不敢宣之于口也。翌年，队伍奉令开赴东陵皇差，而他则被派留守保定。

当时，军饷月发三两三钱，月以三十三天计，扣去服装、蔬菜等费，毫无盈余。冯氏戏作歌曰：“三十三天三两三，除了吃的刚够穿。”当兵之苦，可想而知！他素笃于孝思，每以老父远隔天涯，多年分散，未能承欢膝下，自愧无以为人，故常以为大憾事。因此，一向极力撙节费用，不敢妄花一文，并且发愤读书，操练之余，手不释卷，所以力图上进，冀多得军饷以资迎养也。但因军食不相宜，自奉又过俭，而昼夜攻读又过于疲劳，因之身体瘦弱，精神日坏一日。时，同棚好友尚得胜屡劝之。冯氏则为凄怆之答语曰：“力学上进，冀多得薪饷，或可有迎养之一日，否则终身将无再见老父之时了。”闻者辄悲其言，悯其行，而嘉其孝思壮志焉。（按：尚君后来在西北军任兵工厂长。余从征时，相交甚笃。所知道冯氏早年的逸事，许多是由其口传。他为人正直笃实，君子人也。补笔书此，以纪念之。）

冯氏在淮军，既苦于薪饷太少，恐终不能遂其迎养之志。又见军营积习太深，功过不明，赏罚失当，士卒疾苦更无人过问，实是腐败异常。他自己虽身为教习，而位卑言轻，积重难返，明知无能启迪同人之愚鲁，及发展自己之抱负，于是早萌退志。适于此时，袁世凯练“新建陆军”，整齐严肃，壁垒一新，大有蓬蓬勃勃的气象。冯氏羡慕不胜，每想及那里，一种新希望便油然兴起。当留守保定颇为清闲之时，遂毅然决然退出腐化无望的淮军，而投入前途光明远大的新军。自此之后，冯玉祥壮年时期之军人生活，又脱离充满苦难、灾劫、磨练的经验，而别开生面了。

第三章　新军的下级军官

（廿一岁至廿七岁，一九〇二—一九〇八）

入武卫军

冯氏既不满意于淮军而另图发展，适有李姓友人在新军服务，得其介绍，遂于光绪廿八年（一九〇二）三月二十日，脱离淮军而改投袁世凯的武卫右军第三营，时年廿一岁。

冯氏在淮军时原曾为教习，而投入新军，则不问资格，只仍当一名士兵而已。他对于新军虽有无穷的希望，但入伍之后也不大满意于新环境。原来当时新军虽有新建陆军之名，然事属草创，旧军营之恶风气总不能免，故风纪尚谈不到。军士们照样毫无约束，自然胡闹，弄到一棚十六个人内有六个长大疮（性病）。安分守己的兵士全棚只有两个，其余则体格多不中式，或是脾气恶劣，或是害了疾病，或是性情乖僻。尤其为冯氏所不满者，则营中上下骂人之风特盛，竟以相骂为口头禅。在这时候，他外受新的恶环境之刺激，心里很不愉快，幸而内有希望之驱策，以故上进发展的大志发生特殊的导引力，终能战胜其不满于现实的情愫。生活虽无聊，而自己刻苦奋斗比前尤为努力，盖自知前途之成败利钝与一生之事业皆树基于此时也。每日清晨，他比别人起得早些，自己外出练习脚步，腿缠纱带，疾行十五里。回到营中，同营的人多未起床，自己又将长枪领出习操。一有暇时，他即执卷咿唔呫哔地念书。同棚的兵士讨厌他嘈吵，他也不管，只是自走自路而已。

新军的编制，每棚十四人，伙夫长丁各一，共十六人，有正副目各一人以率之。冯氏初入营的正目是很好的，识字虽不多，但彬彬有礼，和气待人，令他很心安。惟有那副目，却和正目相反，恶习无一不染，尤好打人骂人。每棚的伙食俱是独立的，账目系由副目经理。有一次，同棚有一姓柴的弟兄来营看看哥哥，没有路费回去，全棚弟兄仗义疏财，愿提出伙食赢余来资助他，但那副目不肯从众议将公款拿出，反开口骂人，不料他一夜赌博，把所有的伙食钱都输光了。翌晨吃饭，全棚没有菜吃，兵士们问他，又遭其大骂。冯氏此时入伍还未久，但义愤填胸，怒火中烧，挥拳将其痛打一顿，全棚称快。后来长官来了，问明情由，不特不责其滋事，竟重罚那副目，才算完事。

未几，袁世凯膺任直隶总督。八月中，带武卫军大部到天津就任，冯与焉。一至近郊即为外人阻止，不得入城，盖以《辛丑条约》订明天津二十里内不得驻兵也。前头部队当即折回。冯氏所隶属之第三营，到了杨柳青，也要退回独流镇。其后，第二营士兵改换警察制服，携带原有枪械，方得进城。据冯氏自承："这是庚子之役后，我所亲身忍受的最大的一件侮辱与刺激。"（《我的生活》，页七三）这一次的侮辱与刺激无疑地使他的爱国心更加热烈了。

九、十月间，军队再移驻韩家墅。时营房未立，由士卒自建。冯氏以不习制甓——不像他父亲和祖父——因以汲水之役自效。时届冬初，北地凛寒，河已结冰。他终日立冰中汲水以供众用，因之腿部又受寒。壮年时他犹不经意，其实已得了腿症、脚气症等病，后来不时发作。

连升四级

几个月的刻苦奋斗，不是没有价值。原来冯氏在练军、淮军时已习练武术及军操，到是时更为纯熟。机会一至果然得上官之青睐。是年十一月，他即升任头棚的副目。这是冯氏第一次所受的正式军职。受任之后，自然得大鼓舞，操练更勤，攻读更苦了。

在这时期，单调的生活无甚可记，独有一事颇足以表现冯氏之品性的。棚中有陈、刘两兵，害了伤寒重病，十分危险。医生已宣告绝望了，甚至市上商民都预备其必死的了。同棚的人全体——连那正目——都讨厌那两个病人，更恐怕传染为患，立意弃逐二人出去。冯氏动了恻隐之心，本着博爱互助的精神，担起道德的责任，自己把那两人另外安置于一小室，昼夜服侍他们——煎药、看护、侍候，无微不至。他实是冒着大险来救人！过了两月，这两个无望的病人竟出人意外地霍然而愈。该棚的正目——姓丁的，浑号叫“老猪精”——不明道理、不达人情，对于部下尤为刻薄。论起职守来，本应照顾病兵的，岂知他不惟弃之不理，还要说那舍己救人的冯副目的不是，更当着他面痛骂侮辱那两病兵。冯氏在看护期间屡曾劝谏他尽职守、重义气，完全无效。那时，又不禁义愤填胸，打他一顿，以消消两病兵及自己满腔不平之气。那哨官知道了，问明原委，也说“打得好”。及至两人病愈之后，自然感激冯氏再生之德，称其为救命恩人，而全棚人等，自那正目以下，至此也真心佩服他了。一日，那两新愈的兵到市上去。有一姓马的商人，见他们垂死得愈，很为诧异。后询知冯氏之侠义所为，亟求会见，并请交换金兰谱。冯氏当陆军检阅使时，这老商人跑了好几天的路去南苑会会他的老盟弟。他欣然欢迎老大哥，促膝话旧，喜乐不胜，此亦友谊中之佳话也。他对待军中弟兄如同手足，急难侠义之心肠和行为，数十年如一日。诸如此类之轶事，自始与他同棚以迄后来在西北军服务者——如尚监督得胜等——常乐道焉。

翌年（光绪廿九年——一九〇三）四月，冯氏升任四棚正目。初，当其被委为头棚副目时，全体拒而不纳。迨升调时，全棚跪留之。哨官乃责备他们前倨后恭，先拒继留为不当，拒绝他们请求。冯氏得任正目，奋斗上进的志愿又有进一步的成功了。由是操练益勤，读写益力，每考试皆获第一，因此得保六品军功。不料当事者误报其名为“冯御香”，此后遂沿用此二字，至民国元年始恢复“玉祥”原名。

当了正目七个月，以成绩优异，冯氏于是年十二月又得擢升为左哨哨长。当时哨官祁某，不讲情理，苛待兵士，全体兵士都不喜欢他。有一天，冯氏带队到操场练劈刀。当时规矩，队伍都归哨长和教练官训练。是日，祁某忽然高兴起来，自己要喊口令。兵士们稍有不合，便谩骂痛斥，致令人人心寒，个个不服。冯氏气愤不平，上前苦劝，讵料那哨官不惟不听，反动刀要砍人。冯氏愈为愤激，不顾利害，也毫不客气地拔刀相向，吓得老祁弃刀飞遁。他挥刀逐之，绕操场一周。祁急跑到统领那里告状，统领传冯氏去审问，乃以实报告。统领也以祁某为不是，不过说冯不应拔刀砍他。结果：两人都挨了四十军棍。冯氏以是非既明，曲直已判，个人利害所不恤也。

下一年（光绪三十年——一九〇四），冯氏升任队官。在这职内他也曾和管带起过一回乱子。事缘冯队里有一棚目当发军装时偷了一袭，为其查出。即罚其跪下，要责他一顿军棍。但棚目是跟着管带来的，后台有恃无恐，居然敢跑到他那里诉苦。冯氏气愤不过，穿上军衣，佩起军刀，跑到管带处报告那棚目的偷窃行为，要求开革他。管带有意庇护私人，装腔作势地对付冯氏。他立刻除下军帽军刀，一齐向管带的怀里扔去，悻悻地说：“这事您不办，我只好不带这队伍，我是不干了。”这消极的反抗卒之成功。从上述几宗轶事可了解他日后屡次“倒戈”的心理背景。

迎养老父

这时，冯氏精神最畅快、最喜欢的事，不是连续升官，不是多得饷银，却是因为升了官，加了薪，而数年来含辛茹苦迎养老父的孝心竟得实现了。先是，毓亭公回原籍巢县休养，至光绪廿九年（一九〇三），冯氏长兄治斋（基道）已在山东得有税局差事，乃迎养老父到马厂与家人团聚。至是年九月，冯氏自己又迎其到南苑亲为奉养。自五年前父子泣别后，他即立迎养之志，不惮敝衣菲食，万分节省，储蓄余资，复刻苦奋斗以求上进，无非欲遂此反哺的乌私。著者昔在军中，尝听其演讲自己思想的变迁史，谓在此时期，他唯一的志愿就是要做孝子。其实他做孝子的志愿亦非太奢，不过“日日炖些肥肉和买些福寿膏（鸦片）来孝敬他老人家以补幼年之不足而已”。数年奋斗，迎养孝思，一旦实现，其快乐为如何！

所不幸者，封翁于同年十二月十五日病殁于南苑。菽水承欢，为期虽不久，但那为父的已看见爱子克绍箕裘，且恢张前绪，可以瞑目，而为子者以壮志得达，孝心已尽，也可以自慰了。当毓亭公病笃时，冯氏亲奉汤药，昼夜侍养。当时同营的老弟兄，于多年以后仍称道其孝行不已。及丁父忧，他悲哀至甚，头发留长不剃（其时当然仍有辫子）。有劝其节哀剃发者，则怒目答曰：“你的老子死了，你怎么样呢？”此虽小节，亦足表现其诚笃之性格也。多年后，他任“陆军巡阅使”仍驻南苑，乃与兄迁葬其父，建立丰碑于墓道，请王瑚撰文，王寿彭书丹，柯劭忞篆额。这也是恪尽中国传统伦理之孝道的。

附录：冯公墓道碑志

全文如下（原文称“郁亭”）（标点新加）：

清故武功将军副将衔补用参将冯公郁亭墓道碑志

定县王瑚撰文　潍县王寿彭书丹　胶县柯劭忞篆额

人才与时消息，家国代为始终，而山川郁积之气，又必有所因以发之。巢邑据湖山之胜，自明初迄于清季，以武功起家者，父子兄弟，接踵比肩，不可胜纪也。最后乃钟其奇于冯氏。如雨膏、松亭二公，皆建殊勋，膺显秩，而享年或不永，岂数之存乎其中耶？公于族辈长于二公，而从军稍后；虽以功历荐至显官，而所任不过微差末职，禄不足以供朝夕，几至父子不能保，闻者伤之。然今扬武上将军冯公玉祥，公之胤也。以文武之资，创造共和，治军为全国模范，民胥赖以安，名扬中外，其大要以艰苦独立，尚俭博爱为主，至实不忘乎公之教。开国承家，善始者又即其所以善述者已。公之上世有钦公者，自句容迁至巢县。传二十世而至公。公讳有茂，字郁亭。早丧父，事母以孝闻。待兄弟敦睦无间。家贫，初业圬。计所获值奉母给弟，有余辄施于族邻之无告者。以故，乡人益称之。粤之乱，尝奉母携幼妹避难。前阻横溪，不得渡。后贼且大至，乃急寻得大木盆载母与妹，身自扶翼，浮水以济。时，岸上有二女求救。公告母，复返渡之，得免。嗣女父母亦至感其义。乱稍定，浼人来议婚。公闻知为前所渡女，慨然曰："济人之急，义也。以此得婚，人其谓我何？"固辞之。由是义声闻远近。时，公犹未冠也。旋就佣于邑绅某氏家。某家夙业武，设塾延师以教昆季。公佣毕，即入塾引弓习射，发必中。其他武术，习之无不如式。师大奇之，为言于绅，使与其昆季同受业焉。同治七年，应试。安徽提学朱公拔冠其曹。洪杨乱起，公屡率乡勇御贼，获捷。时，雨膏公以淮军宿将，官至提督，素号知人。奇公勇，劝入伍。转战山东、湖北、江苏各省。所至民皆安堵。赣榆一役，战毙逆首，厥功尤伟。以异常晋保千总。是为公入官之始。后从铭军征新疆。至行甘肃界，粮绝。公乃严束兵士，所过不得有纤芥扰。自为购芋充食。如是八日，无敢怨者。金积堡之役，公先冒矢石，人或称其勇。公笑曰："非乐杀人也，止妄杀也，禁扰民也。"闻者莫不畏服。前后二十余年，累功保加副将衔，以参将尽先保用。名则贵显矣。然公自同治十年，始受委为铭军哨长。嗣经叠次改委，均未晋级。迄光绪二十三年，乃升充保定练军哨官，暨派充本营副办事务。而为时又未久，岂天故以此扼公，将留以有待耶？

抑吾尝闻诸父老云，公于光绪五年来吾直省，分防京南、良乡、定兴、安肃各县，暨窦店、琉璃河各市镇。所在，地方安谧，盗畏民怀。在窦店时，值度岁。公犒赏兵丁外，囊中仅余两钱。方窘迫间，忽有馈钱八缗余者。惊问故，乃欲开赌场，循例致馈者也。公怒曰："吾惟不爱钱，故穷。岂反受此不正之赂，纵赌害民耶？"其人惭去。而赌风由此遂绝。夙以诚笃为大府所倚重。光绪十八年，奉委督修永定河南段七大工程。先是，屡修屡溃。公来，誓众曰："苟再溃吾无颜见上官，惟以身殉耳。"及将合龙，势岌岌且殆。公果跃身入水。急救得不死，而功立就。至今固安、永清、安次，各邑绅耆，类能道之。岁甲午，监修海口炮台，乃倡修唐官屯至小站河道，增闸口数处。工作兼用兵力。利兴而民不扰，其能御灾捍患，功德在民又如此。

公去官，即回籍扫墓。以乏资不能携妻子。临行至河干，父子对泣竟日，乃别。

后以次子初入军官，迎养至北京之南苑。光绪三十一年十二月十五日卒，享年六十。德配济宁游氏。勤俭有家法，孝慈温惠，亲族无闲言。岁辛卯，先公卒。子二人，长基道，陆军少将，现供差京绥铁路警务处长。次玉祥，扬武上将军、陆军上将，历任陕西、河南督军，今陆军检阅使、西北边防督办、兼第一师师长。孙四人：宏业，读书兼习家事；宏儒，中殇；宏国，肄业天津南开学校；宏志，幼读。曾孙二人，俱幼。民国十一年，建新阡于保定城外之西北隅，与德配合葬焉。

铭曰：

在昔毕公。惟文之昭。赫赫冯氏。乃毕之苗。自周历汉。大树风标。百世千祀。相宅于巢。谁其始之。祖曰钦公。传世二十。诞降元戎。公少贫贱。天牖其衷。生多才艺。习射泮宫。从军转战。叠奏奇功。甘瓜苦蒂。禄薄官崇。公之盛德。惟仁以孝。济急扶老。后裔则效。公之治军。法严令明。秋毫不犯。妇孺知名。己卯之岁。来我邦畿。民怀公德。兵畏公威。暮夜却金。克迪前徽。惟公数奇。克有令子。文武兼资。二难并美。险阻备尝。惟公是似。吁嗟乎！公之勋兮宜在史。公之行兮宜为诔。勒铭表阡考厥系。行道之人且陨涕。垂裕后昆兮承于世。

中华民国十三年　月　日

陆氏之知遇

其时，冯氏长官陆建章（朗斋）看见他才德兼优，前程远大，特垂青眼。因探知他尚未有家室，即以其夫人刘氏之侄女妻之。时在光绪三十一年（一九〇五）春天，冯氏年二十四。迎娶时，其长兄亲到南苑主婚，但因经济支绌，至须将乘马卖掉方能成行。到后，又将余款运亡父灵柩回籍及清还旧债。继又向亲戚借了百余元，方能为乃弟办喜事。冯氏劳碌奔波十余载，至是始得稍享家庭之乐。陆氏确是其一生第一知己。而今更成为亲戚，以后两人关系日益深密了。

同年（一九〇五）三月，武卫右军改组为第六镇，驻南苑，统制为段祺瑞。冯氏调充三营司务长，旋升本连排长，标统即陆建章也。八月，二营后队队官出缺。全镇标统均争以私人推荐，争执甚烈。主官乃令每营选出排长四人共四十八人，加以考试，以凭选拔。题目是：“遇战、趋战、半趋战，各要领如何？”榜发，“冯御香”名列第一，乃得擢升是缺。但是二营管带以其不是他直接部属，遇事为难。冯氏则奉职唯谨，宽严并用，教练有方，和辑上下，无疵可执。后来所率之一队，学、术两科为全镇之冠。管带始叹服。

冯氏驻南苑凡二年，修葺营房两次，一在万字地，一在槐房。在工程进行中，其他军官大都箕踞旁观，仅挥喝兵士服役，惟冯氏则亲与士兵同工共役，凡制甓、汲水，事事均分任之。同官多窃笑于其后，而同工者则愈为感服了。

光绪三十三年（一九〇七），袁世凯的亲信人物徐世昌膺任东三省总督，调一部新军赴任。冯氏调充三营后队督队官，移防东三省奉天新民府。至宣统元年己酉（一九〇九）复调任第一混成协督队官，协统王化东，驻奉天黑山县。在这里冯氏干了一件惊人事。那时，该处土匪甚多，抢劫人民，为患不浅。驻防军队每与匪通，匪更无忌惮。是时，冯氏奉令到该处剿匪，实行职务，截获土匪人马枪械，并擒贼首孙某。孙却是一名官军把总而为张作霖（时已投顺任统领）的盟弟，但奸淫掳掠，无恶不作。人民不堪其扰，恨之入骨，控案累累。今一旦被获，人心大快，但因其羽翼甚众，神通广大，人民又惧其幸逃法网，则为害更甚，故甚重视此案。冯氏以既奉令主严办，又以万目睽睽，故特别慎重。一方面他呈报协统王化东，一方面自己先行提讯。审问时，孙自认是把总，职位与队官相符，坚不肯跪，而且强词诡辩——既承认抢人钱财，架人妇女，但又不承认是犯法，且谓张作霖劫财绑票比他尤为厉害，而不过花洋三万元居然可当统领，则彼又何罪云云。冯氏退与军官等商办法，孙匪竟纳贿三千元以求释放。冯氏拒绝贿赂，但思：彼于此时能以三千元贿己求释，将何难以巨款另贿别人？一旦得释，后患不堪设想。于是本着除恶务尽之义，于二次提讯再得其承认劫财掳人之供辞后，即下令立斩之，并枭首示众，万民称快。次日，标统范国璋和军法官亲来提犯。至营门外，见贼首高悬则大骇，以为此案极为棘手。冯氏谓如是误杀，自愿偿命。范谓不是误杀，却是擅杀；有功化为无功，斯可惜耳。他说：为民已除大害，论功与否所不计也。未几，王协统已得冯氏之报告，电召其赴新民。到时，王适接得总督徐世昌电示，将孙匪就地正法，并赏冯氏大洋三千元，截获之枪械马匹准其留营自用。他擅杀罪犯之事，王则匿不上报，转以遵令正法闻，他遂得免议，放心回防。临行时，王力戒其此后勿言先杀后报之事，但事件重大已喧传人口了。多年后，他仍未能忘却王氏成全自己和诚恳教诲焉。

其间尚有一故事颇足述者。当冯氏开差赴奉天时，其长兄基道在山东特派一郭姓者携银五十两，另大洋三十元至南苑，以助其搬家随任之费。冯却把银洋分给士兵们，只留下十元与其妻，随送她到南苑叔叔那里安顿下去，然后自己起行。至光绪三十四年（一九〇八），其长兄在山东见了陆建章，面说乃弟家室情形，乃再遣郭某赴南苑护送其妻到奉天新民，家人方得团聚。其长子宏国，即在斯地出生，故取乳名曰“东生”。

求知的苦行

在这七八年间（一九〇二至一九〇九），冯氏官运亨通，由士兵迭升副目、正目、哨长，以至督队官。从前的生活，大概是和自然界的逆境——厄运——奋斗，历尽许多艰苦险阻而后找得新建陆军的一条出路。在这一时期，他为自己的地位和经济而奋斗，居然逐渐达到优越的程度而满足其初心。然而自此他更大的努力乃是奋求知识学问，以弥补其少年之失学。斯时，他经济的能力和升级的利益，令他发愤求学比前容易，但他并不因初步的成功，致养成骄傲和怠惰之心，而仍然精进向上，这不能不说是冯氏精神优越的地方了。

大凡听过冯氏在军中刻苦求学之苦行的人，没有一个不佩服的。上文已叙过在他未隶军籍之前，幼年时在保定乡塾只模模糊糊地念过两年多的书；成绩只算读过《大学》《中庸》；识字无多，写字恐怕真是“涂鸦”而已。入伍后，他自始即知无学不能上进，而随在均可力学，故练习武术及军操之外，则专心于读书写字。初时，他虽好读而不知所读。撙节稍有所得，仅知买些《彭公案》《施公案》《三国演义》等小说，朝夕捧读。有不明白的地方，他便虚心请教于人，看书渐渐看得通达了。

同营的往往在外抽烟、冶游、赌博、游荡、滋事，而冯氏则在营中独自用功，每为同棚的弟兄厌恶、讥笑、侮弄，不堪其扰。他要看书，便有人在旁拉胡琴、唱二簧或遮闭灯光。他要写字，便有人摇动或拉开那桌子。他低声下气地求人勿搅扰，人家便高声抗议说：“桌子是公物，人人有动用之权。”他见请求无效，又说他们不过，没奈何只得在日间避匿于无人之处，夜间则等别人都睡下然后燃灯自己用功。可是同室的人又嫌灯光射眼，阻碍睡觉。他乃运用心思，想出绝妙的办法——凿开泥墙，成一空洞，以布遮蔽，俟同室人人酣然入梦，然后偷偷的起来，燃着小灯，放在洞中，伸头布内，持书而读，自是稍得自由。这样凿壁藏光的苦学生活，真足以媲美古人之囊萤映雪、负薪挂角及凿壁偷光等故事，而共垂不朽于士林了。（按：上述的故事系四十年前在洛阳时，西北军老军官史心田亲对著者口述的；彼即当年唱二簧、拉桌子，以扰冯氏之一人也。）

冯氏在军中读书多年，总是没有师承，可说是“瞎读”。及驻韩家墅任哨长时，他察觉营中有执役者（一说其人到营卖烧饼度日），原是老年落魄的山东文士，即其多年后仍不能忘之胡源长是也。他以为奇遇，立拜为师，以自己当时得饷稍丰，每月奉以脩金四大元，请其日间做工，但于夜间暇时到营为其讲解《论语》《孟子》等古籍。在此地，他又买了一本《万国通史》——这是他毕生不忘的一本书——仔细研究。求学既上轨道，进步尤速。自此，他于文义经史渐能悟解了。胡氏是冯将军的一位良师。

冯氏第二位老师而尤感激不已者乃是邓长耀（鉴三，后任陕西省政府民政厅长）。邓本习医道，文学亦甚优。冯氏在第六镇任督队官时，彼方任军医官。他与之相结识而不时虚心请教。邓亦有心人，竭力助其求学问。他买《纲鉴易知录》一部，请其讲解，后又从其读古文。某年元旦，军中官兵上下俱趁热闹上街游逛，而他独留营中，请邓为其解韩愈《原道》一篇。邓奇其行，乃谓其当天能背诵此文则允不惮烦而助之。他即答应，至晚间果能背诵，一字不爽。（此事邓氏在西安亲为著者述之，言时津津有味，当年情况历历如绘，犹盛口称道冯氏志行坚卓也。）统计，他得邓之谆谆启迪，共熟读古文百余篇，且旁及他书。他尤服膺曾、左、胡、彭等之著作。其后治军得力于诸书者不少。他于军中所颁课本——必要的军事教育——亦一一熟诵，更进而研求高深军事学。其后以研究心得竟能融汇中西古今治军练兵之法，而自辟蹊径，施行于其基本军队（十六旅、十一师、国民军、西北军、第二集团军）之训练，且实用之于历次革命战争而建奇功，浸假成为大军事家，此皆历年努力研究之结果也。

求学成绩

在此时期，每逢年中考试，无论读书或兵操——学、术两科——冯氏辄冠其曹。当正月时，曾以能背诵课本至四十七册而得奖四十七元——每册一元。当连、营长时（即哨长、队官，后升管带）屡考学、术两科均名列前茅。陈宧（二庵）主考军官，以备擢升，拔冯第一。同考有为军官学生出身者，亦不及其成绩。陈乃询问其人是甚么出身的。迨知仅是“行伍出身”，尚未入过甚么学堂的老粗，乃于其卷上大批特批“气死学生”四字，以愧其他焉。因此军中遂戏以“气死学生”的绰号呼之。

冯氏努力向学，几十年来未尝间断，显贵后仍手不释卷，虽在军书旁午之时，一有余暇，便展卷自读。其实他的秘诀是不肯虚度光阴，故于百忙中仍找得余暇，所谓“好整以暇”是也。其后，他研究基督《圣经》及宗教理论，亦极有心得。在国民革命期间，又极喜欢研究经济、政治、社会等学，曾请留学归国的专门学者数人分科讲授，故于世界学术、各种主义、诸家学说，均能得其要义。又致力研究墨学及《易经》，亦能窥其奥秘。于书籍而外，他又有能写字的天才，初习颜体，行书临《争坐位》一帖。后来信笔挥毫，饶有帖气，足见功夫之深。在陕西时又曾从西安名士阎甘园习汉隶，临《华山碑》，亦有成绩。彼又好绘事。后在苏俄游历时专聘一画师学炭笔画，隐居山西时则学水彩。功夫虽未深造，而作品颇有可观，足见其天才也。他又苦心学外国语，前曾习英文、日文，游俄时苦攻俄文，惜已过牙牙学语之时，复以时间无多，习外国语之成绩不及汉学之为愈矣。

冯氏特长处，不特自己苦心求学，且助人求学。昔在军中节省费用为自己买书之资，复好买书送人，劝友努力。至自己统带队伍时，则尤注力于督率部下勤苦求学。自己求学一有所得，即转以传诸部下。多年后凡入西北军参观者，闻书声琅琅，弦歌不辍，疑入学校中，以故冯军之教育普及为其特色之一。这是著者久在其军中所亲见亲历的实事。

美作者薛立敦关于冯氏早年之苦心求学，有很翔实的叙述，但结论谓“对于西方观念之支配中国政治与学术者，其接受之可能，比之同时代之军阀为多。然而在教育上，冯从不能赶上的。自从一九一一年（辛亥）革命之后，他所负的责任日多，而求学的机会锐减了。尤为重要者，他不知道要学的是甚么，所以他继续不断勤恳求知的努力，竟得不到相当的利益；但如果得有合宜的指导，便可得其应得的成就了。在了解经过革命之后荡漾于中国之政治的与社会的运动中，冯常是落后一步的”。这可说是透彻了解冯氏的见解。（上见：James E. Sheridan，*Chinese Warlord*，*The Career of Feng Yu-Hsiang*，p.42）

不过，后来冯氏追求高级的、现代的学问之一段过程，有为薛氏所未知者。当其由苏俄回国国民革命期间，著者奉中央命在其军中服务有年。在政治与军事上，他固然是我的上司、长官；而在学术上每遇到他“不耻下问”，我便毫不客气、绝不自卑，常以大学教授的资格与身份，兼任其私人教育工作，诚恳指导其高级学术的课程，不惮纠正其错误的求知方法，而明示以正确的、系统的与科学的程序与途径。他也“虚怀若谷”，“从善如流”，敬服接受，由各方专聘几位名教授与专门学者前来，作有系统的授课。他日日依时听讲，昼夜苦读各科名著（见上文）。以故，后来于人文社会各科学，居然得有大学以上之学问程度，庶乎达到世界现代高级学术之知识水准了。然而，据著者的观察，老实言之，冯氏于学术上以及书画诗文各方面的造诣，因为是“半途出家”，基础不固，根柢尤差，尤其因为社会家庭的背景，与个人习惯、思想、心理、品性、经验、理想、意识形态等因素，发生交互的影响与作用，以故不能称为完备的与健全的。无论其后半生如何努力求学，无论其成绩如何优异，复无论比与其他并世而生的旧式军人较为优良，他总是与现代思潮与趋势及人物有凿枘、“格格不相入”而至脱节之处，——虽然不如薛氏之所谓“不能赶上”，“落后一步”。他的军人头脑，总不能配合与适应于新的政治社会的环境，这是无可讳言，无可奈何的自然因果。职是之故，我对于他这一方面的评论，只可以说：以他那样的出身、背景与经验，而竟能由那样的刻苦努力，而得有那样的学术成就，岂不是一种罕见的奇迹而极为难能可贵的吗？

第四章　革命势力之生长

（廿八岁至卅三岁，一九〇九—一九一四）

革命的种子

我们已知冯氏当兵士的时候，他的最高理想端在做一个孝子。及其果得亲迎老父到南苑，侍养至其病殁，这一理想已得实现。乌私既遂，内顾无忧，于是求学奋斗，更为努力。当时所隶属之第六镇，注重教育，日以忠君爱国之义训练官兵。他朝夕既受此熏陶，而在个人勤苦攻读之古籍上所得的道德教训也不脱离这范围，所以他思想为之一变。他这时的理想是一个“忠”字，立志以忠臣自见，而忠于君即忠于国也。他尝对部下言，当光绪三十四年（一九〇八）十月间，西太后及光绪帝相继逝世时，他痛哭了几天，如丧考妣。且有私行剃发者则以“不忠”斥责之。他受了这种精神训练，也就照样训练他的部下。因为当时革命思想虽滥觞于南方，而北方社会中尚未有革命空气之传播，在军界更勿论矣。

宣统二年（一九一〇），当冯氏仍在第一混成协任督队官时，尝奉派乘车往山东参观第五镇校阅，途中读曾国藩《家书》，因为其中有不少道德的教训，尤多忠君之语，所以他最爱此书，有暇辄读之。当时适为其友人孙建声所见，笑向他说：“您还想做个清朝忠臣，封侯拜相吗？真不识时务了！”即秘密给冯氏《嘉定屠城记》和《扬州十日记》各一册，嘱其细读。冯氏受此嘲笑，心觉不安，得此两书，即留心读之，然后恍然知道满洲外族入主中国之初期，屠杀汉人之惨状。他的义侠心肠大为激动，一生的思想忽而转变。（按：此事发生时期上据《自传》。但《我的生活》页一二〇作在新民营中。）他从前当士兵时，也曾看见过清帝与西太后回銮，心中已愤恨其奢侈失当。后来当排长时，又因醇亲王载沣出使谢罪回来，随着队伍于隆冬天气下，在车站鹄立等候了一夜。及其火车开到，军乐大作，全军跪迎。不料那王爷并不出来，只见一个太监走到车门，大骂军士嘈闹，搅扰王爷睡觉。冯氏心里极为愤恨，然而忠于君上之理想竟比个人私愤之情尤强。至此时，他的民族思想乃忽然兴起。据其自述："余之沉溺于旧知识，匪伊朝夕，一旦受大刺激，恍若梦魔惊悸，豁然醒觉，又如身坠万丈深渊，仰首呼号，声嘶力竭，忽有人提而置之危峰之上，清风濯濯，涤我心脾，魂魄复收归吾体壳中也。自是，意旨大变，视满人如寇仇，誓必除之，而革命思想，充满脑海。"（见《自传》）此是他一生的大转机，盖自此之后，立志为忠臣之冯玉祥已去，而革命的冯玉祥于以产生矣。须知，冯氏下半生不停革命之背景，大概为其本性生来戆直、冲动、有好打抱不平之义侠精神，复时时不满于现实状态，于是力求改进，革故鼎新，此时更有民族思想之激发，益使其成为一个彻底的革命家。以后数十年的事业，皆站在革命立场上而发动的了。

据其自述革命旨趣云："二十年来，凡余所为，无不以革命为立足点，盖余心知有国家有人民，不知其他。其有爱国爱民者，余爱之敬之，而拥护之，其有害国害民者，余恨之恶之，而反对之，或铲除之。皆以国家人民为前提，初无恩怨于其间。"此寥寥数句自述语，足以解释其一生革命事业之旨趣明甚。如欲了解真正的冯玉祥，当认识这个革命家的性质。

酝酿革命

由鲁归后（一九一〇），冯氏旋由第二十镇统制陈宧考取，升任该镇四协八十标三营管带（即营长）（此即上文所述冯氏得“气死学生”批语事）。一时职位稍高，兵权在握，他大有发展其革命思想的机会了，而且胸中已涵蕴倒清复汉的民族思想了。时，清廷以载沣摄政，其人阘茸懦弱，重用亲贵，政以贿成，国事日非。冯氏之政治革命思想亦与民族革命思想同时勃发，因此积极密谋推翻清朝，建立民国之进行。

冯氏预备革命之方法，大要有二：其一则为训练部下，以得基本的革命武力。所以他在练兵之时，于打靶野操之外，每日施以精神训练，冀练成品质优良的革命军。他常为他们讲诵国耻历史及古今中外名人治军爱国之嘉言懿行。在当时的环境，当然不能公开地宣传革命思想，只可隐约为之，以其鼓动兵士的革命精神和养成其革命理想而已。其尤为注重者则以廉俭爱民训练士卒。营中举凡柴价、公费、喂养等中饱积习，在他人一向视为主官应发之财者，冯氏则丝毫不取，皆用之于官兵教育奖励之事。他兼极力提倡剪发、放足及科学职业教育。凡此皆其所重视者。治军数十年，一是以此为革命军之最要质素，非徒空谈革命而已。行之月余，全营悦服，军心已得坚固，一致热诚拥护此新领袖矣。及传播于他营，其士卒均心焉神往。在比较优劣之下，他们且窃议其长官于背后。各营长私来劝冯氏，谓不可以己之廉而形人之贪。他则答以人各有志，未尝为之动。此志维何？革命是也。其次，冯氏于训练精神，巩固军心，以培养革命实力之外，又以革命大事业，非群策群力不能成功，于是留心物色人才，结纳同志。一时如同镇之参谋长刘一清、七十九标一营管带施从云、第二营管带王金铭、第八十标第一营管带王石清、第二营管带郑金声、第三镇上校参谋孙岳、兵工营排长戴锡九以及孙建声、张之江、张树声、李鸣钟、韩复榘诸人，皆富有革命思想，冯氏咸与之深相结纳。当时革命空气已弥布于长江流域。北方各军长官着着先事防患，对于部下集会结社，异常注意，动辄取缔。冯氏为避免当道耳目及怀疑计，设立一“武学研究会”借以收揽革命同志，为密谋起义之大本营。当时加入此团体者，除上列诸人外，并有岳兆麟（或即岳瑞洲？）等官兵数十人。公余之暇，他们时常集会，密商一切进行计划，以期革命运动之早得实现。自三月廿九日广州黄花岗之役发生后，北方当道防范益严。冯氏密谋亦渐为汉奸发觉，虽未至破坏，而其处境益危。然而是时北方革命种子萌芽亦出土，革命风云已成一触即发之势矣。

附录：李泰棻《史稿》载冯氏此时一逸事，殊可表现其义侠为人之人格。当其初升管带时，有孟恩远师部炮兵三营军需官王者宾，秀才出身，得管带高某信任。年终，王因赌博亏公款三千金，乃遁去。高扣留其方任排长之弟，且行文其原籍，籍其家。者宾乞援于冯氏，冯氏允焉，宴高营中，告之曰：“王某家产不过薄田三十亩，尽籍之亦不足偿所负，且家口三十余，祖母在堂，君讵忍之乎？”高终以公款难之。同席有施从云、王金铭两管带，亦仗义为侠，且屈膝以请。卒得减去五百金。冯氏则慨然负责尽偿其余。先向诸友借四百金付高，约以每月付还一百。以后果如约尽偿焉。数年后，王者宾始谒冯氏言谢，被委任书记、军需等职，复调甘肃任县长。（见李著页八、九）

滦州起义

宣统三年岁次辛亥（一九一一）二月，张绍曾继任二十镇统制。八月，滦州（今滦县，在山海关西南约二百里）举行秋操，协统潘榘楹，标统萧广传、范国璋，将所部开驻山海关。施从云、王金铭两营开驻滦州，而冯部则留守新民府。八月十九日（即阳历十月十日），革命军起义于武昌，东南各省纷纷响应。冯氏以时机成熟，筹备起义进行更力矣。乃清廷忽令统制张绍曾率兵南征。张去电质问出师理由，并陈改革政治十九条于北京，要求实行，词极强硬。此即革命主张，意在推翻清朝也。当电文到京之日，适山西宣布独立。一时，清廷震动，不知所措，一面复电，承认各条，以缓和革命空气，而一面则调张南下为“长江宣抚使”，借以削其兵权。冯等闻而益愤，主张乘机起义，进攻北京，响应武汉。此时，张部军官分保皇、革命二派。保皇派为潘、萧、范等高、中级将领；革命派则为冯等所组织之“武学研究会”下级军官同人。争执结果，革命派以众寡不敌失败。刘一清、石星川等乃被排斥。幸冯等有实力者数人，仍得留职，力图继续奋斗。而张绍曾以大势已去，愤而离职，避居津门，此即所谓滦州停兵是也。

张去后，冯等革命派一时虽失败，而进行益力。冯氏则在后方夙夜筹谋，并将进行计划及南方革命消息每日油印传单，分送各部，竭力宣传，从事鼓动。但不幸当其取油印机时，派兵由营部送至私寓，途中为某标统所见。及传单发现，标统知其所为，乃急调其全部赴海阳镇，计划又遭挫折。

其时，清廷起用袁世凯任内阁总理，拥有小站所有新军六镇，兵精械利，纷纷南下，以武力压迫革命军。汉阳一役，革命军大败，武昌岌岌可危。于是，冯氏又与施、王等密议，非急发难以拊清军之背，则南方革命运动将至功亏一篑。会革命党员白雅雨（亚羽，原名毓崑）奉孙中山先生（中国同盟会）命来北方与同志数辈，在天津法租界秘密组织革命机关，从事运动北方军队。孙建声当时已离军回津，加入活动。由其介绍至滦州与王、施等立志革命分子会商进行。至于冯氏，则旋由王金铭亲往海阳镇说明一切，亦即加入。革命起义之谋乃定。他们计划，以同志王某与烟台都督商震密约时期，率兵由海道至秦皇岛登岸，与冯氏及王石清、郑金声等三营会合，乘机占领山海关，先行解决头脑腐旧、死心保皇之萧、范二人，然后沿京奉路，直捣北京。他们推定王金铭为北方大都督，施从云为总司令，而冯则为参谋长。倘此举成功，则日后袁世凯之窃国、张勋之复辟，两祸俱无矣。不幸预约之日期未至而白雅雨先事遍贴反正文告，消息因而泄露。王、施等见时机已迫，不可再待，遂先期在滦州举事，高揭革命旗帜，且通电南北，主张共和。通电署名有“冯御香”者，即当时任北方革命军参谋长之冯玉祥也。但冯部仍驻海阳镇，通电一出，他立被监视，未克亲与王、施共同作战。起义致内阁总理袁世凯等电文曰：

> （衔略）自武汉事起，各省响应，势如奔涛，足见人心之所向，决非武力之可阻也。全国人民，望共和政体，甚于枯苗之望雨也。诚以非共和难免人民之涂炭，非共和难免外人之干涉，非共和难免日后之革命。我公身为总理，系全国之代表，决不能以一人之私见，负万民之苦心。况剩下停战期迫，议和将归无效。全国人民，奔走呼号，惊惶之至，而以直省为尤甚。是以陆军混成四十协官长目兵等，驻扎直省，目睹实情，不能不冒死上陈，有渎尊听。查前奏信条内开，军人原有参政之权。刻下全体主张共和，望祈我公询及刍荛，不弃鄙拙，速定大局，以弭乱事而免惨祸，实为至祷。临发百拜，不胜惶悚之至。统领官萧广传，管带施从云、王金铭、张建功、王石清、郑金声、冯御香（即玉祥）、徐廷荣及下级军官佐等同叩。（上文录自《自传》第八章）

斯时，北方革命空气顿为紧张，凡各军中之头脑新颖者，皆有跃跃欲试，起而响应之势。清廷以变生肘腋，大为震恐，一面调遣军队防御，一面派王怀庆往滦州劝谕革命军。王、施等闻之，即派排长张某持手枪往，强令王表示态度，一致讨清。王佯允之，宣言服从。他们以王表示合作，且欲利用其声望以资号召，因推其为大都督，即以王怀庆名义照会驻京各国公使。

义师失败

于是，起义诸人拥王入滦州城就职。不料中途，王诡称试马，乘间逃走，追之不及。他们乃商议急攻天津，先扼北方之咽喉，再攻北京，但兵甫出城，而第三营管带张建功忽与王怀庆勾结，突以兵袭击于后，革命军大乱。他们一面抵抗张部，一面急行整队上火车，直向天津开行。及抵雷庄，王怀庆已拔去轨道。王、施即下车，率石敬亭、王鸿升等部与王部战。王大败，请停战，旋派一代表来，请王、施往其军中会商。当时有人劝两人，谓王怀庆为人狡猾，首鼠两端，不宜轻身前往。王慷慨说："我辈革命军人，抱定为国牺牲的宗旨，纵是龙潭虎穴，又何足惧哉？"施乃对王说："您既是这样，难道我施某是怕死的吗？"两人遂同往。及至，坐谈之间，突来弁兵十余人，将王、施捉住，旋即遭害。后来殉难者，还有白雅雨、孙建声等十四人。施的从兵黄云水见之，泣不可抑。王怀庆挥之不去，瞋目骂其为奸诈小人，甘作清廷家奴，惨杀革命同胞，诚狗彘不若。王大怒，并杀之。王、施、孙三人殉义，死事最惨亦最烈。此宣统三年（一九一一）十一月十六日事也。革命军领袖既死，群龙无首，卒被击溃。时，冯氏已被监视于海阳镇四日，不给饮食。其后，据说陆建章为之缓颊，乃得免，但被押解回籍。张之江、李鸣钟，亦被迫出走，仅得免于死，亦算侥幸之极了，倘使冯氏在军中，能实行参谋长之职务，以其深谋远虑之长才，策划一切，结果王、施二人未必至于殉难，大事亦不至失败，此则冯氏所引为一生大憾事者也。

此革命之役虽云失败，而革命空气愈为紧张。在北方人心军心多受此役所流的鲜血之激动而同情于革命。清廷则以军心已变，民心已去，夜长梦多，惶恐至极。未几即有逊位之举，而民国于是创立。则北方滦州之役方可媲美南方黄花岗之役了。后来，冯氏于民国十三年（一九二四）国民军首都革命成功后，在北平中山公园（旧名中央公园）为王金铭、施从云、孙建声三烈士立铜像。国民军北撤后，张宗昌入据，即将三像毁去。

至十七年（一九二八），国民革命军北伐成功，追怀先烈，复高竖三铜像于原处，且另为三烈士勒碑纪其起义殉国事甚详，足垂千古。至汉奸张建功，初本预谋起义者，后来却勾结王怀庆，倒戈攻击各同志，罪莫大焉。民国成立后匿迹销声，莫知所之。直至十七年杪，潜往河南开封，复密谋作乱，为石敬亭率军警捕获。前后罪俱发，始正典刑。三烈士有知，亦足快慰于九泉。

最近，“中央研究院”近代史研究所所长、史学权威梁敬錞教授所著《辛亥革命》，极重视滦州一役（但系其事于十月廿一日，大概系从张绍曾通电之日起计）。据云：“他们的行动不仅使满清政府震动，在前线的北方军队也为之吃惊。……因此滦州事件对于辛亥革命之成功，关系重大。”（见《传记文学》一九七一年十月，一一三期梁书译文页六、八）这可能是对滦州革命的决定性之定论。

在冯氏一生，滦州起义是他第一次的革命事业。他之去职，也是他第一回的下野。

建军的基础

民国元年（一九一二），袁世凯被选为大总统。二月廿九日，第三镇兵变，遂借口坐镇北方而得在北京就职。时，陆建章任京防军营务处长。袁氏以北京在兵燹之后，亟须维持治安，且借此扩充武力，乃令陆编练左路备补军五营。冯氏自滦州失败后至民国成立，已恢复自由。一月初复到京，至是投效，改回原名“冯玉祥”。陆素认识他的才干，且属至亲，乃委为第二营营长。奉令后，冯氏即赴直隶景县招兵。（按：上言北京兵变事，据《我的生活》页一六五，冯氏不信是袁世凯预定的阴谋，以为在那时袁没有操纵军队的能力云。另据刘汝明亲闻诸当时在北京首先发难之王书箴言，兵变事不是袁的指使，而是由于兵士们愤发饷之不平故肇事云。见刘著页六六。）

此行是冯一生建立自己的队伍之开始。根据多年的经验和理想，他自定招兵的标准：只招收乡间质朴精壮的少年，而凡从前入伍当过兵的一概不要。（这与曾国藩新建湘军，只要农民相符。）他之招兵也有非常巧妙的甄别方法：先叫投效者排列长队，他忽然大叫号令“立正”。凡当过兵的，无意中即行立正，他乃一一挑出淘汰了。（这是我后来在军中亲闻的。）既招得一营五六百人，他即亲自带回北京。但是过天津车站时，英兵以其带枪械不许通过，并欲卸其武装。冯氏以有辱国体，愤甚，拒绝缴械，严厉交涉，态度强硬。英兵知其不可犯，不可侮，卒予通过。这可说是稍雪积愤了。

在景县招兵，一月事竣回京，即开赴南苑，着手编练，旋移驻北苑。七月间，开往三家店，守护军械局。成军之始，二十镇旧属来投效者有李鸣钟、张维玺、陈毓耀、韩复榘、谷良民、谷良友、许祥云等。其应募入伍者，有孙良诚、刘汝明、石友三、佟麟阁、过之纲、冯治安、韩占元、曹福林等，数辈皆为其日后自建大军之根本得力的干部，而一一蔚起为饶勇大将者。

其时，军饷缺乏，给养不足。在五月大热天气中，全军尚穿破烂棉袄，未换单衣。衫裤生虱，动辄盈把。冯氏曾对著者叙述一段有趣的往事：有一天，他在营门看见一个军官坐着捉虱，即问：“有虱子吗？”军官很恭敬地立正答道：“不很多，不很多。”当时的苦况可想而知了。但军饷虽无，而军中实际的工作，却努力进行。

编练之始，冯氏即本其多年之经验与研究心得实施于训练中。除陆军正式操练之外，则增设铁杠、木马、拦阻等物，以养成军人强健之体格。后来自编有《精神书》，内分道德、爱国、军纪三种，以养成高尚之风纪，并编辑各种有益身心之军歌，责令全体官兵背诵讲解，以陶淑其性情。又常率全体赴野外实习战术。有暇则亲向士兵讲话，谆谆训诲以伦理道德及救国救民之义。第一次讲“孝顺父母”，二次讲“爱民”，三次讲述一个德国人的爱国故事，即此可例其余了。（见《刘汝明回忆录》页二）至其练兵方法，多本诸自得经验，而独出心裁，为他处所无者。训练未久，第二营学、术两科成绩即为全军之冠。冯氏练兵之长才乃大显矣。这一营就是后来有兵数十万的“西北军”的胚胎。同时他自己不忘求学，专聘教员来营授以数学。

这时，有一趣事发生。有一营长对冯嫉妒非常，竟倡组“不识字会”，以图抵制及排斥冯氏等之“识字”分子。事闻于陆建章，面斥该营长说：“这不是连我也排斥在内吗？”组织遂解散了。（见刘著页四）

二年（一九一三）八月，“左路备补军”改为“京卫军”。（时期据《自传》，刘著同，但《我的生活》以为下年事，想误记。）冯氏升任左翼第一团团长。他即亲赴河南郾城一带招募新兵。赵廷选、田金凯、吉鸿昌、梁冠英、程心明等，均是于此时入伍的。团既成立，先驻北京平则门外（此据《自传》，《我的生活》作顺直门）。九月，移驻北苑。三年（一九一四）二月，一、二两营移驻北京齐化门内之丰备仓（此据《自传》，《我的生活》云东城禄米仓）。第三营开驻河南新乡。在这一时期，冯氏于军事武术、精神训练之外，特别注重军纪之训练。所部驻扎之处，鸡犬不惊，秋毫无犯，人民爱戴，足称模范。日后，其大军以军纪优良驰名全世，实肇始于此时之基本训练也。（按：冯氏在此期间，正式加入基督教会，以后影响于全军风纪、精神训练者甚大，将于下文第六章专题叙述其事。）（又按：在是年第二次革命初时，冯氏毫无表现，以位卑力薄，不足轻重也。）

陕西剿“白狼”

三年春（一九一四），河南土匪白狼猖獗特甚，为患人民。白狼最初聚众百数十人，打家劫舍，虏人勒索。后因河南军纪不佳，且因袁世凯有窃国野心，把大军多开往长江，白狼遂乘机大举，纠集数千人，攻城略地，莫之能制（刘著页七）。被祸者有直、豫、皖、鄂等省。所过之处，洗劫、焚杀、掳掠，甚且屠城。匪众多至二三万，骎骎乎成为流寇。经四省兜剿，乃由鄂老河口陷荆紫关而窜入陕南。复出子午谷西去，屠七八城。陕省兵薄不能制，飞电北京政府告急。袁氏正欲伸张势力于陕，乃以陆建章为剿匪督办，命率五旅赴陕。陆即召冯部相随，倚为股肱，此实其全军之精锐也。出京时，冯团改编为左翼第一旅，途中又改为十四旅，均以冯氏为旅长。时，冯氏编全旅为两混成团。自率一团先发，余则随陆后行。他率部沿今陇海铁路线步行西进入陕。

白狼闻大军至，窜陇西。冯氏率队追至泾州。白匪后出陇南折回宝鸡，欲突袭西安。时，陆已抵省，急电召冯部回师。冯氏以救兵如救火，率部赶回，昼夜不停，急行军三日两夜而抵西安，每日平均行二百余里，因得“飞行军”之誉。自此，他又知带兵疾行之重要。以后，其所建大军乃有急行军之训练，无论途径如何艰阻，必须以每日能行百二十至百八十里为度。

白匪知西安有备，南窜子午谷。冯氏派第二团团长何乃中驻是处，设伏要击之。激战一昼夜，匪军大败，白狼受重伤。余匪或溃散入山，或狼狈南窜。陆建章复施用各军分防包剿之战略。张敬尧、赵倜等旅奉令追击。白狼逃奔至荆紫关，后又窜回河南，终于被部下枪毙。人民恨之刺骨，至戮其尸。匪祸始平。时人有以歼灭白狼之功归之张敬尧者，而不知子午谷之役实白匪之致命伤，功首非冯氏莫属焉。

（按：香港《掌故》月刊二期载有王天从《白狼真人真事》一篇，内容全系根据白之独子振东口述写成，无异“家传”性质。据云：“白狼”真姓白，原名永成，后改名阆，字朗斋。河南宝丰人，出身农家，幼读诗书，清末隶军籍，在第六镇吴禄贞统制部下任管带。吴被害，愤而辞归。及袁世凯称帝窃国，乃纠众聚兵，为吴复仇及反对帝制。其后，啸聚党羽至二三万，称“中原扶汉军”，且有革命党人投效，又北与凌钺、南与黄兴通声气。寻而轻视民党，单独行动，到处劫富济贫，行侠仗义，除暴安民，吊民伐罪而与袁世凯为难，宛似一支独立的革命义军。但事迹多与各刊物及史籍纪录不符。对于其到处残害人民、蹂躏地方，简直是流寇的行动则一字不提，但其规定所部虏获财物处理办法，以三成归公，七成自得，称为“三七制”，是则其劫掠残暴的土匪行为，终不可掩，等于自行承认。如其真有政治革命动机及决心，何以始终不乘时正式加入国民党之革命军耶？而且本节上文所载陆、冯追剿事迹，彰彰可考，亦全未叙及。尤其是身与其役目击其害之刘汝明言之凿凿，当是真相。显见此“家传”式的记载实是子为父讳，渲染夸张过甚之谀辞，未尽翔实可信，只可视为一种现代野史。）

冯氏留驻省垣，陆派其赴陕州再招兵一营，即留在该地训练新兵。乃陆之左右见其兵既精而功又高，且得陆之信任，更以冯部训练有素，相形见绌，忌刻存心，乃乘其离省，交口谗之。陆受包围，将冯部尽调省垣改编，仅留其一营。冯氏处之泰然，奉令唯谨。未几，陆悔悟，复调其至西安，信任有加，且令期扩充所部为中央第十六混成旅。时，陆以剿匪有功，膺任陕西督军矣。此后，冯的革命事业，更有长足的进展了。

第五章　第十六混成旅

（卅三岁至卅六岁，一九一四—一九一七）

冯将军后来所统率之国民军、西北军、国民革命军第二集团军及中华民国陆军第二方面军等，其根苗固生长于京卫军左翼第一团，而其基础实树于第十六混成旅。盖其日后训练大军数十万人，一切军纪与精神均与十六混成旅同，而全军将领亦大都由此产生者。不特此也，即其后来之所以名驰全世，博得“中国基督将军”“中国的克林威尔[①]”（英军铁军统帅Cromwell）及“中国的杰克逊”（美总统Jackson夙有“石墙”Stone Wall之称）等称号者，皆以十六混成旅为出发点。且其生平之革命事业，在此时期亦有辉煌的成就，大足传世，殆为其一生最重要的一个时期，故不得不加以特殊的注意与详尽的记述。

于役陕北陕南

民国三年（一九一四）秋，冯氏既奉令改编所部为第十六混成旅，即着手编制，以蒋鸿遇为参谋长。蒋，河北省人，保定军官协和第一期学生，习骑兵科，曾在云南当骑兵营长。“为人机警干练，足智多谋，韬略

---

① 现通译为克伦威尔。

尤远在当时一般人以上。”（见《我的生活》页二一一）冯氏极器重之。当时所有的实力共有步兵两团、炮兵一营、骑兵一营、机关枪一连，每营三百余人，全旅兵力五六千人。军械共有步枪千余支、山炮十八门、机关枪则仅六架而已。

冯氏以欲建成劲旅，必须先从训练下级干部入手，这真是下层基本工作。他就自兵中选拔能识字的优秀分子百余人，编成模范连，以副官李鸣钟为连长，刘郁芬、蒋鸿遇等为教官，授以学、术两科。训练月余，成绩已著。未几，即与十五旅在咸阳野外练习战斗，一举而占优胜。

是年冬，冯氏奉令率部赴陕北榆林一带勘查鸦片。出发后至第三日，忽奉督军陆建章命兼程回省，盖以四川督军胡景伊所部有一旅哗变，而陕南空虚，故调冯氏移防汉中，实行乘机伸展势力于南部也。奉令后，他即于十一日出发，分全旅为二梯团，陆续南下，进驻沔阳、褒城。过凤县时，题留侯祠一长联刻石，文曰：

> 豪杰今安在，看青山不老，紫柏长芳，想那志士名臣，千载犹留凭吊所。
>
> 神仙古来稀，设黄石重逢，赤松再遇，得此洞天福地，一生愿作逍遥游。
>
> （见李著页一二）

在防次，他仍继续其讲习武术、训练体育之事，虽在疾风暴雨、冰天雪地之中未尝一日间断。同时，保护治安，防范土匪，有功于地方甚大焉。他更在军中提倡“学术比赛会”“运动会”等，使全军益发致力于战术、战学及体育。日后，其大军体育成绩超优，兵、官体力强健、精神活泼，皆滥觞于此。

其时袁世凯窃国谋称帝，群小怂恿，进行益力。冯氏在军中接得段芝贵发下《孙文小史》《黄兴小史》，诋毁两位开国元勋的小册，皆羌无事实者。他读之怒极，破口大骂。即日召集全体官长士兵讲话，痛斥袁贼称帝与预谋者之非。此其拥护民国之初次表示也。

川北立功

四川督军胡景伊自兵变后，屡次请援于北京。袁世凯乘机欲攫四川为己之地盘，遂于民国四年（一九一五）二月改派心腹大将陈宧为督军。陈率中央第四混成旅伍祥祯部，沿长江西上入川。袁并令冯氏之第十六混成旅开驻川北。时，陆建章方倚冯氏为股肱，颇不欲其离开陕南重镇，但又格于袁氏命令，不得已乃令其率第一团入川，余仍暂驻陕南。其入川之队伍，分驻绵州一带。此民国四年（一九一五）夏间事也。张之江于此时复来入伍，任上尉参谋。

时，川省土匪蜂起。秋间，陈宧下令全省清乡。冯氏担任第五区，即嘉陵道属（保宁、顺庆、绥定三府）。会哥老会首何鼎臣投诚，他即用为向导，因得擒获积匪郑老大、陈肇祥等，悉置诸法，并枪决青帮首领、著名土豪劣绅赖桂三。地方复得安宁。连剿数月，成绩全省第一，陈嘉奖之，赏金五万元。又有巨匪张振武者，盘踞老林场，久为地方大患，闻冯军至，即远扬。冯氏执其父，要其交出贼子。振武闻之，立自首。冯氏义其所为，并释父子二人，而振武不去。并言："冯公是我再生父母，以后我必有以报答他。"后来在叙府一役，振武果奋不顾身，冲锋上前，竟至阵亡。

讨袁之役

方冯氏剿匪于顺庆间，袁贼果然实行窃国，称帝之消息传至，并锡封冯氏男爵为饵。他闻而愈愤。因即集合全体官长士兵剀切训话，大意说：

“凡我军人，不知拼了多少头颅，洒了多少热血，始争得共和政体，今乃为袁贼所篡窃。如果共和不适于中国，又何须推翻清朝而以暴易暴？而且诸先烈为民国牺牲，今骨肉未寒而竟背弃，又有何面目以对之？”言时泪随声下，官兵莫不感动，义愤填胸。全体誓言反对。他既得大众同情，胸有成竹，转对官兵抚慰，谓反对帝制，决定要干的，但自己所部只有一旅，兵力太单，不能造次，乃劝众人忍耐，俟机而动。未几，某巨公领衔发出拥戴袁氏为皇帝之电，令全国旅长将官一致列名。陕督以此事征冯之意，冯则答以加入川方；及川督问他，又答以加入陕西。两边搪塞过，卒之，这一条背叛民国的大逆名单竟无“冯玉祥”的名字在末后。这时，冯已决心讨袁，密谋进行了。

四年（一九一五）十二月十二日，袁贼果下令称帝，改元“洪宪”。于是蔡锷、唐继尧、李烈钧等即于廿五日在云南举义。五年一月，组织“护国军”，公推唐为都督，分三路出兵讨袁。蔡锷任第一路总司令，攻川。李烈钧任第二路，入粤。唐兼第三路分攻湘桂。护国军兴，袁贼震惧，立调兵遣将以迎敌，派曹锟为总司令，率张敬尧等带大兵南下御蔡。陈宧派伍祥祯的第四混成旅守叙府，而冯氏之第十六旅则调守泸州。命令一发而冯氏拥护民国的机会遂来了。（按：是时，曹锟部下旅长吴佩孚，统步兵六营，而冯氏是时已任混成旅长，有兵十营，官阶、地位、部众与资格都在吴上，未尝在吴部下。）

时，蔡公分第一路兵力为三个梯团，第一梯团由刘云峰率领，经老鸦滩进攻叙府。蔡公则自领二、三梯团由永宁进攻，以断长江交通。另派挺进队由黄毓成率领，经綦江东向窥夔府。战事爆发，刘云峰先攻破叙府，伍祥祯旅全部溃败，泸州危甚。陈宧乃急令冯氏率部兼程前进赴援。抵泸后，陈委其为防泸总司令兼反攻叙府总司令。冯氏驻泸后，一面安民，一面责成刘某收编伍旅之残部。同时则密谋应付当前环境之方法。此为民国五年一月间事也。

护国之役，冯氏本极赞成，此时至泸，以为报国时机已至。适闻刘云峰为其参谋长蒋鸿遇之同学，乃嘱蒋暗电刘，谋局部议和，合作讨袁。不意刘方乘战胜余威目空一切，竟提出缴械为讲和之条件。时，陈宧又急令反攻，克日规复叙府。冯氏不得已仓促应战，先打了一个败仗，退守自流井。随而纠集所部，告以计划，谓滇军讨袁，实所赞成，此次出战，大违初意；但是不战则违令，谋和而滇方又不纳；若见敌后退，又大损本军名誉。至于缴械讲和，简直是“投降”，更与他的名誉有关，尤其不成问题了。

因为他一生倔强刚介性成，他的字典中有“革命”——或可称“倒戈”“成功”或“失败”，然而永无“投降”字样。七十年的生活，如是如是，一一可考。处于当时的形势之下，进退维谷，应付困难，莫此为甚。卒之，定下良谋，奋勇迎战，先打一个胜仗，再与滇军谋和合作。策划既定，大举出战，果然于三月一日克复叙府。冯氏入城后，恢复秩序，安抚百姓。时滇军留下伤兵及官眷数百人，见冯军入城则大惧。冯氏派员调查，一一抚慰，逐家分赠大米。伤兵则为医治，愈后各发十元或廿元，分遣回籍。此举人皆啧啧称道，且有感激涕零者。

下叙府后，冯氏即集合全旅军官讲话。历陈往年滦州革命之事，并明指袁世凯称帝背叛民国之罪，此时彼断不能反对革命而攻滇军。言罢大哭。当下，全体军官表示服从（刘著页一八）。由是加紧与滇军议和。会滇军既战败，以冯氏不可屈，则亦悔以前拒之非，倾向妥协。四月中旬，刘云峰派其参谋等到叙接洽。冯氏复派蒋鸿遇往见刘，卒构成先行停战、共同护国之局部的和局。为根本解决计，冯氏复派张之江往谒蔡公。磋商数次，合作办法卒告成功。是时，鹿钟麟已由张之江介绍入伍，任少校副官，随张奔走。（据刘著，张、鹿二人均为冯氏前在二十镇的老部下。后投伍祥祯旅，至是同留在冯部。）议和成功，鹿亦与有力焉。

据张归后报告，蔡公在军中辛劳过甚，形容憔悴，声音暗哑，盖以兵数千而力拒张敬尧等虎狼之师；孤军撑持数月之久，且大败之，其劳苦功高可想见了。（按：蔡公于倒袁之役成功后，旋即逝世，其病根实潜伏于此时也。）

劝陈倒袁

和议既成，冯氏乃电达陈宧，慨陈顺逆之理，力劝其宣布讨袁。当时，陈以环境复杂，曹锟（有第三师）、张敬尧（有第七师）等尚拥重兵于川境，而重庆镇守使周骏（有川军第一师）又为袁之心腹；加以在省之有力者，或主战、或主和、或主独立，意见纷歧，莫衷一是。陈手上无可靠的基本队伍，不能决，乃急电冯氏回省解决大计。冯氏得电，即将叙府防务交回蔡公派队接收，自己率全旅北上。在途中已奉陈令改编十六混成旅为护国军第五师。冯氏任师长，委张之江为第三团团长，鹿钟麟为营长。至五月中旬，回抵成都。

既晤陈宧，冯氏屡向其痛陈是非利害，责以大义，苦劝其宣布独立，借以解决川局而促袁下野。同时，张之江亦四出运动，约同士绅人等向陈要求宣布独立。复有日本士官毕业之刘一清（杏村，为后当冯军参谋长刘骥之兄，与冯氏友善，久已互商倒袁事）夙与陈交好，亦极力劝其独立，并多方运动各军讨袁，因与冯氏深相结纳。如是，内外合力，造成一个很浓厚的、很有力的反袁气氛与局面于成都。陈宧再也不能狐疑不决了。

其时，粤、湘、浙省已相继独立响应护国军，而江苏督军冯国璋亦邀集未独立之各省代表会议于南京，表示反袁。袁不得已，请副总统黎元洪及徐世昌、段祺瑞等出面调和，拟先行停战，再商善后。全国政局如此，陈遂依冯之坚请，毅然决然于五月廿二日通电宣布独立。袁本以陈为心腹，托以川省重寄，及其独立电至，一生事业与野心完全绝望。阅电后大受打击，登时昏迷，患病日剧，至六月六日身死。陈氏举动关系之大可以想见，而居中主持最力以武力为陈后盾者则冯将军也。

离川回陕

袁未死之先，甚怒陈之叛己，下令褫陈职以周骏继任，并令周由重庆进攻成都。周果动员前进。陈即备战，惟可靠之队伍只有冯部，余皆作壁上观。冯氏一方面严阵备战，一方面发表宣言，及致函周骏劝其觉悟。迨袁死后，周闻而气夺，派员向冯道歉。陈亦允交代，乃与冯部离川。临退时，冯氏出一布告，谓此次退兵，非因兵力不足与周周旋而畏缩退避，但因不欲同类相残而致糜烂地方，故委曲求全也。

初，冯氏离陕入川时，奉陆督命留一团仍驻汉中，及与陈宧离川，中途即分手，冯氏自率部回陕。乃自行取消护国军第五师名义而恢复第十六混成旅编制。沿途跋涉，运输尤难，夫役不愿北行。他甚至自己亲抬炮弹一箱以为众倡。其余军械，均须官与兵自抬。冯氏与陈分道而自回防率部回陕。至梓潼时，闻滇军抵成都而见拒于周骏。他乃去电请周勿与滇军为敌，须将全省让出，否则必出全力反攻云。周卒从之。足见冯对护国军克尽全始全终之义了。倒袁之役，为冯氏第二宗革命事业。

驻扎廊房

六月下旬，冯氏率部抵汉中。其时，陕局已变。先于五月初，陈树藩、郭坚等揭护国之帜，进据西安。陆建章于同月下旬仓皇离职，仅以身免。陈继其督陕。冯部所留在汉中之一团，亦被迫散驻他处。冯氏回后，始陆续归入本军序列。同年秋间，他奉令离陕。乃率部由汉水经襄阳、樊城等邑，至汉口乘火车北上。

以后，冯部在河北廊房驻扎。这是第十六混成旅休养生息、补充训练的时期和机会。是时，到旅投效者有刘骥、李炘及从前授冯氏古文之邓长耀。刘任上尉参谋，邓则为军医长。冯氏在斯地，置义茔卅亩，安葬两次攻叙阵亡之官兵，复在东街建“昭忠祠”一所，设员守护，每岁派人致祭。其阵亡及受伤之官兵，皆按名支以抚恤金。残废者仍予以名义而给饷。其家人老幼均为之负教养之责。同时，在北京开办“军官子弟学校”一所，以造益后生。军队内部则亦有新的生活，其尤著者有“新剧团”之组织，官长等多有粉墨登场、现身说法者。此举不特于枯燥冷酷之军队生活中增添不少乐趣，而于士兵精神教育更多所补助焉。此外，另组织“士兵俱乐部”，其中设备有音乐、游戏及书报杂志等，以增加士兵趣味及知识。苏俄红军及国民革命军俱注重“军中俱乐部”之设，为政治工作之重要事，而远在数十年前，冯氏已施行于其军中，所谓“得风气之先”者，非欤？又设“贩卖部”，平时以团为单位，行军时则以营为单位。举凡士兵日用所需品，均可在此购买，既能节省金钱，又可维持纪律，法至善也。如获有利润，即以为买物犒赏之用。

至军事训练，此时尤为严格，因自在叙府作战之后，冯氏受了两种感触。其一，战胜之后将渐惰而质渐骄，军纪及精神有废弛及涣散之趋向，这都是一个军团堕落的先兆。其次，则屡与滇军接触，虽获胜仗而两相比较，自觉成绩还比不上人家。因此他加紧训练和整顿全军。老弱兵官大加淘汰而另募新兵补充之。是时，夺获敌人及增加之大炮已至廿四门，于是扩充炮兵营为团，以宋子扬为团长。又以战时机关枪不敷用，乃以手枪五支编为一组，共若干组，成手枪队，用为机关枪补助器。队有二百人，皆拔自军中技术精优者，每人手枪、马枪、大刀各一，临阵时分别使用。后来收效甚宏。在以后历次战争中，敌人闻冯军“大刀队”之名，无不震栗，此即最初之一队也。其余种种体育及军事实地练习亦极加意注重。驻廊房未久，军容一新，实力增加，已成为劲旅矣。

横被免职

正在努力练兵之际，忽然意外霹雳一声，冯氏被段祺瑞免职他调。事缘六年（一九一七）春，段为国务总理兼陆军总长，傅良佐、徐树铮二人为次长。冯在京甚不满于官僚种种旧作风，于酬酢往还等陋习尤不喜为之，加以平素语言率直，性格落落与人难合，居恒痛骂政府之不良，与官吏之贪劣，因此大遭人忌。一次，更因傅办事不公面谏之。于是一般嫉之者，乘机纷纷进谗于段。及陈宧归自四川，又告段以昔之独立，非其本意，皆冯之所为。是时，袁世凯既死，段自然成为北洋军阀的领袖，乃以为冯不忠于北洋团体，对其愈不喜欢。因此，傅乘机屡次表示欲裁冯部兵额。其时适甘肃督军张广建请调兵一混成旅入甘。陆军部即以第三师一团另抽调冯旅一团前往。冯氏以甘、直相距太远，于训练上大感不便，因以全部同往为请，并以前时分驻陕、川之困难经验面告傅良佐。傅答以见段再议，而阴则谮之，后有利己者亦乘机进构陷之言。傅矫段命先免其职，继则段以为太甚，因下令调冯氏为直省南路巡防统领，驻正定，十六旅遗缺以杨桂堂升充。

冯氏奉令惟谨，即准备南下。惟全体官兵闻而大哗，电呈府、院，请收回成命，段不肯。军官等复集合营长以上诸员，赴京设法留之。段派员前往解释，并向官兵讲话，全体匍匐其前，要求转达挽留，哭声震地（见李著页二二）。冯氏虽决服从命令，而部下坚不放走，宁全体解散。军心愤激，无法解决，于是京中谣言大起，谓廊房兵变。陆军部调兵威吓，亦归无效，顿成僵局。幸得陆建章挺身出任调人，晓谕诸军官，谓如今顾全中央威信，服从命令，则冯氏将有北归之日。众意始不再坚持。陆氏于是偕冯氏南下。全体送行，多有泣下者。众人牵冯衣挽留，至裂其马褂，每人存一小块以为纪念，足见冯氏得部下爱戴之深，其练兵特色充分表现矣。此为六年（一九一七）春间事。

第十六混成旅自冯氏去后，继任者杨桂堂，柔弱无能，于训练及纪律多废弛；官佐染恶嗜好者渐多，亦不能禁。冯氏旧部，当时有主张请其回任，否则呈请解散者，又有主张沉着观变以待时机者。众议纷歧，而皆出于爱领袖、爱团体之真心也。方十六旅军心彷徨之际，冯氏在正定眼见统领巡防营，腐败不堪，毫无希望，欲积极整顿，又格于情势，不能举动。于是抑郁无聊特甚，常至天台山休养。其时，欧战方酣，日本乘势侵略，国事蜩螗，危机四伏，忧时爱国的冯玉祥当时无权无势，何能有所表示？惟有韬光养晦，静待机会之宣召而已。

废帝复辟

未几，机会果然来了，也是与中华民国之大厄运俱来的。这就是六年（一九一七）夏间张勋等拥宣统废帝复辟一事。先是，是年春间，国务总理段祺瑞主张对德宣战，而总统黎元洪则不赞成，盖段无非假借参战题目而实行扩充私人势力而已。及参战议案被国会否决，段以为黎所授意，乃运动各省督军联名请黎解散国会。黎知为段所发动，乃于五月廿三日下令免段职。各督军大哗，皖、豫等省竟宣布独立，并举张勋带兵北上，此部所谓“督军团造反”是也，黎惧，召张入京，请其调解，无异“引狼入室”。张遂于六月十四日偕清遗老李经羲入京，带兵约七千人与俱。张本逊清提督，在民国曾任长江巡阅使。是时，兵力有八十营，驻徐州，其人顽固无识，矢忠于清，全军辫发长垂不剪，故人呼为“辫子军”。居恒与保皇党首领康有为等勾结，又曾在徐州开秘密会议，运动复辟。当时督军团及政府中衮衮诸公亦多有赞成者，甚至段祺瑞亦有赞成之嫌。叛国隐患，潜伏久矣。及府、院冲突，张、康等以为有机可乘，入京后即积极进行复辟。竟于六年七月一日，先得废帝溥仪首肯，由“太傅”徐世昌、“师傅”陈宝琛及康有为、张勋等，拥溥仪复为皇帝，迫黎元洪退位，去民国五色旗而易以逊清龙旗，改民国纪元为“宣统九年”，而张勋则自为“北洋大臣直隶总督”，且大颁爵赏，种种怪剧迭出现于京中。一时翎顶复现，而各省一般帝制遗孽纷纷进表称臣。中华民国国祚不幸中断矣。

黎元洪原为辛亥革命首义元勋，后任副总统，其时任大总统。其人虽庸碌无才，不胜大任，独是先则拒绝袁贼“武义亲王”之封，是时又不受废帝一等公爵。经其亲家梁鼎芬亲来苦劝亦不从，抱大总统印逃避东交民巷荷兰使馆暂避，其始终忠于民国，保存晚节，不废前功，有足多者。

消灭“辫子军”

冯氏再起东山、率师讨逆之经过，颇为曲折，而所成之功实为其对于民国革命事业之一大伟迹，不可不详为记述。初，冯氏既脱离其一手训练之十六旅，继任旅长之杨桂堂不得军心，不满意的精神已弥布军中。及复辟祸作，杨与张勋素有渊源，张北上过廊房时，杨且率兵一团至站欢迎，大有附逆之趋势。迨奉到张令改挂龙旗之际，十六旅军官要请杨表示态度。杨则模棱其词，官兵咸愤。顾是时段祺瑞誓师讨逆之举尚未发动，及各方态度亦无所闻。而全旅军官如邱斌、张之江、鹿钟麟、蒋鸿遇、李鸣钟、刘郁芬、宋哲元、张维玺、佟麟阁、孙良诚、刘汝明、韩复榘、石友三等，以事出非常，时机已迫，亟谋对付计划。即开会公决反对复辟，乃公推薛笃弼密赴天台山请冯氏复出主持军事，以挽民国危局。全军准备待命。是故，十六旅于打倒复辟之役，其始实为自动的与独立的举动也。适杨桂堂于此时入京有所图谋，因此全旅始终未挂龙旗，幸得在历史上保全纯洁纪录而未留污迹。（据刘著页二六，被推赴天津谒冯氏之代表为孙良诚与刘汝明二人，但未见之他籍，或系冯到津后再派去迎驾者，未能确定。如系事实，二人当在薛笃弼之后。）

在冯氏那方面，当其一闻复辟之事发生，不胜愤懑，其心理与十六旅同人不约而同。因即发函交史心田往见旧部同人，邀约克日兴师讨逆，并准备亲往天津游说各方同时大举。其发动此举为自动的与独立的，亦与十六旅同人不谋而合。尤为凑巧者，则十六旅所派来之代表薛笃弼，与冯方所派去之史心田，不期而相遇于中途。薛既读冯氏函，询知其行迹，即赴丰台寻访。抵车站时，适冯氏亦经由北京西直门乘火车径赴天津活动，至是与薛相遇于站上。两人共在车上密议，商定办法。薛即在廊房下车，返旅部传达冯氏意见，先将官佐家眷送回原籍，并分发子弹与全体官兵，积极备战以待后命。张之江则奉命到津商定计划。

冯氏既抵天津，立与陆建章、张绍曾二人会商。（按：据陆建章言，复辟之举，全由段祺瑞阴谋酿成，先召张勋来，再兴兵把他打出去，段本人方可复职握权云。）及段芝贵闻冯氏至，得张介绍，亦来接洽。冯氏于是与众人商定讨逆计划。徒以自己仅为混成旅长，职位卑微，实力有限，不足以召号全国及掌握全局，乃竭诚推段祺瑞为总司令，奉以指挥全部的兵权。谋定，他一面令张之江先返廊房与邱斌等依计行事，一面派人典质京寓，得五千金，用以分发全旅官佐士兵薪饷，并嘱人人加紧备战。

各事筹备已妥，冯氏即于七月六日，率先传檄天下，通电讨逆。文曰：

> 顷奉段公芝泉电，热诚爱国，义愤堪钦。伏思奸人窃国，覆我共和，擅弃约法，突行复辟。乱民贼子，人人得诛。本军辛亥创义于滦州，上年建议于川省。誓以铁血，拥护民国。沧海可枯，初心不改。爰举义旗，以清妖孽。我大总统现已受制于逆贼，失去发号施令之自由。本军特拥段公为讨贼总司令，誓师讨贼，奠我民国。海内英豪，盍兴乎来？
>
> （见李著页二四）

次日段祺瑞在马厂誓师，以“讨逆总司令”名义号召及通电全国，并任命冯氏为第十六混成旅旅长。同日，十六旅旅部接张勋电令进攻段军。参谋长邱斌得电，即集合各军官，告以准备发动讨贼。时，旅长杨桂堂在京受张勋命回旅主持。途间，闻全旅备战迎冯，即逃往天津。是夕，旅部复接张勋电谓即派夏统领率兵南下至廊房协助十六旅进攻。旅部军官知张勋所派兵盖为解决本旅计也，即开紧急会议，先发制人。各军官连夜统率所部在廊房北五里构成防御阵地。张之江则率骑兵破坏廊房北八里之桥梁铁道，以断张逆南北之联络线。同夜，全军急电请冯氏回旅主持一切。夏军于夜间一时许抵万庄，闻廊房十六旅已备战，乃停军不敢前进。

七日晨，冯氏在天津接旅部急电数通，请其速回。时，段虽誓师就职及通电讨贼，但仍未发兵。至是，知情势紧急，即派傅良佐见冯氏，促其速往率兵北上，并诚恳道歉，请释前嫌。冯氏知时机已至，即乘车北上。八日晨，抵廊房。全体官兵见老长官及时回来复职，欢欣鼓舞，士气百倍。旋而段芝贵之第八师亦开到一混成旅。冯氏与其商定，铁路以西由八师担任，以东则由十六旅担任。部署既定，即于九日日间向万庄进攻。十日晨，协同李长泰部，夹攻丰台。时，各方闻风响应，起兵讨逆者，有蔡成勋、张锡元、陈光远等部。冯军节节胜利，直逼北京。

张勋逆谋，内外原有多人附和，无奈刚愎自用，一手把持，大失众望，顿成孤立，势必失败。（如溥仪《自述》说徐世昌原欲自任“议政王”，而张勋只予以“弼德院院长”空衔，故不为助。）其“辫子军”一部驻城外天坛，一部驻城内东华门张私宅，禁卫军一团则守景山及皇城。“讨逆军”乃分兵以蔡成勋、张锡元两部攻东华门。冯军与段芝贵第八师之一部及陈光远之十二师攻天坛。部署既定，先提出取消帝制、恢复民国、自动退出及解散全部等条件。张逆不答。十二日晨，“讨逆军”即开始总攻击。

十二日，冯氏率全旅由丰台出发。黎明宋哲元部奋勇缘梯攀城，首先攻入右安门（刘著页一七七），抵先农坛，绕攻天坛之北。先用炮火压迫，掩护部队前进。九时，十二师及第八师之一部登永定门城垣，向天坛俯击。同时，前门以内亦激战甚烈。十一时，天坛之敌受冯军炮火及步兵之猛击，不克支持，乃请降。总司令部即派员往缴械解散。午后一时，城内枪声亦停。张勋见大势已去，乘汽车逃入东交民巷荷兰使馆。其残部尽被包围缴械，住宅亦被焚。禁卫军一团全被解散。三时，全城肃清，而中华民国又得复活了。

成功之后

讨逆既全胜，冯氏率部开驻丰台。当时张勋在逃，未受显戮，清室尚存，祸根犹在，但执政者肉食无谋，不为拔本清源之计，而有调停之议。冯氏闻而愤甚，通电反对，主张除恶务尽，根本解决。而尤令其切齿痛恨者，则优待清室之条件也。当民国初年此项条件成立时，他已极端反对，不惜奔走呼号以冀取消，奈当时人微言轻，当局不纳。至是遂于七月十四日发出严厉的通电，提议四项：（一）取消民国优待清室条件，四百万两经费，停止缴付；（二）取消宣统名义，永不准再以帝号名称号召满蒙，即贬溥仪为平民；（三）所有宫殿、朝房及京内外清室各公地、府园，尽归国家公共之用；（四）惩办此次叛逆之诸元凶以遏奸邪之复萌。义正辞严，天下震动，爱国志士，群焉和之。惜当时当局固是亡清遗老或且曾躬与复辟逆谋，后又为看风转舵者。段之讨逆，亦不过为恢复个人地位计，兼借以一泄前此被黜之愤恚而已，故对于冯氏之彻底主张，终不接纳，反而电告谓复辟与张勋无关，劝其“勿为已甚”。细味其言，因果可寻。未几，张勋有电致段云：“已获巨罪，人庆大勋，恨当世无直道，民国少公刑。”隐约之间，亦可见其于上了段之大当后，愤慨至极之情了。

八月间，段对于冯氏斤斤主张铲除帝制，且以“胡闹多事”四字答之。直至十三年（一九二四）首都革命之后，冯始得实行此数项主张焉。

尚有一事足述者，打倒复辟既成功，各军纷纷报销军费，每师六七十万元，每旅二三十万元不等，而冯氏则只开列一万元。段亦为之惊讶，即勾销之，而另馈以二万元，庶免令其他师旅之浮报者难堪也。冯氏亦不辞而收受之，用作购买手枪费，以成立“手枪队”。其间，要以段个人所得为至大，盖于复职掌权之外，兼赢得“三造共和”之美名也。（谓前此主张清帝退位，反对袁氏称帝，及此次打倒复辟事。）冯氏高功无赏，亦不计较。真有“大树将军”之遗风焉。

其后，张作霖于民国九年（一九二〇）曾请起用张勋督皖。时，冯氏方驻军汉口，立通电反对，其议乃寝。足见其拥护民国，反对帝制之彻底矣。

口碑传世

打倒复辟，匡复民国，是为冯玉祥之第三宗革命大事业。其在此役之功绩如何，有国民党要员张继（溥泉）当时谈话一则，殊堪视作定评，录之于后：

> 前参议院议长张继向《大陆报》记者披露讨伐张勋一举之真相。据云：日人多称段祺瑞为共和军之英雄，实则段在一星期前为毫无援助之人物。彼时，段无一兵可供其指挥，困居天津，如无舵之舟。七月二日，方余出天津时，段遣范源濂、刘揆一来视余。与吴景濂二人，请余等在南方为段代谋一事。段无颜亲来。渠自知其时名誉不佳，且无兵权。迨张勋复辟，全局一变。段自己虽不知如何利用时机，但其谋士梁启超、汤化龙，闻廊房旅长冯玉祥反对复辟之消息，劝段乘机而起。段由张绍曾介绍得晤冯旅长。冯遂以兵权授之。当日并未出师攻京，仅嘱梁启超代其拟稿通电全球谓已率兵讨逆。段赴马厂告李长泰，以廊房军队已听指挥，尚需李部下一师赞助，共逐张勋。李本有反对张勋之言，未便拒绝。于是，三日之前尚为孤立无援之段祺瑞，遂统率冯、李之师，而自称讨逆军之总司令矣。然彼时段未与曹锟、陈光远、段芝贵等接洽也。今日段将入京，居然因廊房一役而得英雄之称，实则英雄乃冯玉祥也。（上载六年七月十二日上海《申报》转译上海英文《大陆报》。）

第六章　蝉联旅长八年长

（卅六岁至四十岁，一九一七—一九二一）

浦口停兵

自民国六年（一九一七）秋打倒复辟之后，冯氏复统率第十六混成旅回驻廊房。此时，段祺瑞之亲戚私人，如傅良佐、徐树铮、吴光新等，皆有升赏，且有裂土封疆者，惟功首冯玉祥仍旧一旅长耳。平情而论，段于自己有需要时，则利用他人效死力；成功后则阴忌其势力之扩大而惟一本私心、逞私见、怀私怨、信任宵小、赏罚不明，即此一事可见其为人，亦可以明彼终不能成大事之故了。冯氏此时态度，恍如他的远祖“大树将军”，不伎不求，安之若素，惟注全力于军队之严格训练，有暇则督率官兵，筑墙凿井。是时，最大的工作为运用军人自己的工力，自筑营房百余间，及开辟打靶场以便随时实习二事。在此期有两重要人员投入旅部，一是张自忠，任学兵营的见习官，一是刘骥（字菊村，陆军大学毕业）任上尉参谋，以后均成为极得力的干部。（刘著页二七）

时，段拥冯国璋为总统，而自行回任国务总理，依旧把持军政。冯、段协议，以赣督军李纯调任苏督补冯遗缺，以陈光远任赣督，王占元任鄂督，皆冯嫡系也。段则以傅良佐为湘督，大违南方国民党以湘人治湘之主张，已种下南北纷争之祸根矣。未几，段更倒行逆施，废弃《约法》，国会由是中断。于是，国会议员联翩南下，在广州开“非常会议”，组织军政府。孙中山先生被推举为“大元帅”。高揭“护法”旗帜，分兵三路北伐，同时进攻湘、赣、闽三省，义正词严，兵力雄厚。西南各省如滇、黔、粤、桂，及湘南，均先后宣布独立，纷纷响应。当时冯国璋为自固其总统地位，主张与南方妥协联合，而段则早发武力统一之梦，非用兵力征服全国不可。冯虽反对内战，力主和平，而莫奈其何。段遂厉行其穷兵黩武政策，而天下愈多事矣。

闽督李厚基，以南军势力日张，自忖非敌，电京请援。段是时又用得着冯旅长了，即令其督师援闽。冯氏素表同情于南方革命运动，奈隶属北洋系统之下，自己兵力单薄，不能轻举妄动，以冒全军覆没之险。此次奉令南下，心持异议，而不敢露骨反抗，亦惟有如以前之办法，沉毅忍耐，培养实力，以待时机而已。

冯氏既奉命南下，以劳师远征，兵力不敷为辞，请成立一补充团。旋得许可，乃派员赴河南归德一带招募新兵三千人。六年（一九一七）十一月下旬，亲率全部由京汉铁路转陇海、津浦两路南下。军次河南新乡，遇湘督傅良佐，乃知长沙、岳州已失，入湘之北军多已撤回，傅盖败逃之将也。十二月初旬，冯氏驻军浦口。时，补充团新兵已至，乃以李鸣钟任团长，即在浦口训练。李厚基派员前来招待，并备海船数艘欢迎冯全军入闽。冯氏成竹在胸，不愿与护法义军作战，决发动主张和平。因借口军队乘轮船航海，易受攻击，实有危险，不如从旱路经浙入闽，遂停兵不行。苏督李纯，秉承冯国璋意旨，准其留驻浦口，并予以给养。盖是时，段祺瑞之皖系与冯国璋之直系已露裂痕。冯玉祥将军虽籍安徽，惟因屡受段之皖系之疑忌与排挤，故渐与直系比较接近，对南方主和之议亦衷诚赞同。因此之故，冯国璋便曲意维护，亦所以拉拢及培植直系势力也。是时，冯旅之参谋长邱斌，因附和皖系，主张援闽攻粤，与冯氏意见相左，拂袖而去，且通电攻之。这是冯氏部属中之头一个背叛他的。（刘著页二九）

在浦口时，有一趣事发生，充分表示冯氏之性格。一日，南京的高级长官大宴冯氏。文武贵官纷纷赴筵。一时，逸兴遄飞，主人家请众客飞条子，各叫两个歌妓来侑酒，但冯氏不肯。主人劝道："您来到南方大城里，不该洁身自好，像圣人一般。来吧！改转主意活泼一下吧！如果您没有相熟的姑娘，让我来介绍两个。"未几，两个花枝摇曳的粉头果然姗姗来了，坐在冯氏身边。当下，他敢怒而不敢言，登时站起来，离席走了。回到寓所，抱头大哭了几天，自说："国家的上层领导人物，尚且放荡至此，中国还有甚么希望呢？"

过一会儿，他也设宴，遍请部下全体军官赴筵。席间，他对众人说："我们也当及时行乐，好像他们的军官一样。他们赴宴都有歌妓侑酒，我们也来叫条子，每人一个吧。"他们都熟稔长官的脾气，闻言人人瞠目相视，莫名其妙。冯氏再说："我已经替你们出了条子了；每人一个，每个一元，他们快来了。"少顷，大门洞开，有一群衣衫褴褛的乞丐蜂拥进来，或男或女，或老或幼，或盲或跛，都是预先派人在街上招集而来的。他当下站起来郑重地说："这些就是我们所叫的条子了。请每位给他们一元，他们都是我们的叔伯、兄弟、诸姑姊妹，我们应当照顾照顾吧。"各军官遵从，每人掏出一元。乞丐散去之后，他再演说，细述自己前次赴宴之经验，乃劝勉众人应洁身持正，预备为国家之领袖云云。（按：以上故事是后来在张家口国民军总司令部内"基督教协进会"当总干事的陈崇桂牧师亲口告诉著者的。）（又按：六年十一月，段辞去国务总理职。但未几即复出主持赴欧参战军事，段芝贵得任陆军总长。兵权仍在段祺瑞手。见薛著页六九—七二。）〔编者按：此处有误，段祺瑞辞职后，由王士珍继任，自兼陆长。段芝贵任陆长，实在民国七年三月段祺瑞再起组阁时。〕

武穴主和

迨湖南长、岳易帜，南方革命军节节胜利，武汉顿形紧张。七年（一九一八）一月，段调兵遣将，大举南下，冀挽颓局。曹锟为两湖宣抚使兼攻湘总司令，有兵力数师。赣督陈光远亦为攻岳总司令，由赣直攻长沙，添调皖、鲁军归其指挥。又借用奉军四混成旅，驻京汉道上。奉军之入关，此其祸端也。湘、鄂形势既特别危急，段更改调冯氏混成旅西向，由荆州、沙市攻津市、澧县，以拊长沙之背。

冯氏于二月间奉到军令，目击战祸爆发，大不利于南方革命事业，而是时海内骚然，外人且有倡共管之说者，深知此次内战不特毫无意义，而且足致国家于危亡。前此终止入闽，至是亦自始立意不攻湘。志既决，率部乘轮溯江西上，相机而实现其和平主张。不幸有一书记官杨某，反对开战，而又未明冯旨，在浦口气愤投江而死，亦烈士也。

十六混成旅全部抵湖北之武穴，登岸后，即停兵不进。于二月十四日冯氏通电主和。电文激烈异常。开首即谓“内部争斗，于今三年，而最无意识无情理者，莫过于此次之战争”。继则历数外患、内忧、财政、军事、国家种种险象，实不堪再战。乃痛诋当局者“蔽于感情，激于意气，视同胞为仇雠，以国家为孤注，言念及此，可为痛心。民国主体，在于人民，民心背向，所宜审察。置民于不顾，快少数之私忿，成败得失不难立辨”。而其主和之尤大理由则以“总统为一国之元首，军人以服从为天职，使元首而果主战，敢不惟命是从。然元首（冯国璋）始终以和平为心，早为中外所共知。讨伐之令，出自胁迫，有耳共闻，无可掩饰，此玉祥所以不敢冒昧服从，以误元首而误国家也”。末了，词更激昂：“如以国家为可怜也，则请速罢兵，以全和局；如以国家为不足惜也，则请先杀玉祥以谢天下。”云云。电文批露，全国悚然。（全文见李著页廿八—廿九）

然而此电之主和，犹只以国家民意及总统和平之心为理由，对于南方护法组织尚未敢表示若何态度。至十八日，冯氏又发一电与府、院，同时并电江苏督军李纯请为其声援以期收效。其致府、院之电文比前电更为激烈，且对南方表示露骨的同情，有言曰："此次之战争，人以护法为口实，我以北派为号召，名义之间，已不若人，况乎民意机关，已归乌有。"又曰："士气盛衰，关系成败。北洋军队，训练有年，辛亥、壬子诸役，何以能战胜南方？此次何以迭为南军所败？师直为壮，曲为老，不已昭然可见乎？"再则曰："现岳州北军，既已退出，所未解决者，只为国会一问题。玉祥迫于爱国之热诚，实不敢冒昧言战，以误将来，惟望国会早开，民气早申，罢兵修好，时局早定。如仍有不以国家为前提，而以破坏为能事者，窃欲为国前驱，万死不辞。"云云。（李著页二九—三一）

此次护法之役，冯氏格于形势，虽未脱离北洋系统而积极参加，而此一电文已明白宣布赞成护法运动，其主张复开国会尤为显著，实是南军极有效力之宣传品。而且痛斥主战者理直辞严，不啻对彼主动解散国会、毁弃《约法》、调兵作战之反革命祸首段祺瑞下哀的美敦书。段接两电后，怒与惧并发，即招集大军数万人四面包围冯旅，旋下令免其旅长职，而交曹锟查办。其最滑稽者则令委最忠于冯氏之团长张之江代其职。张自然不肯接任，而且立刻四出运动有力者为之缓颊。

免职留任

冯氏虽被免职，而处之泰然，每日督饬操练如故，且命鹿钟麟督队剿除武穴附近之土匪。但其团结一体的部下及深受其赐的武穴商民，闻其行将去职，连电政府请收回成命。部下电文尤为激烈，谓如不肯收回成命则"请将我九千五百五十三人一律枪毙，以谢天下"云云。

奉命查办的曹锟，乘机卖个人情，兼欲吸收冯部为己有，乃复电政府为其缓颊，请准其留任，戴罪立功，以赎前愆，并归其节制。盖北洋军阀当时直、皖两系分裂，曹锟欲乘时扩充私人势力也。而段政府则以有事南方，深恐内部分化，势力缩小，或至崩溃，亦趁此下台，允曹锟之所求。冯部之与曹锟有直接关系，盖自此始。然此仅就一时权宜的编制上而言，冯始终不是直系嫡系人物或曹锟部下明甚。

其实，冯氏自受了民族主义与爱国精神的洗礼之后，所练之兵与所建之军，皆自许为国家的与国民的武力，绝未自觉是属哪一系的。所以一向大凡自认为有利于国民者，则不惮生死以负焉。由彰彰的史迹证明：皖系需要他助力时便拉拢他（尤其因他是皖人），事后便弃之如遗了；直系需要他发展时也拉拢他，事后反排斥他、压迫他了；甚至奉系需要他救援时，又何尝不拉拢他？但事后更要攻击他、消灭他哩。正因他一向态度超越，不务名利，孤立独行，无派无系，所以时时遭妒忌，受排挤，挨打挨骂，无时或已。这一次，初与直系发生关系，兰因絮果，不久自白。如今先行叙述如上，以明背景。

是年（一九一八）暮春，北洋政府特派陆建章南下疏通，仍催冯军渡江进攻。冯氏亦不因戚串私谊而卖面子，只虚与委蛇。一日，在乘马巡视各营时，佯作失慎坠地，受了重伤，不能行动。全旅自然不能开拔了。陆不得要领，乃怅怅北返（刘著页二九—三十）。冯氏以势力究仍薄弱，此次突然主和，露骨表示，一击不中，仍得安然生存，保存实力，已属万幸。今后计惟有更加沉着应变，养精蓄锐，以等待时机而已，盖其深心觉悟，虽有革命爱国之热忱和主张，然欲图大事，必先度德量力，若无计划、无实力，而只图快一时之意气，轻举妄动，鲜有不枉作牺牲而无补于大局者。自武穴主和一事得了此大教训之后，以后他的举动及表示，愈为谨慎周密及稳健，务操必胜，不敢再露锋芒，轻于一掷，以枉费健儿宝血矣。

驻防常德

七年（一九一八）三月下旬，段氏再起，任国务总理。未几，曹锟、张敬尧、吴佩孚复进攻湖南。曹氏令冯部任右翼进迫常德。冯氏以和平既已绝望，又受各方军队之压迫，且自己实力不足以为和平主张之后盾，而况与南方革命军相隔太远，无能联络，即欲参加护法战线而不可得，真是没可奈何的时候。不得已卒于四月间拔队西上。时，第十六混成旅驻武穴已两阅月，以保护地方、维持治安不遗余力，故与人民感情极洽。开拔之日，商民为冯氏立去思碑以留纪念。大军进行毫无抵抗，安抵石首公安，沿途剿除土匪不少。独有曾尚武率数百人投诚，冯氏收编为先锋营。全军休息十余日，继续由津市、沣县前进。时，吴佩孚已率第三师攻下岳阳、长沙。湘西镇守使田应诏军陷于孤立，亦撤出常德。冯氏遂于六月廿二日进驻是城。段政府嘉其功，则又开复其旅长职，并任为湘西镇守使。（六月十五日，徐树铮擅杀陆建章于天津。未几日，冯氏即奉新命，殆因段欲借此缓和其愤恨情感也。说者谓陆死后仍助冯氏云，信然。此为冯氏日后杀徐之远因。）

冯氏自武穴主和失败后，志仍未改，及镇守常德，仍乘机进行。当湘省既为北军复占，南北均充满和平空气。他主张益力，以偿素志，乃极力运动各方。其成绩则有七年（一九一八）七月间会同北方将领会衔主和之哿（廿日）、马（廿一日）两电。又有十月间会同南北将领主和之江（三日）、支（四日）两电。中间数月，国内和议，因国际协约会议而告停顿。至翌年（一九一九）三月三日，冯氏又重提旧事，单独致南方唐绍仪、胡汉民等一电，主张和平，并劝勉胡等各代表有“务望贯彻始终，勉思相忍为国之义，徐就九仞一篑之功。国之大命，实所赖之”等语。同月十九日，冯再发通电，痛陈时局，促开和议，足见其本人确能贯彻始终了。

强硬的外交方法

冯氏既任湘西镇守使，驻节常德。“地盘”虽小，而已有一小机会以发展其爱国爱民之抱负了。当其入驻是城之初，即对外国人起交涉而第一次崭然露出锋芒头角。他主张对外人必须“讲理”，以后悉本此原则以处理外交事件。当时，人民久受军队之骚扰及压迫，以为北军素强悍不守纪律，深恐冯军依样葫芦，大事抢劫，多有购得日本国旗高悬门外以资自卫者。冯氏至，以为有辱国体，乃严罚之，并与日本领事名高桥是新者交涉，请其取缔日商之售卖日旗。未几，日军舰“隅田”号借口保护日侨，开抵常德，冯氏又与交涉，不许其水兵登陆，只准其泊常德对岸。该舰舰长居然张贴布告于日商门前有“仰尔军民人等”一语。冯氏以中国内地，何能任外人乱出布告？即勒令撕去，自行担负保护日侨之责。其保护办法，至为周到而巧妙。他在每家日商门前，派出两名“大刀队”站立驻守。中国人望而生畏，无敢进去买物者。而日人出入亦大感不便，生意完全停顿，门可罗雀，寻而出门采购食品亦不得，咸大窘，卒须由高桥要求不要格外“保护”。冯氏乃一笑而罢。另有滋事日兵数人，被捆送司令部，后经高桥及舰长数次道歉请求，始放回。日人知冯氏严正不屈，其心爱国，当时表面上甚为敬重，虚与周旋，而实则此时之举动已大中其忌。自此，日政府对于冯氏常侧目而视矣。

又有信天主教之所谓“教民”某，欺凌同胞，兼因犯法涉讼败诉，惧刑逃入教堂。意大利神父庇藏之，屡传不到。知县薛笃弼无法可施。冯氏闻而亲往处置，手捧镇守使大印对神父说：“你们胆敢包庇犯人，使我国国法不得伸张，我这颗印也没用了，索性送给你办吧。”语毕即在教堂前，大声疾呼，对市民力数神父之不是。人民愈聚愈多，声势汹汹，喝打喝杀，大有酿成风潮之势。神父怕了，忙出来赔罪，允将犯人送出，请冯氏停止公开声讨，其事乃寝。

新政嘉猷

在地方上，冯氏留下不少有利于社会人民的政绩。常德素称富庶之区，娼寮林立。他一到任，即禁之。社会顿成清洁化。该处人民生活，习惯奢华，以其提倡俭德，风气骤变，奢华者亦趋朴素，行路无衣丝绸者。城内商业，票号甚多，每滥发纸票，引起金融紊乱，时起恐慌。他严行取缔，防止投机，发票之风稍戢，此其造益于人民者。当时川、滇鸦片私运至常德者每年数百万两，吸户日多。冯氏乃派员严查，数日之间没收烟土卅余万两，悉付一炬，火焰至三日夜始熄。又以其地人民吸烟及打吗啡针者多，乃严禁之。并设“戒烟所”，请医生主持，入所戒绝者三四百人。该处公私学校数十，办学者大都借以渔利。他实行积极改良，或则解散，或则合并改组。在其整顿监督之下，教育气象，焕然一新。此外，他又令部属提倡卫生，清除街道，自推土车，以身作则。一个臭秽的城，倏忽成为干净土矣。八年（一九一九）五月七日，日本廿一条事件发生，冯氏召开国耻大会，学生游行示威。一时，人民爱国心为之激发。其他工作，如修桥、造路、筑堤治水等皆令兵官为之，造益人民地方甚大，口碑载道。凡此均为冯氏第一次小试其政治手段之成绩。当时地方人民感戴实深，而其声誉亦由是鹊起矣。在这期间有门致中、魏书香、任右民、邓哲熙、张吉墉等前来投效，后皆成为干部重要人员。

冯氏之招兵，一向是派员前赴各地设立机关征募二三千人不等。但以后除亟须大量补充兵额外，则改用新方法，不是在一处同时招募，却由下级军官之随时请假回乡者，各在原籍招收十人、八人或三五十人回部，是为“回家带兵”之新方法。新兵到部，则统归“新兵营”集中训练，另派干部主持其事。训练毕则分拨各团补充兵额。这方法自有特效，如免除新兵地方性之感觉，兼使其与招致前来之军官发生私人恩谊，团结一气（刘著页二八、三六）。这也许是由曾国藩招募湘军，侧重私人情谊之方法得来的。

加紧练兵

在常德驻防期间——共有二年——冯氏对于军队之训练尤为严紧。除每日操练定有常规外，每星期必阅兵两次，自官长以至兵夫无不一一亲自缜密地检阅一过。为养成干部人才计，于八年（一九一九）一月开设“教导队”，以鹿钟麟为大队长。内分军官、军士二班，以三个月为一期，每期学生百五十人，毕业回营练习，分别擢升。又组织“官佐体操团”，以锻炼官长体魄，而养成其吃苦耐劳之精神。因感于前时在川作战，兵官每日行军百余里即疲惫不堪，此时遂提倡各部比赛行军，规定行程一百廿里，以八小时为限。此举于后来迅捷的行军大有利益。他又设“读书讲解会”，令官长、兵夫，一律求学，除普通知识及战学外，兼授英、日文字。冯氏自己于此时求学尤为努力，立志学英文，每日指定两小时为读书时间。到时，关上大门，不办公、不见客，门外悬一木牌，上书“冯玉祥死了”，不准外人进去。课毕，乃启门除牌言“冯玉祥复活了”。其苦心孤诣如此，故以后于粗浅英文，还可以说几句及略听得懂也。

对于军官子弟及妇女之教育，冯氏亦特别注意。八年七月，设“培德”女校一所，专请长老会教士秦氏夫妇主办，以教育官佐家眷。又就地设官佐子弟小学校一所，其仍在北京开办之军官子弟小学校则扩充之，增设中学班。凡学生上学，食宿学费，均用记账办法，每月由父兄之饷项扣除，故各军官，无论转战到哪里，其子弟均无失学者，法至善也。

冯军种种设施之另一特色而惹起全世界之注意者，为“军人工厂”之创设。先筹捐一万二千元为开办基金，挑选士兵分班入厂，先习织袜、缝纫二科，后续办印刷、肥皂、木工等科。每班二百余人，后增至四百人，以三个月为毕业期。轮班学习，预期三年，全军上下，均习一艺。开办数月，即大有成绩，居然供给全军九千余人之线袜了。其他出品，亦有可观。此外又组织“军官佐工业团”，以提倡实业，内分木工、铁工、织袜、毛巾、照相、绘图等六科。冯氏自习铁工以为倡，每日必做工二小时。团员工作成绩，分类陈列于会客厅作装饰品，以代古董、字画，此其特异之处也。中国军人之实行兵工政策，实以冯氏为嚆矢。

“基督将军”

“基督将军”之誉，是世界人士在这时期给予冯氏的。这与他的皈信基督教及在军中努力宣传此新信仰有关。考冯氏宗教信仰，幼时随父礼佛像、拜邪神及溺于种种传统迷信，而对于基督教非常厌恶。于光绪廿六年（一九〇〇）十九岁时，在保定曾当街诘驳外国教士，兼曾去教会捣乱，又曾枪击外国教堂。如果他当时没有入伍当兵，则必定附从迷信愚民加入“义和团”无疑（据《自传》）。及其亲眼看见女教士莫女士被兵民杀害，壮烈殉道，始大受感动，对基督教得新印象，厌恶之心渐去。此其后来皈依新教之种子也。（以上见上文第二章）

至光绪卅一年（一九〇五），冯氏在北京因患疮疾，得崇文门教会医院中英医生三人为之治愈。及闻他们“不要谢我们，请你谢谢上帝”之言，则深觉奇异。后于光绪三十三年（一九〇七）在奉天新民府，又得闻传道者从中国儒家哲学直讲到耶稣教义，以发挥“在新民”的题目，深入浅出，有得于心。至民国二年（一九一三）在北京任禁卫军团长时，曾到崇文门教堂听美国青年协会的穆德博士（John R. Mott）讲道，对所发挥博爱利他的道理，得深刻的印象。从此便常到教会听道，研究《圣经》，对基督教兴味，日深一日。据其自述：“当时社会腐败，无异前清。每一念及，辄为心痛。然于军务余暇，时赴崇文门内美以美会听讲，习闻耶稣博爱救人之旨，与军人献身救国之义一一吻合。又见会中教友，皆不准妇女缠足，不准吸食鸦片，不准饮酒嫖赌，而其他男女孩童，又无不读书识字。种种善举，私心慨慕。窃念吾国人民，果能如此，实足以改良社会，富强国家。而以之约束军心，使不至牵于外物，泛滥无归，尤于驭兵之道别开法门。昔曾文正尝言‘取人之长，以济己短’。吾于是信仰之心，油然而生。然迥非如迷信者之邀福求荣也。”（上见《自传》稿本第四章《思想之变迁》之四。《我的生活》第廿六章页二六七所载略同，惟听讲时期系于民国元年，驻防地点在平则门旧火药库。）

这时，他加入“查经班”，常到刘芳牧师家里研究《圣经》。接着就在美以美会由刘牧师为施洗礼，于是正式成为基督教徒。然而他之认真研究《圣经》及努力传播基督教于军中，乃在常德驻防之时，这亦是他对基督教最热心的时期。他前在北京听道时已感觉“耶稣为了传播他广大的爱，竟被敌人钉在十字架上，这是伟大的死；他一天到晚专和些下层的人，如木匠、渔户、税吏在一起，因而被人轻视，我又觉得正合我这穷小子的味儿”。（见《我的生活》页三六七）研究《圣经》又有心得，深信耶稣所教爱人如己，舍己救人，与儒家己饥己溺之仁道符合无间。而且对于耶稣教人勿惧只杀身体而不能杀灵魂者之要道，亦异常感动。乃认为“这些都是军队中精神教育的极好资料。若将基督教教义在军队中加以深入的宣传，必受绝大效益”。（见《我的生活》页三六九）

于是，一个系统的传教计划开始了。每逢星期日，请牧师向全体官兵宣讲教义。又组织一个轮旋讲演会向士兵布道。又特设“基督教青年会”于军中。凡查经、祈祷、歌颂、讲道、主日崇拜等宗教生活，均极力提倡。部下信教受洗礼者，日多一日，而博爱、牺牲、团结、服务种种宗教精神与效力，亦渐普遍于全军焉。军中传教士有来自中国各处者，其来自外国者亦不少。外人来后，必报告于外国，亦有撰文著书为其宣扬者，盖咸以为此是中国之创举与新希望也。一时，“基督将军”（Christian General）之号突然腾播世界，而“模范军队”之名誉亦随而鹊起矣。同时，本国基督徒如余日章（青年协会总干事）、聂其杰（云台，实业家）、徐谦（季龙）、王正廷（儒堂）等均来军中讲道，与冯氏订交。徐、王二人为国民党巨子，后为冯氏与孙中山先生发生联系之媒介。

冯氏自称为“一个科学的基督教徒，毫无迷信观念”。（见《我的生活》页三六八）在消极上这有几分是对的。但从积极上追溯他信教的动机与分析他的宗教生活，他不是一个迷信超自然主义和神秘主义的基督徒，也不是一个斤斤于形而上学而偏信神学教条的基督徒，而实际上是一个伦理主义的、注重道德生活的基督徒。他信教的动机是为救民、为改良社会的，他所得诸《圣经》之真谛是耶稣之崇高的道德遗训与精神要义，他的宗教生活与行为是仁爱、牺牲、为人服务与维护正义的，他所传播的基督教也是这样道德化的。著者认识他多年，听其言，观其行，记忆未泯，敢作此证。

皖直内战

吴佩孚既占长沙，复进占衡山、衡阳。北京政府遂欲乘机荡平西南，乃命曹锟为“川粤湘赣四省经略使”，吴为“援粤副司令”。而吴此时却别有野心，不特不进兵而且密与湘军赵恒惕联络以自重。其后且与南方桂系及“政学系”通款。此两系操纵“联合会议”，以为对北京政府议和之机构，并倡改组“军政府”，借以排挤孙大元帅，而便私图。孙中山先生以救国大计不能实行，乃于五月四日向非常国会辞职赴港，而伊等改组军政府之议乃成。南方军政遂由岑春煊、陆荣廷、章士钊、李根源等两系人物所把持。而吴佩孚之与伊等勾结，亦非发轫于革命意识，不过趁此时机和缓南军，使一己得注全力以对付北方段祺瑞之皖系而已。

时，北方政局愈趋混乱，而危机四伏，盖北洋军阀分化为直、皖二系。直系之大总统冯国璋则有曹锟、李纯、吴佩孚、齐燮元等为羽翼。皖系之总理段氏则拥有张怀芝、倪嗣冲、张敬尧、徐树铮、卢永祥等势力。当直系曹、吴等攻占岳阳后，段急于扩充地盘，任其嫡系张敬尧为湖南督军。吴深恨之，日谋倒皖。既而段压迫冯国璋，改选总统而捧出徐世昌为傀儡，皖系遂继续把持政权。及五四运动起，吴乘机同情于学生，借题攻击皖系政府媚外，遂急于缓和南军而倒戈北上，扫除皖系。九年（一九二〇）三月，时机成熟，乃自行率师北归。湘军等亦乘机北攻，节节胜利。六月，张敬尧弃长沙遁去，赵恒惕遂主湘政。（吴受国民党六十万元乃去，见《我的生活》页三八七及薛著页九八）

冯氏是时名义上虽受曹节制，而与吴等之行动并非一致，亦无联络密约，盖其所统率者非直系或皖系之私人军队，而自以为是国家国民的武力，于各派系间超然独立者也。然而吴既退，张又逃，彼之一旅人孤立于常德，同时各部湘军均有进窥湘西统一全湘之趋势，冯军之地位益危险。于是冯氏决率军北返。时，驻常德已二年了。其初，谭延闿派代表谒冯氏请参加南方革命军，冯氏婉拒，据云北方军队不宜于南方也。（见薛著页九八）

方田应诏、胡瑛等之退出沅陵也，胡之母亲留在常德。冯氏既至，厚待之，保护备至。胡甚感激。其后，冯氏邀胡至常德一晤，胡亦惠然莅止。冯氏邀与阅操，充分表示十六混成旅之精神、纪律及战斗力，胡大惊异而佩服不已。归后，极力宣传冯军之不可侮。故冯军是时之退兵，湘军均不敢追击。赵恒惕亦敬重其人，坚留不得，乃送以开拔费十万元，亦婉却焉。

七月六日，冯氏下令全部撤防退兵。二小时内，全旅二百余里防线集中完毕，神速亦可异也。全军冒雨出发。时，全城人民对其感情甚好，“攀辕”莫及，致送开拔费卅万。冒雨至车站送行者万余人。

时，吴佩孚已节节布防于京汉线。部署既毕，即由曹锟、张作霖、李纯通电宣布西北筹边使徐树铮（小徐）六大罪状。徐世昌慑于直系之威，下令免徐职。皖系段氏亟谋对抗，改组“边防军”为“定国军”，联合声讨曹、吴。张作霖是时亦派兵入京助直系。徐世昌则首鼠两端，居中播弄，冀坐收渔人之利。七月十四日大战开始——即所谓“皖直之战”是。结果，直系胜利，北方政局入于直、奉两系之手。

转驻信阳

当战事发生时，冯军方在北返途间。七月下旬，抵武昌附近，而鄂督王占元不许登岸。时正盛暑，船少人多，患病者众，极为不便。交涉数日，王始指定谌家矶为冯部暂驻之地。八月一日，全军开抵谌家矶，驻造纸厂。天气大热，地窄人稠，死病者数百名。于种种不便利中，冯氏每日仍率部操练如常也。

在此时驻鄂期间，他于如常训练部兵之外，仍时刻不忘自我修养。其自定每日时间表如下：晨六时起床，祈祷、读《圣经》；七时，自省；八时，检阅官佐与士兵；八时卅分，早膳，随办公事；十时卅分，接见宾客；午膳后，习字；下午二时，办公；三时卅分，读道德书籍；五至七时，运动体育；晚膳后，学英文及写日记；九时卅分，祈祷，就寝（转录自薛著页九九脚注）。生活纪律，可见一斑。

在谌家矶驻兵三个月，此中有两件事可以特别记述的。其一，则建造木质可以移动的“军人青年会”，所以纪念美国教士罗感恩医生。先是，罗在常德入军中为一刘姓者诊病。刘，固冯夫人之叔也。此来系要求冯氏为陆建章复仇。冯氏不应，乃大起争执。讵料刘即大发神经病，开枪打死罗医生。冯氏奋身上前夺其手枪，亦被一弹伤肩，幸不久即痊愈。而罗医生之死，后经查明系属误杀，其事乃寝。冯氏送赠万元与其妻作赔偿费，坚辞不受。罗子方在美大学念书，冯氏汇此款去为其学费，则原款付回，谓“家虽贫，但可以工资谋学费，不能以父之生命换金钱”云。冯氏益为佩服，乃以此款建造木舍五楹以纪念罗医生。此木屋，后随军移动，为军人讲道、游艺之所。其后历在北京南苑，直迄南口退兵时始被毁焉。

其次，则为冯氏与孙中山先生接近一事。當冯氏驻常德时，与徐谦等国民党巨子已有来往。冯氏因得读孙先生之著作，至为景仰，以为非此不足以救中国。及开赴湘北时，乃致函孙先生，略谓：“中国已濒于危境，真正救中国者只有先生一人，百折不回，再接再厉，无论如何失败，而我行我素，始终如一。此种精神，凡谋国者当为之感奋。现下虽厄于环境，但精神上之结合固已有日矣。”云云。旋接徐谦复函言中山先生接读来信，深为欣慰，系念情殷，拟派其个人及钮永建（惕生）二人到汉慰问官兵，并面谈一切云云。冯氏即专函欢迎，并嘱任右民另具私函速驾。徐、钮即行来汉，与冯氏相会于营中。每日于讲演“基督救国主义”中带有宣传革命作用，盖二人均为基督徒，而徐则揭橥“基督救国主义”深得冯氏赞同者。孙先生派其二人为联络使，可谓知人善任，而此二人以后与冯氏关系亦日深一日矣。彼等又告以孙先生非常器重其为人，以为“北方革命事业非冯莫属”云。盖其人格及治军成绩是时已蜚声全国。孙先生眼光深远，尤能识人，故以此期许。后来冯氏因早得其感召实行首都革命，欢迎其北上，再后又积极参加国民革命而促成北伐之功。则冯氏亦可谓无负孙先生矣。

九年（一九二〇）十一月，冯氏复率部由谌家矶移驻河南信阳。时，豫督为赵倜，贪劣特甚。全省财政均由其亲信把持，中饱而外，全入赵氏私囊，故积资产至数千万。冯部饷项因之全无办法，不独官佐无薪饷，即官兵每日菜钱亦无着落，日惟和盐水下饭。冯氏又不肯就地筹款，以重百姓之担负。然万余人之生活如何维持？他于无人处辄偷自饮泣，常淘汰兵夫以求撙节，亦无以支持。军官佐等至须典当衣服，为挖肉补疮计，终不能持久。他束手无策只得亲赴保定一次以筹饷，亦毫无结果。于绝望中，他决意辞职。但经部下函电及诚恳挽留，始回旅部，与全体共同吃苦。其求款电文有“可以与兵官了解而挨饥，但不能令军马明白而不踢”之语。在最苦之时，他甚至欲将全部开驻铁路轨上，任火车辗毙，犹胜于饿死也。此时正在新年之前，各家纷来催债而无法应付，故出此短见。适有火车由汉口运大洋廿万北上缴呈交通部者。他侦知之，乃急不择食，将车扣留。随电京请罪，谓自知犯法，请即处分；一人犯法，胜于全体官兵犯法抢劫之为愈云云。北廷复电，允拨款十万元。冯氏乃令准火车开行。迨张作霖闻其事，即电京请严惩冯氏，盖借以报复于八年间反对其力保起用张勋之私怨也。吴佩孚则为冯辩护，反唇骂张，谓其昔曾扣留政府军械车，罪殆浮于冯云。其事遂寝。

时，直系保派曹锟等欲去豫督赵倜，在保定开会，拟定由赵部师长程慎在彰德首先动兵讨之，而以冯部为助。冯氏因上次扣留火车事受张作霖攻击而得吴佩孚之缓颊，勉从之。派张之江赴保与会。归则攻赵部宝德全于确山。宝素勾结土匪，多行不义，为患地方人民。至是，一战而败，损失枪械，全部且溃散。直系洛之吴佩孚以势力未充，不敢大举，又以不满于保派，又指程慎为叛乱，令其第三师一部与赵杰（倜弟）夹攻之。程不敌，自戕。于是，冯攻赵部之行动，受人责备，非常尴尬，但又不能宣布内幕，真似“哑吧吃黄连，苦处自己知”而已。自是不能安居于豫。后来，一有机会，吴即令其入陕，其远因殆种于此也。

冯氏当饷源断绝、全部穷窘之际，又以助吴讨赵事忽尔中变而受人责备，积愁生病，遂退居于山坡草庐中，稍事休养。正在愁病交迫之下，忽得一极大安慰；即是：收得徐谦自广东来函，备言孙先生对彼非常注念。乃振奋精神，亲笔挥函，派任右民遄程南下，敬候孙先生起居，并联络一切。任抵粤时，孙先生已被“非常国会”选举为大总统，乃晋谒于粤秀楼（即镇海楼）。孙先生将革命计划详示一切，并特别指出陕西地势之重要，将来须于此建立革命基地，扩而大之，则革命大业可告成功云云。及任北返，则冯氏适已率部赴潼关入陕。其行程竟与孙先生之指导不谋而合，可谓巧矣。其后，冯氏果以甘、陕两省为根据地，卒以打倒北方军阀，完成孙先生革命北伐之大业，盖其早得自其示意而成竹在胸也。（以上本章并参考蒋鸿遇：《国民军二十年来奋斗史》第三集第三章，石印本“非卖品”。）

第七章　入关出关

（四十岁至四一岁，一九二二—一九二三）

驱陈诛郭

民国七年（一九一八）一月初，国民党要员于右任联络陕军胡景翼、岳维峻等部在三原独立，号为“靖国军”。督军陈树藩数战不利，北京政府乃于三月任命刘镇华为省长。刘率其“镇嵩军”及张锡元之第四混成旅入潼关。刘既入陕，却暗与“靖国军”修好。五月，张作霖派许兰洲率兵入陕助陈，以师久无功调回。陈部土匪军郭坚亦在凤翔归附于“靖国军”。陕局愈形纠纷，陈树藩势益孤而危矣。直系既执政权，以陈接近皖系，乘其不能统一陕局，遂于十年（一九二一）五月任命二十师长阎相文督陕。陈拥其三混成旅，思以武力反抗，而刘镇华及张锡元名虽表示中立，实则暗通直系也。阎相文率阎治堂（继任师长）之二十师及吴新田之第七师入陕。冯玉祥之第十六混成旅先亦被调随阎入关。此则冯氏由豫入陕之背景也。

五月下旬，冯氏奉阎命开往豫西。六月中，分全旅为三梯团，由潼关推进，以西安为目的。先与陈部战于临潼坝桥，大败之，缴械无数。陈败退汉中。冯氏遂入西安，阎相文乃于七月七日就陕督职，冯旅移驻咸阳。

陕局既定，直系当局以冯军转战功高，成绩优异，乃令第十六混成旅改编为第十一师，以冯氏升任师长，兼陕西西区剿匪总司令。计冯氏自三年起任旅长，蝉联八年之久，至是始得升师长，而与其同辈，甚或资历较浅者（如吴佩孚等）早已飞黄腾达、荣膺显职、手握重兵、左右时局矣。此殆由其性格独立、不善逢迎、时时遭忌、处处招怨之故也。当时师部编制，石敬亭为参谋长，李鸣钟为廿一旅旅长，张之江为廿二旅旅长，孙良诚、张维玺、宋哲元、刘郁芬等为团长，复编一卫队团，以赵席聘为团长。改编竟，即于咸阳一带从事训练及剿匪。

其时，匪军郭坚虽附于"靖国军"而占据凤翔，奸淫掳掠，为人民大害。陕前督屡剿不克。及阎继任，首即欲消灭之，以安闾里。时，阎已与胡景翼等妥协，互相接近。胡亲至西安见阎。郭闻之，亦欲亲来联络，阎允焉。阎与胡景翼、阎治堂、吴新田等共商，决乘机诛之以为地方除害。乃先电令冯氏于郭道经咸阳时，置之于法。八月十二日，郭至，冯优为招待。次晨，拟相偕赴西安。即夕，设筵宴焉。事前，阎氏于室内外伏甲兵。不意外墙忽倒，伏兵尽露。郭知有异，立从怀中拔出手枪，往外逃跑，因其孔武有力，几个人都不能制服。冯氏迫不及待，一跃而前，以手紧握其腕臂，并大显身手，施出平素所习之武术，将其屈倒在地。手枪队亦蜂拥而前，将其缚于庭间，且内外夹攻，将其卫兵二三十人一一缴械。冯氏随即当堂宣布阎督密令，将罪大恶极之匪首郭坚明正典刑。全省人民一闻其事，如雪大仇，莫不称快。（以上大致据蒋鸿遇《二集》，并参考《逸经》第五期曹芥初：《关中怪杰郭坚》及拙著《补记郭坚伏法事》。后者系由冯氏对余口述及表演当时之经过实情。其事并见《我的生活》页四二六。据刘著页八五，郭坚为陈树藩旧部，当陆建章交卸陕督后东返时，中途为陈部——大概即郭坚——所劫，全部女眷，无论老幼，均为污辱，故此次冯氏之毅然诛郭，大概是为陆报仇雪恨云。此或有可能，但冯氏确曾奉阎督密令，乐于遵行，非擅杀也。姑并志之。）

继任陕西督军

阎相文当陕西全部紊乱之时入主陕政，军民财政诸端，毫无办法。当时，全省军队有下列之数：（一）第七师吴新田部万余人；（二）第二十师阎治堂部万余人；（三）第十一师冯部万余人；（四）第四混成旅张锡元部五千人；（五）镇嵩军刘镇华部三万余人；（六）靖国军胡景翼部约三万人；（七）井岳秀部约万五千人；（八）岳维峻部约万人；（九）王鸿恩部五千人；（十）罗某及（十一）郭金榜，两部各五千人；（十二）陈树藩残部二万余人；（十三）郭坚余党五千余人。以上综计几达廿万。军需浩繁，无法应付，索饷文电，纷至沓来，而省政府治权所及，仅会城附近之十余县而已。阎之为人，虽懦弱无能，但却有心爱民，而身负全责，既不忍苛敛民财，而又无法维持。内外交迫，陷于绝境。始则因忧劳成疾，继则咄咄书空，积忠成痗，卒于八月廿三日中夜，吞鸦片自尽。翌日出缺。遗书有“我本愿救国救民，恐不能统一陕局，无颜对三秦父老之诚”等语，尚不失为一个怀苦心、有血性之好男儿也。

时，冯氏方在咸阳防次。廿四日，接省城急电，即行赶至，与阎治堂、吴新田等会商善后，并调军驻省，协力维持治安。廿五日，北京政府来电，正式任命冯玉祥为陕西督军，并令其彻查阎之死事。冯氏以阎虽有遗书可证明为自尽，而其亲信数人不无嫌疑，乃派员押赴保定交曹、吴讯办，心迹大明。后来，敌方宣传谓阎实为其毒死者，殆捕风捉影之诬蔑、含血喷人之拙技耳。反证固凿凿有据也。冯氏奉令后，以陕事棘手难办，亟电辞职，并推张绍曾自代。政府不许。他恐复杂军队乘势逞乱而负责无人，治安堪虞，乃于廿七日就职。

当冯氏奉到督陕之电时，属下文武官佐，咸赴辕道贺。他即对众人作极长篇、极诚恳的训话，大致谓古往今来有好些大人物，因为成功、升官、发达，而至腐化，驯至失败的。“这是加重我的责任，我们不要忘却军人本分”云云。可谓肺腑之言，痛切之极。是时，投效或改编来冯军者有李兴中、刘之龙、黄中汉等数人。陕西全省当时的实际状况有如下述。

就职之后，第一要务无过于筹饷养军。其时，陕西财政支绌情形——即是阎前督致命之大原因——可于冯氏致北京政府催款之数电略见端倪。其一有云："连年兵匪交哄，道路梗塞，商货不通，收入短绌，地方田赋，早已支借逾额，……目下各师旅伙食无款应付，驱饥卒以临阵，危险莫甚。"再则曰："十一年陕省田赋，早经陈树藩提取净尽。西路交通尚阻，税收短绌，兵匪蹂躏数年，地方凋敝已极，挖肉补疮，无肉可挖。"三则以陈树藩残部勾结郭坚余党尚蠢然思动，变为土匪行为，扰乱关中腹部，而"我军饷费全无，兵有饥色，派兵剿办，动则用款，坐视扰乱，为害非浅，陕匪不能早日肃清，则陕局不能早日统一；陕局不统一，则财政愈难整理。财匮匪众，民困兵饥，其危险有不堪设想者"。此则言财政拮据对于军事、政治之影响。其四则曰："兵饷缺乏，士卒枵腹，各将领奔走抚慰，日无暇晷。……军事吃紧之际，军中有绝粮之忧。……省垣金融恐惶，达于极点。富秦（陕西官办大钱局）银票每两只合大洋八毫，犹复日日低落。钱行数百余家，一律饱受困难，银根愈行紧迫。汉中、榆林两属之三十余县，除近省垣十余县外，其余各县纵有少数收入，早为该县驻军拨用，我军饷项遂至筹无处筹，借无处借。"此则言财政来源之枯竭。又云："陕省大乱连年，元气斫丧殆尽。喘息未定、疮痍未复，加以各方军队星罗棋布，偶有开拔调遣，车马取之于民，粮秣取之于民，一切军中所需零星对象，无一不取之于民，其他冰雹、地震、水灾、盗贼之害，层见迭出。嗟我秦民，谁能堪此！"似此，则民生凋敝，可谓极点。饷项、财政、军事、政治、民生情形如此，其时这个陕西督军真不易干的。冯氏骤膺重任，措置不易，其不蹈阎氏前辙、同样结局者几希矣。

治绩一斑

冯氏入手治陕的政策：第一，以统一全局为先，盖非肃清杂牌与土匪军，则政治、财政，均无办法也。于是，令吴新田往南进攻汉中，而令王鸿恩从宁羌牵制敌后。由十一月中旬动员，至十二月初，陈树藩即败退，由汉口逃沪，汉中收复。至胡景翼一部，驻三原一带，冯氏素重其为人，不欲攻之，乃遣张之江、张树声前往抚慰。彼对于冯氏之抱负与行谊，非常钦佩，兼感于此次之诚恳，派员答问，感情日洽，卒取消"靖国军"名义，改编为陕西正式军队，并服从其指挥。且自此之后相与结为知己之交，生死不渝，后来卒为"国民军"之台柱之一。胡字笠僧，陕西富平人。出身寒微而勤奋读书，早岁留学日本，习陆军，立志革命，加入同盟会。后回陕与于右任倡建"靖国军"。曾被陈树藩囚禁于一小楼上，日食以无盐的猪肉，故身体长得异常肥胖（见《刘汝明回忆录》页四〇）。此其日后不能长寿之远因欤！（余昔在北方时，闻军中友人言，胡过于肥胖实是一种病征，每日静坐少顷，即呼呼鼾睡。当其批公事或作书牍时，其侍从副官必须在身旁细心侍候，一见其将入睡乡，即急伸手以掌托其笔端，免致文件被墨涂污云。）

冬月，陕局渐次统一平靖，财政、政治亦日上轨道。冯氏此时，复东与山西督军阎锡山，西与甘肃督军陆洪涛，及陇东镇守使张兆钾等，修好睦邻，内外无事，乃竭其全力于政治之设施及军队之训练二事。

关于军队训练一事，冯首注意于干部人才之养成。下级军官则以"卫队团"为训育机关，等于昔之"学兵营"。团员由新兵之识字优秀分子挑选，操练比别部为严密。毕业后，各回本营升正副目。再入"军士教导团"，毕业后可任司务长、排长。其成绩特优者，再入"军官教导团"，出而可为连长。经此数次训练，军官已奄有陆军中学程度了。同时，"交通队"、电雷、电讯、无线电、电话等队，均划归"卫队团"，便于指挥及管辖也。至"军官、军士、教导团"亦同时组织，以蒋鸿遇为团长。分军官、军士二班。军官班由陕西各军保送，约三百人。军士班则由十一师挑选约二百人，各以四月为毕业期。对待各友军均以大公无私、不分畛域之精神。训练期满，各军官回营服务，均大为满意。由是，各军对冯氏感情益洽，于指挥统一益为便利矣。胡景翼尤为佩服，自行组织“教导团”，取法于冯军以为模范。至于对军队内部之风纪、军纪，尤为注意。事无巨细，皆予以严格之规定与限制：如军服裹腿则上下全体用灰色国布，内衣及运动衣则白色，鞋黑色，禁着丝绸；官佐兵士之个人用具，均有限制，不准私备额外品。每日晨起，唱爱国歌，饭前及临睡均唱歌，饮食起居各种生活一律有定时；剪发、沐浴、洗衣、补衣、缝纫，士兵皆自为之。又为兵士办储蓄，存其饷之一部于银行，至其家中有需要时乃为汇去。以上诸端，于军纪、风纪大有关系，而节省消耗，尤有效焉。

冯对于官佐则顾念尤殷。其家中有特别经济困难者，每自购田地赠之，使无内顾之忧。故蒋鸿遇有言：“其对于官兵之爱护，可谓严父慈母兼而有之。”至工厂及军人青年会两事业，此时仍继续举办，且扩充之。尤注意者则揭橥基督教博爱牺牲之宏旨，以训练军人致志于救国救民之事业。基督教徒，如马伯援（日本东京中国青年会干事）等，均于此时前来讲道。

对于政治，本来由省长刘镇华负责——算是军民分治。但以当时陕局而论，军队各不相属，率皆据地自肥。刘一筹莫展，虽拥有“镇嵩军”，顾能力不充，非得冯氏之力助不易措施。所以时常与其筹商兴革事宜，因时势关系，几乎要拱手听命于冯氏了。

冯氏就任之始，见旧督军衙门颓败已甚，而且气象恶劣。为打破官僚环境及气习而表示革新精神计，毅然改建此旧署为军人工厂，而另建一平民化的新督署。西安城内有一从前满人所住的土城——皇城，反正时已被汉人焚毁。冯氏即以此为新署址，鸠工建筑。全以军人当工人，他自己也做一份。材料则利用旧署之原料为之。适其时有一私造印信案发生，冯氏施以罚锾处分，即以其罚金当工程费。工既竣，只费数千元而已。冯氏即迁入办公。城内小房多所，粗朴简陋，地不铺砖。（按：余于十六年到西安任政治工作时，房屋尚存。）

在督陕期间，冯氏尚有一轶事，适足表现其特殊性格的，于此，合当叙述。某年，吴佩孚在洛阳做其五十大寿。当时，吴高居“直鲁豫巡阅副使”地位（曹锟居正），威风权势，煊赫一时，巴结之者均以珍宝或谀辞致贺（即复辟余孽康有为也书撰善颂善祷的贺联送去，文曰：“牧野鹰扬，百岁功名才半纪。洛阳虎视，八方风雨会中州。”），独有冯氏派专员前往拜寿，赠以冷水一罐，自云“君子之交淡如水”，是涵有“谲谏”之意。这一来，冯氏任性奚落人家，固自鸣得意，然身受者自然觉得真似“冷水浇背”。平心而论，吴之为人，身为军人而不脱“老学究”本色；一生贯彻“不积钱，不纳妾，不入租界”的三不主张，颇得时人称许，不过个性迂腐顽固，刚愎骄蹇，自傲自大，有己无人，而且心胸狭隘，睚眦必报，更野心勃勃，迷信武力，以致穷兵黩武，屡起内战，此祸国殃民之恶政策也。今于五旬大寿，得冯氏赠此扫兴礼物，认为奇耻，岂能或忘？未几，虽因攻奉失败，迫要乞其急援，然早已衔恨于心，难关渡过，即“过桥抽板”，以资报复，是自然的后果。至于冯氏因常作诸如此类戆直而怪僻的行为，自鸣清高，以彰人恶，即后来在南京及他处供职，也不改故态，以致屡屡招怨，在在树敌，至少常讨人厌，不能与人合作到底，未尝不因此矫枉过正、讽刺凌人、不近人情、令人难堪之短处，虽爱之敬之者也不能为讳的。（按：上言贺寿送水事，久已遍传人口。初以为谣言，后读《我的生活》页四四三亦自书不讳，乃知为真事。此即刘著页二七所讥为“怪话”“怪事”之类是也。后来冯氏在山西晋祠幽居时，关于此种怪行，余尝苦口劝谏，以免为与他人，尤其生活方式及习惯不同之南方同志，合作共处之障碍。其如“江山易改，品性难移”何！）

对于庶政之兴革，其荦荦大端者，有如劝导放足、禁绝鸦片与娼妓、蠲免苛捐杂税、提倡清洁、实行种树、广设平民学校及运动场、建筑能容三千人之“洗心社”以作军民学界讲演堂，遍标格言，以唤醒民众——即如后来流行的标语，又令军人筑路。而其成绩最大、利民最著者，则为筑成西安至潼关之汽车大路，利便交通。（按：余初赴西安工作时，即乘车经由此路。）又常召集士绅商民讨论政治社会一应兴革事宜，以故官民了无隔膜，甚得“庶政公诸舆论”之旨。一时，气象一新，风气大变，社会旧面目亦为之改易。可惜全省政令不统一，所有新政仅得施于省会附近一带地方，未能普及全省也。

对于财政方面，则以薛笃弼为财政厅长。富秦银行为前督军陈树藩所设，滥发纸币，吸收现金。其个人发大财，而陕民则苦矣。初时，纸币每元只值铜元廿枚。经冯、薛极力整顿，不期月即涨至六七折。对于烟禁——吸食及私种与贩运者均严禁，但只在冯氏自己兵力所及之数县尚可实行，而他军在驻扎之地域则包庇农民大量种植出产，复由军队私运，莫奈其何。冯氏乃寓禁于征，凡贩运过境者科以重税，每月收入可得六七万元，军政费得借此补助。对于盐务亦厉行改革，设“盐务局”，以刘之龙为局长，宿弊顿除，收入大增。以上诸端，施行有效，军政乃得维持。军队经费已略较驻信阳时为优。然因全军给养向用现金购取，一切补充又多，只可维持伙食，按期发饷尚谈不到也。每月收支账目公开，厉行廉洁，剔除中饱，涓滴归公，实行节俭。行之不一年，旧债尽偿。离陕时省库且有余款。计其政治成绩以财政为最优。

在外交上有可纪者，即是实行“对外人讲理”的主张。有两外人，一英籍，一美籍，持有护照来陕游历。行至鄠县太白山，用枪猎获野牛二头，即剥其皮，携回西安，始往谒冯督军，蒙款待甚优。外人兴高采烈，告之以行猎所得。冯氏以国权所关，登时翻脸，严行质问。两人亦抗议。冯氏据理驳之。卒令二人抱歉，扫兴而退。因此，二人老羞成怒，英人尤甚，尽力宣传反冯。其后，英国人对他时露不满，未始非由此事而来，以冯氏有损其帝国在中国自由行动之尊严也。冯氏将此事报告政府，乃定例外人游猎须领执照，并须指定何项兽类，是亦与外国取缔行猎之办法无异者。

冯氏在督陕任内，倾全力于省内军事、政治之整顿，而对于全国政治，多不过问。惟有二三事，关系重要，迫于爱国义愤，不得不通电主张者，略举如后：（一）以关于筹款赎回山东胶济铁路自办一案为国脉存亡所系，集合公私法团公议陕西担任二百万元，冀保路权。（二）关于盐余公债事，极力反对内阁总理梁士诒之借款办法，而主张根本取消，并另通电一致声讨之。（三）去电司法当局董康请严查有关盐余公债九千六百万元之财政舞弊案。（四）通电痛斥张作霖入关袒护洪宪帝制祸首梁士诒。最后一电，实为冯氏提师出关讨奉之先声也。

出关援曹吴

自九年（一九二〇）七月直奉联合战胜皖系之后，由靳云鹏组阁。（按：靳本属皖系，后转投直系。）靳则尽力扩充直系势力以为报，任命曹锟为“直鲁豫巡阅使”，吴佩孚副之，王承斌等为各省督军。时，张作霖亦为“东三省巡阅使”，更要求直辖塞北三特区；同时，联络段派之卢永祥，并谋攫长江地盘。直、奉两系，已隐伏战机矣。十月，苏督李纯自杀，两系均欲夺此一块肥肉。奉方推荐张勋继任，乃为直系之齐燮元所得。“两湖巡阅使”兼“湖北督军”王占元，以鄂驻军哗变不能制，因而去职。吴复得继为“两湖巡阅使”，而以萧耀南督鄂。长江上下游均入直系势力。奉张之计既失败，乃亟谋对抗，与浙卢、豫赵（倜）及旧交通系梁士诒等联络成立“讨直同盟”。张乃推梁组阁，迫吴去豫赴鄂，准备吴一旦抗命，奉方即行声讨，由各省援应。素以滑头取巧著称之徐世昌果从之，于民十年（一九二一）十二月，梁继靳任国务总理。梁就职后，先即结外债条约，以盐余借款，大丧主权。吴佩孚首先通电反对，以帝制余孽及借债卖国两题目诘梁，迫其去位。其电文且仿韩愈“三日不能至五日，五日不能至七日”等语，是直以鳄鱼视之矣。同时，联络本系苏、赣、鄂、鲁、豫、陕六省军民长官，纷纷通电响应，一致驱梁。两方相持不下，卒不得不诉诸武力。

在此次内战中，无可讳言的，冯氏自始即袒直攻奉。其态度与行动，值得一为研究。本来，他自许所部为国家国民的军队，平素系超然的和独立的性质，故曾与段祺瑞、冯国璋、曹锟、吴佩孚等，均一体合作，并无轩轾，不认识有个人的主子，更不屑为一系的走狗。综而言之，他一向不是皖系或直系的人，前文已说明。然其此次之毅然加入直系战线者，依著者个人推究，大约有四个原因：其一，当其与段翻脸之后，势成孤立，险被消灭，幸先后在鄂、湘、豫、陕均得曹、吴之力助，乃得保持地位与实力。今当曹、吴面临大难，面临生死之战，不得不仗义援之以手。其次，从前因个性戆直，已与奉张有裂痕（如反对奉方保卫起用张勋督皖，其后奉方反对冯氏在豫扣留交通部解款专车）。此次，如奉胜直败，自己断无幸存之理，势不得不联直反抗，以图生存。其三，陕西荒瘠之地，军政复杂，不易应付，无可措施，故急欲另图发展，期成为真正为国为民的大军。其四，从常理说，奉张久欲逐鹿中原，入关主政，甘作破坏和平之戎首，矧其更有勾结复辟党如张勋者流谋叛民国之嫌；苟其得势成功，断非国家之福，而其谋士梁士诒为洪宪帝制余孽，声名狼藉，组织内阁后即大借外债，确损国权，此凡爱国的同胞所应反对的。有此四因，故冯氏毫不踌躇，决然表示以全力为直系之后盾了。

十一年（一九二二）四月，奉张果派兵入关进攻，吴亦调兵备战。冯氏具有决心，于十九日会衔通电数其八大罪。在西安复召集干部与部队当众宣布主张。在此“讨奉援直”大会中，他现出本色，当众脱去所穿之鞋，用足使劲当空一踢说：“我们出关去打奉军，我弃去这陕西督军，就像这破鞋一样！”言时，敝屣飞入半空，犹未落地，真是生活的、戏剧化的表演，惟冯玉祥能为之。于是，即将督军职权交省长刘镇华代理，而亲统自己之十一师全部，与张锡元旅及胡景翼师出关应战。十一师分为两混成旅，以李鸣钟率一旅及张锡元旅先行，张之江一旅继之。冯氏自率“卫队团”跟随向洛阳东进，而胡景翼全师任后路。

先是，曹、吴之调兵遣将，最初本命冯氏坐镇后方，反令战斗力弱而分驻廿余处之刘镇华部开上前线，固未尝欲冯氏有“脱颖而出”之机会也。嗣因战事失利，势不得不借重其救兵，乃急电其率师出关。冯氏早有准备，于接电三小时内，即动员向潼关东进。军次阌乡，又接吴求救之急电，盖自四月廿八日奉直两军开火后，直军各路均战败，吴不得不亟亟求援也。冯氏乃令李鸣钟、张锡元星夜北上听吴指挥。旋又接吴急电，以豫省后防空虚，请其速行东来坐镇洛阳。冯氏以李旅既已北上，郑州空虚可虑，乃令张之江率两营编为一混成支队，先往该处紧守，自己即率“卫队团”日行百六十里，于五月三日赶到洛阳代行巡阅使职权，布置后防。

冯氏抵洛之日，李鸣钟告捷之电至矣。先是，奉军全力攻直，炮火充足，战绩甚优，吴不能支。既得冯氏迅派两旅来援，即以李加入西路。整个战役立刻改观。李固健将，率整旅快捷勇敢之精兵，出其不意，突从大灰厂拊奉军之背。奉军方以劲旅包围吴部，讵料李恍似“飞将军”突如其来，抄至奉军后路。时，奉军方吃饭，无能抵抗，被缴械者一师之众。于是全军腹背受敌，战略粉碎，卢沟桥、长辛店等地，均为直军占领，遂大败急退，战役于以结束。其致败之由，实因料不到冯军出关应援若是之神速，及作战如是之优越也。冯氏实是曹、吴之救星。

底定河南

冯氏既得捷电，于五日夜间到郑州视察后方防务，李鸣钟旅奉令归队，全旅兵官开祈祷会，高唱“基督雄师进前”之宗教歌，奏凯南归。

时，郑州兵力单薄，仅有直军王为蔚一团及靳云鹗之学兵营与冯军张之江两营而已。不意，豫督赵倜派其弟赵杰突于是夜（五日）带兵八十营由开封来攻（按：赵事前接奉方来电，谓直军已败退，促其急攻郑州，有谓此电系交通系叶恭绰所拍发诈胜骗赵者，有赵部某团长太太泄露其袭郑消息），众寡悬殊，情势危急。冯玉祥即遄返洛阳布置，急调刘郁芬、宋哲元两团及胡景翼部来援。援师未至，赵部猛扑郑州。当时，骁将张之江率少数部队奋勇迎敌，以少抗多，屡败不退。战至身旁只留下数十人之际，他的宗教精神大为振起，在战场上跪下祈祷。毕，即起而躬率马弁，冲锋上前，肉搏作殊死战。敌军见其来势甚凶，不知其队伍究有多少，为之辟易。然众寡究竟不敌，张仍拚死支持两昼夜。正在危急万分之际，刘、宋二团及胡部邓宝珊（渝）等适至，立刻进攻，卒将赵军击退。

同时，赵部宝德全，又以十余营沿黄河南岸，夹攻郑州，直军第八混成旅团长彭开乾阵亡。至是，亦为胡部邓宝珊、弓富魁两部击退。冯氏乃亲率全军及胡、王等部分路向东追击，沿陇海路大战十日，始将敌军击溃。赵倜退回开封，沿途抢劫，各村庄十室九空。讵料其部将宝德全，以攻郑失利，知大势已去，先行退入开封。至是倒戈，闭城拒赵不纳，盖借以讨好久已恶恨赵倜之人民，并为顾全自己将来的地位计也。赵无家可归，窜归德，后遁上海。冯军遂于十三日占领开封，分途追击搜索赵部余众。于是，全豫底定。是役也，张之江以两营人——不及一千之数，敌赵部八十营——四万余众，苦战两日，宁死不退，实为冯军战史上至光荣之一节。后来，张对人言，谓全得力于祈祷云。（其后，张自撰《证道一助》小册，详述此役经过，为上文参考资料之一种。）

十三日，冯令蒋鸿遇率手枪队数十名，先到开封视察，及与省长张凤台接洽。而其本人亦于是日率兵至车站。张凤台、宝德全及各机关团体均到迎。冯氏一一接见毕，即就地执宝德全而置之于法，并将其部下缴械遣散。后来，其政敌有以其此举为杀降不义诋之者。迄今国人不明内幕及历史经过者，对冯氏尚有不谅解之评语。但在冯氏当时则以宝部行为一向助赵为虐，贻害地方（如前在确山勾结股匪，曾为冯军击败）。此次复助赵攻郑，败则首鼠两端，非降者可比，且其人桀骜不驯，居心叵测，及早去之，亦不得已之必要手段也。

膺任河南督军

时，北京政府已任命冯氏为河南督军。他即于十四日就职视事。省长张凤台辞职。冯氏以豫民对其感情尚洽，极力挽留之。

就职未几，适青岛日本人开始撤退。胶澳督办王正廷以此次收回租界，关系重大，地方秩序，必须善为维持。因见冯军军纪优越，电请派兵至青，任治安之责。冯氏乃派兵一连前往，分任商埠及海上警察。服务之勤与成绩之佳，为中外人士所称道。

冯氏治豫第一要务即为恢复秩序，安抚人民。先委鹿钟麟为警察厅长。开封城内外治安尤为紧要，冯氏至亲率卫队出巡，捕获乱兵数名正法，地方始得安靖。后派李鸣钟等为各属镇守使，以剿匪安民。一面对于豫政极力改革。自就职后即宣布治豫大纲十条，足征其对于地方政治之自有办法也。（见蒋著页七六）

豫省自赵倜把持军政后，吏治腐败，率以奔竞、钻营、剥削、舞弊为惯事，上下交征，重苦人民。冯氏于剿匪之外，即以澄清吏治为大要事。县知事车云，贪劣尤著。他于接篆后即捕之。从严惩办，以肃官方，亟科以四万元之罚款，以兴办公益事业。又有归德劣绅某，素倚赵倜势力，欺压平民，无恶不作，经人告发，查明属实，即将其就地正法，大快人心。至于赵，括削数年，积资无数。冯氏厉行抄没其全部财产，得二千余万元，尽行充公，以作大学基金、教育经费、开办工厂及其他社会公益事业之用。人民固然痛快，而此举却为吴佩孚转而恨冯之起点，盖其一闻冯氏抄没赵产，思欲染指，及不得，恨心乃生焉。而冯氏之实行惩治贪官、污吏、土豪、劣绅，实开“国民革命”所揭出的宗旨之先河也。

冯氏治豫之嘉猷，以振兴教育为又一大端，足以表现其平素之主张者。当其闻本省有凌冰（震东）其人，为留学美国教育学博士，方在南开大学任教务长，即电请其回豫，保其为教育厅长，固与其未谋一面也。河南全省教育经费本规定每年八十余万，惟历年落在官僚、军阀、政客之手，移作别用，教育因之不振。他即指定此款不得移作别用，并拨所抄没赵倜家产之一部为教育补助经费。又派余心清创办中州大学（后改为河南中山大学）及第一女子中学。复令省城各机关自设平民大学，并督责各县教育局积极整顿教育。对于社会教育，则有图书馆及平民教育等之设施。一时，河南教育气象，焕然一新焉。

为谋平民幸福计，冯氏设立平民工厂三处，以为贫民习工艺之所。满城内旗人所居，则给资遣散，使与汉人杂处以泯种族界限。其余禁娼、禁烟、改良市政、兴修马路、疏浚河道等善政，皆是凡冯氏所到之处之一律的办法。

此外，交通事业亦进行甚力，有计划全省建设长途电话及长途汽车公路二事。所可惜者，冯氏居豫不久，即行去职，其成绩则电话仅得潼关、归德、许昌三线，汽车公路则仅修周口、潼关两路而已。其建设计划及种种政策，至是仍没有全部实现的机会。

关于全省财政方面，以薛笃弼为财政厅长。成绩以维持纸币及铜元票使十足兑现，二者为最大政绩。至于停办苛税杂捐、清理积弊，本为福民之举。当时豫省驻军甚多，军费浩繁。冯氏惟以节俭廉洁厉行上下，各友军均不短饷，惟自己之第十一师则饷不多发，亦未有向大城市派款之举。

对于军事之训练，则冯氏处处时时均极注意。在豫督时期所举办者，第一，有“高级战术研究会”，由段其澍主持之，凡第十一师营副以上军官均须轮班听讲。其次，“卫兵团”改为“学兵团”，以石敬亭为团长，分三营。挑选严格，实为初级干部之养成所也。复次，“手枪队”中又添设“自行车队”，军车六十架，分为二队；又设“汽车队”，置车十二辆，均受军事训练，为作战运输之用。此为军事之新设施，其余训练则如常。

此时，冯军发展之最可纪之一节，则为编练“补充团”一事。盖因自十一师出发后，前方战事吃紧，后方空虚，不得不亟行募兵填防，以备战事延长，次则因大战后，伤亡甚多，且敌众我寡，不得不亟事补充实力。当冯氏在洛阳时，即着手编练“补充团”五团，每团二千人，共万人，军械即以豫战所得自敌军者充之。编练事先后出蒋鸿遇、门致中二人主办。督豫后未几，已成劲旅矣。

在督豫期间，冯氏个人生活如常，简单俭朴，事事亲力亲为，无特别可纪者。只留下一宗逸事：每日清晨，自乘脚踏车（单车）到各机关办公。豫人少见多怪，比之往日贵官出门威风凛凛的架子，不啻天壤之别，咸咄咄称异焉。

冯氏任河南督军仅五月有半。军民两政，积极改进，成绩已斐然可观。不图以环境关系，被吴佩孚逼令去职。在名义上升任为全国“陆军检阅使”，实际上则革去实权，所谓“明升暗降”者是。然自冯氏去后，继任者为张福来，立将豫省数月来所施设之新政及种种善举，差不多完全推翻，而各种弊政恶习，如烟、赌、娼妓，及政治上种种腐化弊端，顿复旧观，甚至督军署前之大照壁为冯氏所拆去者，亦复建新的。新河南之建设仅昙花一现而已。

在冯氏离职之前一月，上海一家英文周刊（美人主办的*The Weekly Review*）尝举行一次名人选举，由读者三万五千人——多数为中国知识界人士教员学生等，投票选出当时“最伟大的中国人”十二名。结果：孙中山先生第一，冯玉祥第二，胡适之教授为殿军。由此足觇冯氏当年之已得人心矣。（见薛著页一一九）

〔补注〕上文付排后，翻阅冯氏《日记》，见有数条饶有意义的资料，足充实以上三章内文者，补注于后：

第五章：民国六年（一九一七），冯氏驻军廊房时，忽被内阁总理兼陆军总长段祺瑞免其第十六混成旅旅长职。原来其中大有黑幕。冯氏于十一年（一九二二）七月十五日记，追溯往事云：“以不行贿于傅良佐，被谗撤差。”分明是傅以陆军次长地位，因冯氏不愿分兵往甘肃乘机敲诈。而冯氏不肯纳贿，遂被其谗之于段，乃下免职令也。北洋军阀之贪污腐化，可见一斑。

第六章：十年（一九二一）一月九日记：“自移驻信阳州以来，饷项奇绌。目兵仅用盐水下饭，到处呼吁，从无怜而助之者，可叹可叹！昨夜梦中，为筹饷事，不觉啼哭，醒来泪痕沾枕，爰咏诗一首记之：‘南北争持苦未休，孤军驻守信阳州；梦中筹饷曾啼哭，残泪醒时湿枕头。’”真一字一泪！

本章：十一年（一九二二）一月十二日，时冯氏已入关任第十一师师长，在继任陕西督军之前，曾为“张良祠”撰书楷联，刻悬庙门，用志仰慕，联语云：

以匹夫有责为心，奋志击秦，博浪一椎，不中亦寒敌胆。

明功成身返之义，侯封敝屣，汉室三杰，如公乃是完人。

《日记》常载其读《曾国藩全集》《曾胡治兵语录》及汤斌、左宗棠文集，可知其一生治兵修身、待人接物之得力处。其所受影响最大者为曾之一语：“吾生平长进，全在受挫受辱之时。务须咬牙厉志，蓄其气而长其智，恭然自馁。”（见十二年一月十二日记）然于治兵修身外，从不以曾、左等之反民族革命为合也。在陕西军政忙碌期间，每星期仍如常举行礼拜，读《圣经》，讲教理。

其离陕攻直，自云是“参加共和派与帝制派之战”，盖指内阁总理梁士诒为洪宪余孽也。（见十一年五月十九日记）

督豫时，常邀中外名人到开封演讲。其最著者为梁启超氏，远从北京惠然而来。十一年（一九二二）九月十一日，讲题“兵之必要”，略谓一方面主张国中无一兵；一方面主张全国皆兵，盖兵之必要有二：（一）国家保险。（二）为社会保险。言下表现对当时之军队，不独不能为国家与社会保险，且发生危险，然盛称冯军“纪律严明，人称模范军队，实保险国家、保险社会之最良保障”云云。

有谁能猜中冯氏竟是一个最为准确的预言家？彼于世界大势似能“洞若观火”。于同年九月十三日记云：“就现势观察，将来美日之战，必难幸免。”一九四一年十二月八日，日军偷袭檀香山珍珠港，美日大战果然发生，不过后冯氏所言“少则三年，多则五年”——二十余年，然固是“将来”也。

同年十一月十四日记，回保定与长兄基道迁葬先父母于新茔，只有亲族及基督教会牧师学生少数来宾等亲临行礼。巡阅使曹锟及其他军政长官无来者，或事前不事张扬，故无人知之。然在冯氏则以此时能尽孝道，稍得自慰，故云：“三十年之心事，今日始偿矣。”

十二年（一九二三）五月二日（时在“陆军检阅使”任内）对官长讲话云：“报载余既不属直系，又不属奉、皖，乃国系也，诚然。因吾只知有国家，不知其他也。”复于同年七月二日讲话云：“现在党派纷歧。我军既非奉派，亦非直派，更非安福派，盖吾等乃保国卫民之中华民国派也。倘有祸国殃民者，职责所在，何敢后人？仍当本廊房讨伐张勋时精神以铲锄之也。”此露骨的、坦白的表示，足与著者上文之论断相印证。

第八章　陆军检阅使

（四一岁至四三岁，一九二二—一九二四）

调任原因

考冯氏之所以被调去豫之原因，甚为复杂，然全由吴佩孚之主动及力持。因此冯、吴交恶，以后二人感情益趋恶劣，驯至公开破裂，乃至有“首都革命”及南口战役之发生，其后卒使直系势力完全打倒，则冯氏之去豫北上一事，实为以后数年全国政局屡变之导火线。以其关系重大如是，不可不详究其原因。

初，直系军阀既控制华北，旋因势力与权力冲突，渐次分裂为曹锟之保定派及吴佩孚之洛阳派。保派初时借重冯氏，有培植其实力、用以牵制渐成尾大不掉的洛派之意，所以保持两派之均势也。保派素不满于豫督赵倜，早欲去之，而其谋竟破坏于吴之洛派，至令冯氏尴尬殊甚，有苦难言（见上章）。及赵联奉攻直，冯氏激于义愤，助以全力，乃扑灭之。吴徒坐视，莫奈其何。及赵去冯继，吴犹思联赵之旧部以掣冯肘，乃密保赵部将宝德全为“河南军务帮办”，而宝助赵攻郑，几至令冯军尽没之罪，所不计也。不意冯氏一到汴即明正宝罪，以“迅雷不及掩耳”手段执而毙之。宝本罪有应得，一经公布，吴亦莫奈之何，然自此更恨冯氏入骨矣。

其次，冯氏没收赵之财产，全部充公，吴亦不满。所以然者，一则因吴之偏袒赵倜犹未忘情，次则以其财产过多，思尝一脔。冯氏虽以全数充公用，而吴则以为其独占利益，因不得分享而致怒恨矣。

复次，豫省驻军甚杂，而财政收入有限，不敷分配。冯氏尽力维持，平均支配，甚至薄己厚人——其自己之第十一师不能多得饷银，而吴自居太上督军地位，雄据洛阳，时时要索款项。冯氏就职伊始，吴即索款八十万元，以后每月令缴廿万，均无以应。吴不能如愿以偿，遂谋去之。而冯氏以吴擅自截留税款，目无余子，亦甚以为苦，感情对之日恶一日。此又一原因也。

再有一原因：吴滥荐多人至开封求职，冯氏无以应，吴衔恨益深。（按：此是旧官僚一向作风。昔年阎相文督陕时，直系保荐顾问、参议、谘议八百人，阎无以应。伊等即向曹、吴造谣中伤之。冯氏接任后，尽数遣散，每人发盘费三四十元，吴对此事，已大不怿。）

此外，复因吴对冯氏之嫉忌，亦为一大原因。盖自冯氏膺任豫督后，励精图治，省政一新。未几时，“模范军队”“平民督军”之盛誉已蜚声全世，声望骎骎乎驾吴之上。即以政绩论，实际上冯军势力所达之区，以剿匪认真，寇患肃清，而吴驻军洛阳、豫西一带，盗贼如毛。吴惟知发号施令，作威作福，地方治安，毫不过问。加以冯氏热心信教传教之故，更为外人交口称道，向外国报告，故声誉日隆。同居一省，而政绩悬殊，声誉大异，吴不禁相形见绌，嫉忌之下，其不惬意于冯氏大有由矣。

尚有一大原因，所以激起吴务必去冯氏之决心者，则为冯氏扩充队伍一事。冯氏因鉴于奉直战争时，以后防空虚，郑州几为豫军所乘，又见作战伤亡不少，乃在豫亟募补充团五个，得新兵万人。任督军后，更积极训练新兵，即配备以所俘获之军械，迅成劲旅。以其练兵之长才及全军之战斗力强与内容充实，久为吴眼中之刺。此次一出关即扩充势力如是之速，正中其大忌矣。

再有一政治原因：当时华北形势，由北京以至汉口，全部皆在直系势力之下，独有当中河南为不是嫡系的冯军所雄据。吴等自不免“卧榻之侧，岂容他人鼾睡”之感。为造成华北“清一色”的直系地盘计，乃不得不多方设法排去此“异己”的冯玉祥而后快。（刘著页四四提出，甚有理。）

最后，更有促成务去冯氏之近因，厥为张福来之极力运动。吴被其部下包围，日事进谗诋毁冯氏。其间，洛派嫡系部将张福来为尤甚。彼野心勃勃，谋获督印至力，并与靳云鹗、胡景翼结为兄弟，成三角联盟，联合排挤冯氏。尝请托山东省长熊炳琦及其他要员说吴去冯，惟吴之第三师参谋长张方严及李济臣等力谏不可，谓苟无冯氏之救助，何有今日？吴不听，新仇旧怨（如在洛时“冷水浇背”贺寿事），积恨于心。于是，张福来等之谗言怂恿遂如火上加油，吴卒去电北京政府，一力坚请去冯氏，冀尽削其兵权以拔去“眼中钉”为快。

去河南驻北京

时，北京政府已有变化：徐世昌以有袒奉之嫌去位，而吴则迎黎元洪复职。黎首先唱出“废督裁兵”之高调。吴乃借口废督，迫令去冯氏。虽河南一般舆论、社会团体，如全省公民大会及各界民众组织，纷纷去电热诚挽留，所不顾也。当时，保派阁员仍袒冯抑吴，主张留冯，吴亦不顾也。其始，黎未尝不欲留冯氏在豫，以抵抗吴之跋扈嚣张，乃公开宣布所谓“三不主义”：一、不下令免冯职；二、不受强藩（指吴）逼迫；三、不违反民意（指豫民挽留）。然不禁洛派阁员之不断压迫，深觉势孤，自己总统大位且恐岌岌不可保。结果：不能不屈服，竟因受强藩压迫，乃违反民意，而下令易冯氏。能言而不能行。呜呼！此懦弱可怜的总统之所以赢得“黎菩萨”之绰号欤！

十一年（一九二二）十月三十一日，黎下令任冯玉祥为“陆军检阅使”，另任张福来“督理河南军务”。去“督军”而改为“督理”，

"督"字仍不曾废，亦"一丘之貉"耳。冯氏一接电，即于同日下午六时离豫北上，留参谋长蒋鸿遇办理结束及交代，并派员赴郑州，迎张履任，毫无恋栈之意。盖其任事五月来，深感吴嫉忌日深，小人排挤亦日烈，驯至事事受干涉，于军、民、财各项政务之施设，束手无法，政治抱负几乎一筹莫展，卸任而去，惟恐不速，故早有离豫之准备。及一知他调之确实消息，如释重负，反而非常满意，遂能在最短时间内，全军北调，从容不迫。然其实则初时未尝不欲干下去，以施其为国为民之理想，不过为势所迫，无可奈何而去，不能辄称为"淡泊"也。

事前，冯氏先派张之江等入京见国务总理张绍曾，请改编"补充团"加入"学兵团"成为三个混成旅。张从前曾为冯氏长官，亦曾为其策划打倒复辟事，素器重其人，至是鼎力为助。于是，冯氏奉令增编陆军第七、八、廿五等三个混成旅，以张之江、李鸣钟、宋哲元三人为旅长。他准备将其基本的第十一师与此三混成旅一同移京。不料吴又怀歪心，只许带走第十一师，其余新兵则拟留在豫省，拨归张福来部。开拔前，冯氏令铁路局备车六列，吴尽扣留之，又下令各县不准向省署解款。既无运兵车辆，又无开拔经费，其艰苦可知，难堪亦可知。冯氏只有由财政厅勉强筹得三万余元为用，复临时向各车站征车，凑成五列，然后定下一条"金蝉脱壳"妙计以便移师。

安排既妥，他即从蒋鸿遇议，先行独自离豫赴保定，日与曹锟周旋。此举殆移去吴之注意目标兼借曹作庇护人也。豫方之事，全由蒋调度，乃依所定妙计，以新兵尽打旧兵旗号先行北上。去后，旧兵乃打正第十一师旗号全数开走，不留一人。但当时车少人多，全军挤拥不堪。从十一月三日夜间起，至次日午，全部运完，调兵神速，诚为可惊。高卧洛阳之吴佩孚竟被瞒过，比知其事，则全军已过郑州北去，莫奈其何矣。事后，冯氏始施施然离保北上。曹对其恢宏大度，不恋禄位，亦深表敬佩焉。

是时，孙先生方在粤失败，蛰居上海。冯氏在离保定前向曹乘机进言，劝其与孙先生联络，以为救国救民计，有劝其迎之北上之意。此种建议，如非“与虎谋皮”，何异“对牛弹琴”？当然毫无效果，可想而知矣。自是而后，冯氏即在北京任中华民国全国“陆军检阅使”。其实则其所能“检阅”者，仅自己所统率之队伍耳。此正如西谚之所谓“爱尔兰的升迁”（Irish promotion即“明升暗降”之意）。然“塞翁失马”，又焉知非福耶？

南苑练兵

冯氏既将全军——第十一师与三个混成旅共约三万人，安全移到北京后，原拟以南苑为驻防地，但营房不敷，乃将张之江之第七旅开驻通州，另将一团驻京内旃檀寺，其余均驻南苑。陆军检阅使署亦在是，仍以蒋鸿遇为参谋长。各处驻军设有电线电话，交通联络一贯。其本人大半时间均住南苑，或偶一回城内私宅而已。

南苑一向有烟窟、娼寮、赌馆，而且贼匪充斥，人民入夜即不敢出门，实社会罪恶之丛薮也。冯军到后，首即施“下马威”，一律肃清之以利军民。此其每到各处之一贯作风也。

冯部自驻防信阳以来，军饷即异常支绌，虽曾督豫督陕，自收赋税，自握财权，财政似稍宽裕，而均格于环境上种种困难，饷项亦每苦不足。及今移驻南苑，军饷全靠他人接济，更无办法了。当移驻之初，吴佩孚曾许以每月由豫省接济三十六万元。（《我的生活》云廿万，上据蒋著。）抵京后，吴自食其言，分文不与。冯氏乃向曹锟交涉，曹允每月每旅拨三万元，后增至五万元，另检阅使署一万元。至于从何处拨付，仍未指定。迨经几许交涉，乃得指定每月由崇文门税关月拨五万元，京绥铁路局十万元，其余则由财政部、盐余等项筹付。每月饷项或可得十七八万或廿余万不等。此数虽不能按全饷发出，亦稍可过活。军费有着，冯氏遂得安心致其全力于练兵一道矣。其间，得张绍曾之助力为最大。（按：自滦州之役后，张屡助冯氏，乃得成全其建军建业，冯氏一生不忘此大恩人。）

被黜南苑，不能不说是冯氏生平第一大挫折——以前种种的失意事，比较起来，真不算甚么。然而冯氏每每利用失败以为下次成功之阶梯。冯氏人格可钦佩之点此即其一——善用失败，沉毅刻苦，以图再举。吴之逐其去豫，仅去其督军虚名耳，既未夺其生命，抑未罢其兵权，徒使其移驻北京——环境比前尤好，使其得以从容不迫地集中全副力量才能于练兵一途。结果，竟使其能练成几万精兵，为日后大革命之基本队伍。不特此也，此一着且使其居于万邦人士云集之首都，其个人与全军种种优点得以显露于世，予以增加其名誉及提高其地位。最后，吴终于塌台，而冯氏却由是而蒸蒸日上，此固非吴始料所及，亦是冯氏之善用机会有以致之者。然则其失豫也，岂不可比之“塞翁失马”欤？

冯氏专心练兵，十余年如一日，虽手执军政大权，亦不能脱离此根本要务（前数章均已备述）。惟驻南苑时，则情况略异从前。一、军队扩充由一混成旅以至一师三混成旅，共约三万人，宛然有独立成军的规模。二、无政治问题及责任之扰乱，得以专心一意从事训练。三、年来作战及研究之经验更丰，训练统治之方法比前日有进步。四、军饷虽绌而比从前最苦之时还好。五、政治敌人尚未破脸成仇，故得从容积极进行。

冯兵之练兵，分学科、术科二种，每科各分士兵、头目、初级、中上级军官之教练，班次井然，如入学校。此外复有栽培德性之特种教育，如“基督教青年会”等注重内部的精神训练。凡此皆其特长而为其他军队所莫及者。十一年（一九二二）十二月廿五日，总统黎元洪赴南苑阅兵，见全军军容之壮盛、步伐之整齐、精神之焕发与技术之纯熟，叹为向所未有。当操演教练时，黎执一目兵问之：“假定此时我军为攻军，已受敌人甚大损害，应如何处置？”兵答：“前进。”黎又问：“前进困难时怎么样？”答：“我困难敌也困难。”黎说：“此意甚是，但愈前进，则困难愈加，又怎样？”兵答：“最后五分钟。”黎氏大为赞叹，说：“最后五分钟，实胜败之所系。”目兵能作此言足征教育之成绩，闻者佩服。

冯氏训练兵士，久已以基督教为精神教育之中心。其最得力处在于造成牺牲服务之精神。冯军到处均为社会、为人民服务。在南苑时，此种社会事业益为扩充。约举之如下：（一）军医施诊。（二）遍地植树。（三）修马路数十里。（四）筑墙御水。（五）清洁地方。（六）灭蝇运动。（七）露天演讲。（八）露天平民学校。（九）施血救人（冯氏自己先舍血救一贫者，官兵争相仿效）。（十）修筑永定河堤，造福地方最大。十三年（一九二四）八月，大水将决堤，冯氏连夜派两团前往黄土坡抢护。翌日，他亲率五旅长及团长官兵等，日夜抢救。河堤已被冲决三十余丈，幸赖官兵奋勇抢救修复，始得免水灾。人民德之，名曰“冯公堤”。此与其先德毓亭公之余荫先后辉映。（十一）传教事业更加努力推进，成绩特出，新受洗礼为基督徒者四千五百人。至十三年（一九二四）春，全军三万人中，统计信教者半数，军官信教者什居八九。（薛著页一二二）

驱黎与贿选

时维中华民国十二年（一九二三），直系军阀驱逐总统黎元洪出北京。先是，冯氏既拥重兵于北京，其势殆可左右政局。因之，一般怀有政治野心者，各极力拉拢之。黎欲利用其制曹、吴。曹、吴则欲利用其驱黎。冯氏均不应。甚至奉张亦欲啖以重利，遣人说冯，谓联奉即有饷。冯氏答以“不能见小利而忘大义”。（按：徐谦早于是年夏，即自广州去电劝其联奉，不应。冯氏日记尝三言之，即在六月十一、二十，及七月廿七诸日。大概当时，粤、奉、皖之“三角同盟”谋联合倒直，已在酝酿中，不久实现。拙见由奉方提议联冯，假手粤方徐氏去电，而非由粤方主动，以不能代奉助饷也。其中经过详情，甚为复杂而微妙，此时手头资料未足作最后之判断。）冯氏自抱守正不偏的态度，对于哪一方都不肯列为私党；自云无派，只属于一派——爱国派（见十二年五月二日、六月十七日与七月二日日记）；而凡真心爱民救国者一律视为同志；又云无仇敌，只有祸国殃民者是其仇敌。结果：均不讨好于各方，且见疑忌于各方。例如：黎以其曾赴保定，则疑其亲曹、吴；曹、吴以其常川驻京，则疑其亲黎联奉；而奉张见其拒绝亲己也，亦视为直系矣。是时，冯氏虽“左右做人难”，孑然孤立于这个争权力、攘地盘的政治舞台上，犹勉强与各方作礼貌的周旋，戢隐其真主张，而未敢太露头角焉。

会曹锟大有躐登高位之野心。一班攀龙附凤之文官武将更极力拥戴。顾欲曹当总统，非先去黎不可，于是乎民国一幕大政潮由此发生。时，张绍曾为内阁总理，驱黎之第一幕即是内阁总理辞职，以拆其台。其次，则由北京军警要员如卫戍司令王怀庆（徐世昌的心腹）、警察总监薛之珩、步军统领聂宪藩等以索饷为名，实行强迫。王更倡设“军警联合会”邀冯氏加入，声言以索饷为目的，冯氏以十八个月来未曾发饷与部下，方苦军费支绌，不知内幕，误信王之言，亦加入此会，派蒋鸿遇同往，于是竟上了大当。

讵料王预往总统府告密，谓此举全由冯氏主动，以索饷为名而实意图不轨，借以驱逐总统者，但与彼本人无关云云。前时，黎曾向冯氏市恩，含有托庇之意，至是大失所望。翌日，蒋等各代表果到府索饷，黎即指蒋破唇大骂一顿，谓冯“造反”云云。蒋无辜白挨一顿辱骂，莫名其妙。乃归，报告冯氏。冯氏气愤之极，立刻辞职，驱车赴南苑，下令不许一官一卒至北京，盖其时已知直系驱黎政潮行将爆发，故借以表示态度超然，绝不加入也。故云：“北京如此骚扰，我绝对抱不干涉态度。”（见七、十三日日记）此幕有人谓系徐世昌“一计害三贤”之毒谋——害黎，害冯，并害曹也。而王怀庆则为出手之人，实其“一人所为”者。（见冯氏九、十九日日记）

冯氏既萌消极，直系阴谋益得大逞，盖冯氏虽不助直系，而亦不袒黎。黎无一兵一卒，如何能不走耶？于是警察罢岗及流氓乞丐团请愿驱黎、割断电话等活剧，相继出现于北京，皆直系谋士所主动者也。六月十三日，王怀庆尚亲到南苑拟以武力驱黎，坚请冯氏派兵同往，冯氏拒绝之。黎孤立在京，受此种种卑劣手段之压迫。忍无可忍，遂于十六日出走，而劫车、索印及强迫签名辞职等怪剧又陆续演出。于是，直系驱黎之举，大功告成矣。事后，直系复嫁祸于冯氏。一时中西人士不察，佥以其为"逼宫"之罪魁焉。京中报馆有爱黎之津贴者，遂肆笔漫骂。有某报乘机向冯氏求津贴（勒索），允为其助，不得，亦推波助澜而骂之。于是，冯氏遂蒙不白之冤矣。据自言，当军警罢岗捣乱之际，苟黎以总统名义令其派兵入城维持秩序，定必遵令站岗云（见七月十一日及廿三日日记）。果尔，则政局演变当不至如是之坏。无如黎、冯之关系早被直系离间，至生疑忌，黎中了王怀庆约冯索饷之计，以为"此是最高问题"（见冯氏六、廿六日日记），简直视冯为祸首罪魁，令其站岗为助之举，实无可能也。其后，传教士华伦牧师（Rev. G. G. Warren）亲自调查此事，洞明真相，乃撰长文发表于英文《华北先驱报》（*North China Herald*）为冯氏申雪焉。

其间尚有一事，与驱黎报道有关者。当黎仍在位时，曹锟尝保冯部之薛笃弼任"崇文门监督"，以利冯军筹饷。内阁通过矣，而黎不署名发表。冯氏乃求其照准，并遣人谒见，黎大骂之，谓"欲逐我吗"？及冯氏辞职，又不许。时当农历中秋，全军无款过节。冯氏不得已以个人名义借得一笔现款方克济急。此事与冯氏对于此大政潮之态度不无影响，盖其自此顿萌消极，于黎之去留不置可否，既不驱之，又不留之，亦不保护之。黎平素与冯氏无切实联络，又不善待之，事急时更疑忌多端，患难临头不得其助，有几分是要自己负责的。迨黎去后，薛笃弼果得崇文门缺，而黎又以此怨冯氏，曾向美国人格里（Gaily，北京青年会总干事）大骂之。

黎、冯两者于此役同中了奸人毒计，致有不良之结果，实无可如何之事。然冯氏对于黎亦有两端不满意处。一则以其“未走以前，每日尚与左右拥狎优伶”（六、十六日日记），暴露其生活之腐化，与一般军阀政客，不过五十步、百步之间而已。次则，彼其身为一国元首，乃因军警索饷，而不负责，竟一跑了事。……“试问：我军若不出陕，黎氏焉能复位？黎氏果有天良，应少为注意也。”（见六、十八日日记）是则其虽未“造反”驱之，而因黎之忘恩负义而不免心怀怨望，口发怨言矣。

黎一走，北京政府即由高凌霨等组织摄政内阁，随而积极进行大选。曹已预备选举费五百万，以五千元一票为赂，运动参议院议员选之。一时，所谓“猪仔议员”大帮出现。而曹锟果然获选。在进行之时，冯氏曾赴保苦劝三小时之久。曹当面已纳其言，但毕竟虚荣心重，冯氏去后，不禁一班攀龙附凤者之包围，率尔进行。当其于十二年（一九二三）十月十日就职之时，冯氏叹曰：“大选成，国家大乱即至了。”当时，也未尝不欲为国除奸，但一因羽毛未丰，计划未备，次因曹之心腹大将多人包围北京，故未能动手，不得不静待时机，然其打倒直系之革命决心，已萌芽于此时矣。

益友贤妻

在南苑时期，冯氏得益友甚多。国民党要员及基督徒徐谦、马伯援等，过从甚密。又以宗教关系，结织外人如格里（见前）及中外传教士多人，于其宗教活动多所助益。此外，一时名流学者，如黄郛、颜惠庆、蒋百里、王正廷、凌冰等，俱曾到南苑，或参观、或演讲。冯氏因得与他们一一订交。

尚有一事特别可纪者，王瑚（铁珊）于是时应冯氏之聘为入幕宾。其人，籍河北定县，出身翰林院庶吉士，曾任知县累升江苏省长，以廉洁正直名，于国学有深邃之造诣，固恂恂儒者也。冯氏敦聘其来军中，待以师礼。王以三事为约：一、不能信奉基督教；二、不能戒纸烟；三、不能改穿短服。冯氏都答应了。及其来也，寝食与俱，尊称为“铁老”。未几，王即自动戒绝吸烟。问其故，则答不能因个人嗜好而破坏团体纪律云。王以时为冯氏讲解《易经》《书经》。据冯氏自言，当时因过于迷信古经，拘泥文学，至误解“谦卦”中“谦谦君子，卑以自牧”“谦尊而光”之“谦”字，以为是谦让、谦退的消极态度，因而对于政治往往不能出以“当仁不让”的积极态度，遂至屡次吃亏、失败云。至于“铁老”在军中多年，与冯氏所谈无非道德正义，两人交情始终如一，然其语不及私，亦从不干涉军事、政治，对其本人及全军兵官皆有潜移默化，熏陶人格的影响，诚冯氏一生之益友也。（按其后余奉派至冯军任政治工作，仍得见“铁老”，且常亲炙道范，从未能或忘其布衣布履、蔼然道貌、与人和善、饶有风趣、语亦诙谐之“君子儒”的典型。冯氏后来亲为王氏撰传，分期刊《逸经》第五、六期，题目曰：《第一流廉吏王铁珊先生》，及第十期王氏《轶事补录》。）

胡景翼于冯氏督豫时，因一时糊涂，与张福来联盟倒冯。及张既获豫督则亦施吴故智。“过桥抽板”，弃胡如遗，于饷项服装等均靳而不与。胡乃觉悟为张所卖，转念冯氏昔在陕、豫时恩遇之厚，亟亟联络感情，恢复旧谊，以弥缝所失，因时到南苑参观。冯氏不念旧恶，豁达大度，与其和好如初，两人卒成为共生死、同患难之战友。后来于“首都革命”之役前后，同心同德，合作成功。

十二年（一九二三）十二月，冯氏原配刘夫人患脑脊炎，就医北京协和医院，医药无效，卒于家中。冯氏恸哭，深恨初时误信中医，以致不治。既殡，送柩回保定，安葬于家茔。夫人有俭德，相冯氏垂二十年。在军中，常为官佐家属助力，倡办“培德女学”，以教诸妇女。又常躬任慰劳等事，军中咸以贤姊称之。及殁，全体为之举丧，悼念不已。遗子二、女三，均由冯氏之嫂夫人代为抚育。（据刘著页一三六云：“至于冯夫人，有人误传系受虐待而死，绝非事实。冯夫妇感情素佳……终于病故身死。”这有力的证据可廓清对冯氏不利的一种流言。)

冯氏悼亡之后，北京社会即发生一有趣问题，即是各方风云人物因均欲拉拢冯为盟友，于是说亲者纷至沓来，甚至曹锟亦欲为媒。冯氏难于应付。适有基督教友某，为其介绍李德全女士，两情相洽，遂即订婚。婚事既定，各义务媒妁因之停止进行。冯、李遂于十三年（一九二四）二月十九日，遵照基督教典礼在北京结婚。李夫人，河北通州人，为第三代基督徒。其祖母及叔父均于义和团运动时遇难，成为殉道者。早年，毕业于美教会开办之“贝满中学”，及北京“汇文女子大学”（后与“燕京大学”合并）。时，方任北京女青年会干事。为人有才有识，思想超俗，俭朴处己，和蔼待人，且极热心服务社会，与冯情投意合，洵一时佳偶也。（按：李女士头脑过于新颖，进步太速，变化亦殊出人意料，后文详叙。）

婚后，夫人助冯氏教子治家之外，兼努力于军中妇女教育及伤兵慰劳等事，以后历次大战，她为伤兵服务于军中，不避艰险。有一次因过劳成病，几危及生命，足见其热诚了。冯氏御下素严，凡官佐有过失必严惩不贷。有时过于严厉，她每挺身为之缓颊，以故各军官甚德之，转成为全军精诚团结之一要素焉。她对社会事业亦热心提倡。在北平办有“求知妇女学校”一所，专为贫苦女童而设者。至其俭朴平民化之德性，尤为可风。多年后有一次，余因公由郑州赴开封，抵车站则见其购三等票上车（不倚势力坐专车）时，人多车少，至无隙地，她手挽小布袋站立于车门上，神色自若，亦不惹人注意。经余等招待之，始搬到一辆邮政车坐在我们的皮箱上。盖其居恒衣布服，出门不摆架子，一如常人。不识者，每不知其为“陆军检阅使”之夫人焉。

生活鳞爪

冯氏在南苑期间，鳞鳞爪爪之逸事尚多，书不胜书，姑选出数则录下，以见斑斑。此种事迹，从历史家眼光看来，颇有史料价值，以其确能反映其真实人格也。

一次，在招待十余位日本贵宾的宴会上，有一日人察见所悬的万国旗中，日本国旗独付阙如，当堂质问其故。冯氏答："这些旗是街上买来的。从民国四年五月七日贵国提出二十一条事件之后，百姓恶感深刻，遍地都买不到日本旗了。"问者语塞，大为不怿。他还请日本公使打电报回去政府报告，俾知有所考虑与反省。又于五月七日，全国在南苑特别举行国耻纪念，随令部队在各处游行示威，各持小旗，喊口号，高唱国耻歌。这辱国事件，冯氏终身不忘。全军亦常常纪念。（按：多年后，余在军中，也曾开"五七"国耻纪念会。）

又一次，美国公使宴客，冯氏为贵宾之一。他依时偕格里（北京青年会美籍干事）前去，另有武装卫兵数名同车。不料汽车驶到东交民巷口（各使馆所在地），天尚未黑，忽有一中国巡捕（外人雇用的警察）拦住去路，用木棍大敲其车，谓不许武装通过，态度傲慢蛮横。冯氏向其表明身份——"陆军检阅使"。巡捕答以明知其系检阅使，仍不准通过，还加多一句"你忘记你是中国人"！这却激起冯氏的无名火，当堂喝令卫兵夺其棍子，饱以老拳，推开一旁，驱车直去。席散后，他将真相直告美公使以巡捕乱打汽车，蛮横无理，且出言不逊，视为侮辱。美使面有愧色，道歉而罢。（按：以上两事，根据余前在军中所闻。后在《我的生活》页四七一—四七二，及蒋著均载及。但关于后一事，据《我的生活》云系巡捕因汽车未开灯故拦阻之。）

黎元洪每逢星期六邀请各文武首长会餐。一次，在谈话间黎大发牢骚，谓总统不容易做，要赔钱的。那一月，他赔了三万多；每月收入十万八万，就是捐款已不够开销云云。同席者阿谀奉承，或称其"忠厚仁义"，或颂其"大仁大义"。惟有冯氏心直口直，当面质问："总统是当旅长出身，怎么会有这么多的钱呢？"黎答："是存的呀。"冯氏再问：

"旅长的饷，每月不过几百两银子，怎么会有这么多的钱呢？"这又是"冷水浇背"！黎无可置答，却以呵呵一笑置之。

最后，冯氏个人的私生活，一向是刻苦俭朴，粗衣粝食，真能与士卒同甘苦的。一遇开战时，即离开楼宇大厦，开一布帐在野外住宿，以示生活与前方战士一般。此余之所深知者。但历来人口相传，他完全是作伪欺人的——在布衣底下穿的是贵重皮袄，回到家里食的是珍馐美味。据他的旧干部刘汝明后来言："以我跟他几十年的经验说，上述的事（指谓人前衣食作伪），我从来没有见过，做作也许是做作，但是一个人几十年如一日，能享受而不享受，不必吃苦而硬要吃苦，那么，假的也就是真的了。"（刘著页四八）这是最好不过的也是最为有力的辩辞。以我从戎生活所知所闻，冯氏的部下暗地批评他不是之处的，倒也不少，但从未有一人以生活作伪指摘他的。上述刘汝明的评语，所谓"做作"也不过说他稍为"矫枉过正"一点而已。在我个人看来，冯是北方人，而且出身寒微，生活自然是依照北方人的习惯，一衣一食，不能骤改，勉强为之，反大不舒服，有害健康，所以他实在不能享受豪华奢侈的生活。不明这一点的人——尤其是我们生活完全不同的南方人，很容易误会他是作伪、装假，而实际生活实是豪华奢侈的了。（例如：北方人无论贫富，甚至在街头引车卖浆者流，在冬天无不穿皮袄——至少老羊皮反穿，而在南方则惟大富大贵才能穿皮袄。）即以著者个人的切身经验而言，从前在戎幕中，虽热心革命，无论如何，不能跟同袍们吃粗馒头、窝窝头，一吃便肚胀胃痛。（后来由粤北伐的第四军到河南后也同有此经验。）我每日非解私囊另买大米饭来吃不可。一有机会——时或自做机会——便要大吃鸡鸭、猪牛、蔬菜与米饭来裹腹，军中的"革命饭""大锅菜"不能一饱也。我恐怕有违军纪，致受到军法处罚，预先向冯总司令报告原委，谓"生为广东人卅年，如不吃大米饭我的肚子便起革命，我倒不能追随钧座去革命了"。冯氏得了解，为之一笑，从不追究。我也得袍泽原谅，未受讥弹。自信不是奢侈，也不是作伪，实是生活习惯使然也。所以我对于冯氏私生活之俭朴，也有同样的了解和解释。然所最难忘者，则是有一次亲耳听到他说：“我不是不爱美衣佳肴，但全国同胞大多数是饥寒的，何忍独自享受？要等到同胞丰衣足食，我才一同享受。”当时我大受感动，几乎掉下泪来。私心默想，如果这是作伪欺人的话，则九百年前曾说过“先天下之忧而忧，后天下之乐而乐”话之宋儒名臣范仲淹，当是第一号“伪君子”“假道学”了。难道芸芸众生中真是没有一个好人、真心爱国爱民的军人吗？

〔补注〕不瞒读者说，在西北军先后数十万人中，其立心、蓄意和实行如上文所述之“作伪”者，只有孤单的、唯一的一个人：不是别人，那就是简又文。缘著者生长粤东，在北方耐寒不得。因后来初到军中服务时，眼见全军只穿灰布棉衣，预料在隆冬天气中断挨不下去。于是趁民国十六年秋间请假南归省亲时，在家中取了父亲的短毛狐皮袄一件及顶珍贵的长毛狐皮袍一袭北上。到上海时即以皮袍交予一家制皮衣的裁缝店，另购顶厚的灰绒为面及蓝绸为里，由具仿制一件长到膝盖、前有双行钮扣的军服，配上大反领。心里计算，如果这假冒的军服通不过，即将棉军服拆开，取其灰布面再加上一层在灰绒皮服上。于是乘车北上。过南京时第二次奉到中央任命再到冯军任政治工作委员。有了准备，所以勇往直前，有恃无恐。一到隆冬时，贴身穿上纯羊毛衫裤，足穿顶厚的羊毛长袜（皆在沪预备的上等洋货），再穿上短皮袄，然后套上军中所配给灰布面的棉军服；一出门时，更穿起自备的“假冒的”大毛狐皮长军衣，复戴上配给的御寒军帽。如此这般便安然度过了冰雪交加的奇寒气候。若非如此，即如每餐要吃米饭，便不能在西北从事革命了。而那一袭灰色的狐皮军衣，上自冯总司令，下至勤务兵，都给我瞒过了。冯氏或其他军官哪有这样的、珍贵的衣服？前几年，我到美国耶鲁大学去治学，又复检出这一袭四十年前的大毛狐皮旧军衣，拿去冒充大衣，也使我度过北美雪天冰地的奇寒天气。妙矣哉此军服！

第九章　首都革命
（四三岁，一九二四）

革命之原因

曹锟以贿赂议员被选为总统，冯氏自始即不赞成（见上章），但其时格于势力之孤单，不敢轻举妄动，免蹈武穴主和之前辙。然而“首都革命”之决心则早已立定，不过乘机而发，谋定后动，务期一举成功而已。及其成功后，誉之者许为革命，毁之者骂为倒戈，竟由是而得有“倒戈将军”之恶名。经余费了许多时间与精神，施用历史搜讨方法，仔细研究，卒探得个中因果及真相，乃敢下断论：所谓险诈倒戈全是先由敌人对他不起，蓄意害他，或因当局贪污腐化、穷凶极恶、误国误民、劣迹昭彰，故而令他为国为民，奋起革命以武力解决的。“首都革命”之役实为至好的例证。

自曹锟窃踞高位之后，荒淫无度，任用一班宵小佥壬，跋扈弄权，贿赂公行，无恶不作。当时北京政府之黑暗、贪污、淫秽、凶暴与腐化，实为民国有史以来所仅见。（此余在北京时所亲见者，兹不愿细述，免污吾笔。）冯氏以“清教徒”的道德观念与操行，兼有爱国爱民思想、革命精神，屈居于这一群城狐社鼠底下，而且同在北京，耳闻目睹执政诸人之臭秽恶行，实忍无可忍。尤为难堪者，甚至其本人也饱受了古今中外未曾闻之恶待遇——被上司敲诈巨款。缘曹政府购得意国旧军械一批，经曹锟指定拨给冯军一部分——枪二千支、炮十八门，及子弹几百万发。迨派人往领，数次均不得到手。后来有人私告他，非送大礼与上头不行。他乃恍然大悟。当时已积极密谋大举，急于补充军实，不得不忍痛勉凑现款十万元送入总统府。（见冯著《我的生活》卅一章页四九五。这是曹的嬖人李彦青所开的价钱，每支枪六十元，另见刘著页四八，云一共交十二万元。章君榖著《吴佩孚传》页四五二亦载有此事，但云："硬敲了冯十万元。"可见事实确凿。）送了巨款之后，他还要说不少的好话。翌日，曹见了他，即欢欢喜喜地说："焕章，您真是客气，还要送礼来！"足证明曹锟收入私囊的了。于是，全部军械即时领出。以部属领军械，亦须纳贿于长官，真世界所未闻！腐化至此程度可谓极矣。而冯氏受气愤恨之深亦可想而知矣。未几，当其奉令出发热河攻奉，曹发开拔费六十万元，又为李彦青克扣了三分之二——四十万。派部下攻敌而竟扣军饷大半，亦为世界未闻之黑暗事。欲冯氏之不"倒戈"其可得乎？是故推倒贿选、廓清政治，为"首都革命"之第一原因。（以上两事，余前在冯军中曾亲自调查，闻之最高层干部，系确凿事实，曾于四十年前载所著《我所认识之冯玉祥及西北军》篇中。）

吴佩孚久拥重兵于洛阳，权势莫京，一切军政大计均以吴为最后的裁可者，连曹锟亦听其把持，实为"太上总统"。而吴则迷信武力统一政策，必使全国屈服于其旗下而后已。前此，已命杨森图川，命常德胜、沈鸿英攻粤（按李著页九八）。后者既失败则复嗾使"国民党"叛徒陈炯明背叛大总统孙中山先生而炮轰总统府，致使其出奔上海。吴复派孙传芳入闽，驱逐李厚基，以为攻浙之准备，盖是时浙江之卢永祥本为皖系分子，对曹、吴、直系早已表示反对矣。于是羽檄纷驰，天下骚然。秋间，忽而江浙战起，全国又陷于内战状况中。推其祸始皆肇于骄傲顽固、刚愎自用的吴佩孚之迷信武力统一政策所致也。江浙之战甫完，直奉之争又起。吴更竭北洋全力以为其个人泄愤之工具。是故，反对直系之穷兵黩武而主张和平，又为“首都革命”之一大原因。

此外尚有一大原因，为世人所罕知者，即十三年（一九二四）冯氏之“苦迭达”[①]（即以暴烈手段推翻政府之谓），实出于自卫之不得已。冯氏自己虽不居于任何一派（屡见前文），惟对于直系，因以往与曹、吴历史的关系，向来不特表示友善态度，而且屡予直系以积极的助力，如先则助阎相文之督陕，后又出关救吴于长辛店及郑州。即直系人物亦承认当时若不得其救助，直系无以获军事上之胜利。惟吴则自冯氏督豫后即蓄意排挤之。及调驻南苑，又予以经济压迫使其极为难受（均详上文）。二年以来，冯氏隐忍处之，不与计较，亦不抵抗也。及直奉之战又起，吴强调令其出热河应战，实蓄有阴谋欲借此以消灭冯军（详后段）。冯氏饱受冤气，至是，更有进亦死、不进亦死之困难。为保全其十年来训练之良好军队计，遂不得不起而反抗。故苟知其中内幕者，当以“首都革命”亦为冯氏自卫必要之举焉。至其自卫，是否合理？是否可原谅？则当视乎其军队是否有异于北洋军阀之兵及其后是否对于国家与人民果有贡献以为断。衡以后来冯氏对于“国民革命”之功绩，则答案必然是肯定的。

（作者按：章君穀著《吴佩孚传》谏吴毁冯备至，但事实究是难瞒。该著者至终良心未泯尚肯讲几句公道话，谓吴氏之倒台实祸由自召云：“这次政变实是十一年奉直战后的怨毒所积。吴佩孚在造成直系势力称霸全国后，于外面对各方反对派标示武力统一，欲悉数使之屈服，已造成无数怨毒，而使西南诸省及奉、浙有联合反直的行动，而于内部对同系诸将更处置上回奉直战争中建立大功、未得适当的报酬（指冯氏），积怨相丛，乃成巨患。内部一旦积成势力，与外面反对派相结合，于是外侮与阋墙之祸俱来，而变局发生了。”（见该书下册页五六七）此分析虽并未言

① 法语coup d'etat的音译，为军事政变之意。

上文所述其他因素及详情与真相，却可证实吴自种其因，自食其果，于人何尤？）

革命之酝酿

当曹及其佥壬等胡闹于北京及吴予智自雄称霸于洛阳之时，全国反直运动进行日紧一日。浙江之卢永祥既自始即表示反直，且进一步而结合奉、粤两方。于是粤、皖、奉三角同盟，于民国十三年（一九二四）秋间成立。孙科、卢小嘉、张学良等，同在奉天会议（时人称为“三公子会议”），订立“三角同盟”，商定同时讨直，冯氏知之，对于倒直之举大表同情。是时，徐谦、黄郛时应约到冯军讲演，常商讨革命大计，均以推倒曹、吴为第一要着，冯氏革命意志愈为坚决（见冯氏《自述》）。此“首都革命”运动之嚆矢也。

数年来徐谦更奔走联络，冯氏因而进一步与“国民党”接近，先是，徐谦奉孙中山先生命屡次由粤北上说冯氏实行革命，期一举克复首都。惟冯氏鉴于以往之失败，虽默契于心，而一向以实力未充，孤立北方，不忍孤注一掷，不敢再事轻举妄动，尤其不敢正式加入“国民党”，庶免北洋军阀之嫉视，而树被敌攻击之目标。在倒直运动酝酿初期，徐氏又来苦劝。时，冯氏仍不表示可否。一日，在南苑对官兵训话，痛斥时政之非。徐亦在场，闻而激之曰：“徒托空言干甚么？”冯氏答称谓：“凡举大事必要谨慎，否则万一失败，而实力消灭，虽欲救国而不可得，因为我不像您，失败便可一跑了事。而且纵推倒曹、吴，而治国之策将安出？苟不能优于他们，则是以暴易暴，那是我不干的。”徐不悦而去。不久，徐又来，持孙中山先生之《建国大纲》见冯氏，谓：“君前虑治国无善策，如今有了，好自为之！”其时，俄人鲍罗廷亦进言，以曹政府贪劣、污秽、横暴，实为中外所窃笑，亟宜改建清廉政府以救中国。冯氏意志为之大振，但犹以兵力薄弱为虑，于是，又进一步为积极的准备。其中，策划实际行动最早而且最力的是孙岳。

十三年（一九二四）九月十日，冯氏在南苑开“追悼阵亡官兵大会”。大名镇守使兼第十五混成旅长孙岳亲来与会。孙为老同盟会会员，且为冯氏前在滦州起义时之老同志，平日交谊甚笃，过从亦密。及驻兵武穴时，更与其缔结深交。孙在曹、吴旗下郁郁不得志，盖吴昔亦于清末在吴禄贞第三镇任上尉参谋，伪加入“中国同盟会”，而将革命计划私行告密，辛亥革命同志被害者不少。及阎锡山起义于山西，袁世凯派遣第三镇协统卢永祥进攻娘子关，亦由吴冒充革命分子入晋侦察阵地虚实。卢乃得进占太原。（编者按：吴禄贞系第六镇统制，第三镇统制系曹锟，入山西时，曹锟不在，由协统卢永祥统率，吴佩孚已任标统（团长），既非参谋，当时亦无上尉阶级，简先生此处有误，至于吴佩孚曾入同盟会并出卖同志，事未之前闻，想简先生必有出处。）孙之革命历史，吴素知之。其后，孙投入直军，密谋北方革命事业，吴忌之尤甚。以故，荏苒多年，不得升迁，位仍不过旅长而已。孙之努力于“首都革命”，盖有此个人背景在焉。

当时，冯氏邀孙到昭忠祠内草亭中畅谈。途经阵亡官兵义墓。孙顾累累的坟冢曰：“民国成立，不过十多年，此地已躺下这许多牺牲战士！”言下凄然叹息。冯曰：“此皆忠义好汉。他们为国家人民牺牲了性命，倒还落得一个‘忠’字，也算得千古不朽了。”当下，与孙促膝畅谈，乘机激他说：“设使地下果有阎罗王，见诸死者至而问之，志士们将何辞以对？”孙答：“为国而死。”冯氏笑问：“孙二哥，将来您死之后，人家用甚么字来表扬您呢？”孙为人耿直爽快，愤激答道：“不用说，他们自然叫我做‘军阀走狗’。”冯氏再进一步激他说：“您说这话，羞也不羞？您统兵数千，镇守一方，怎么甘愿做人家‘走狗’？”孙发怒了，悻悻而言：“岂但我这带兵几千的为然？即带三四万的人不也是做人家‘走狗’吗？您真是‘躬自薄而厚责于人’者。我只有兵一旅，您带兵数万，尚且坐视豺狼当道，病国害民，而一无动作，徒责我甚么？”冯氏见激将已成功，乃剖心布腹正色对他说："您不要骂人！方今国贼乱政，稍有热血良心的人，没有不痛恨的。我现在虽有三四万人，然处此境地，力量单薄，一切均不由自主。故一直未莽撞下手。但早晚有一天必要宰死这些混账东西以快我心。往年，滦州革命之志（当时，孙亦参加是役），固十余年如一日也。"孙说："如果您真有此决心，我必以全力为助。能帮助您几万人，大家合力来干他一下。"当时两人在草亭密约举事，尚虑力薄，孙并允去说动胡景翼加入。原来孙与胡二人均老同盟会员，平素极相得。孙曾对冯氏言，胡非常敬佩冯氏，至称之为"顶天立地的汉子"（刘著页四九）。故冯氏即赞成联胡，由孙担任邀其加盟焉。（按：此段谈话，《我的生活》页四八九—四九一述辞较详。上文引自《自传》及冯氏亲口对著者所言，见《逸经》十六期"壁树"篇，言简而意同。《自传》附有二人在亭中密议之照片。）

先是，胡在豫受张福来之愚弄而有"三角同盟"以排冯氏之举。及冯去张继，胡丝毫不得张之接济，乃深恨为张所卖。而吴蓄意排除异己，时欲收编胡军。胡觉之，岌岌不能自保，乃思念冯氏从前相待之厚，时来南苑见之。由是两人订交益深。及孙知胡恨吴刺骨，乃往说其倒直。胡毫不犹疑，立即加入，先派心腹部将岳维峻北上晤冯氏，谈及直系祸国殃民事，至声泪俱下，乃与订盟约。其后，胡复亲来面议，更预定将来成功后必迎孙中山先生北上主持国是。自此冯、胡、孙三人团结日固，一致进行。日后"国民军"之成立，实胚胎于此时矣。

其时，粤、奉、皖"三角同盟"成立，浙卢既首先通电反对贿选，并在杭州召集会议，亟谋大举。而奉张自十一年（一九二二）败于直军，退出关外后，日事整军经武以求报复。至是时，派郭瀛洲来见冯氏，燕谈间，冯氏向其作泛泛的表示，"苟能利国福民，而弭国内无意义的斗争，愿与海内贤豪一致进行"云云。（见李著页九九，及蒋著页一二一。按：郭之来系由前为冯氏施洗礼之牧师刘芳作介绍人。其必须由冯氏亲信人之介绍，可见系张、冯二人之初次接洽，以前并无一些联系。）去年在豫时，徐谦早已代表“国民党”致电冯氏，为奉方劝其加入倒直运动，张即助以军饷，惟冯氏力却。至此时双方始有直接联络，然仍未成立具体的协议，更谈不到交换条件也。

溯自去年十月曹锟贿选总统实现后，孙中山先生在粤即以“大元帅”名义及地位下令讨伐。随而联络各方一致声讨曹、吴。夏秋间又命孔祥熙携其亲书之《建国大纲》往冯处联络，对冯氏感召尤力。（按：此大概是继徐谦之后。事见《我的生活》页四八六，未言时日。另见孙科：《广州市政忆述》，载台湾《广东文献季刊》一卷三期页八，系此事于其赴奉天会议之前。其后，于民国十四年（一九二五），孔再晤冯氏于南口，取回此手书本，云系孙先生前为宋庆龄女士所书而暂借用者。）至是年秋，粤、奉、卢（皖系），三方既成立“三角同盟”共事讨伐直系，故冯氏此举自始即是响应孙中山先生之感召，遵令行事，无异加入团体，成为“四角同盟”，共同奉孙先生为全国主政元首。如其成功，则吾国军政混乱，派系斗争之恶状态，当能统一改革，另有新局面，而中华民国建国历史必完全异于以后之发展了。此举亦为粤方“国民党”与孙先生期待已久、早由徐谦屡次代表北上努力运动者。至是，冯氏加盟倒直之志更坚，积极进行益力焉。（按孙科：《八十述略》，自叙其于是时奉孙先生命赴奉天与张作霖“达成协议”，直奉开战时，仍在是处。可见奉张先时确系拥护孙先生后且去电欢迎之者，见页一一。“首都革命”后，乃见异思迁，转而背孙先生、寒前盟，拥段排冯。）

至于蛰居天津之段祺瑞，对于直系亦有一箭之仇、切肤之痛，经令接近皖系之鲁督郑士琦，及晋督阎锡山联成一气，加入倒直运动。冯乃派参议刘之龙（子云）往各处接洽。至是，反直运动完全成熟，内而冯、胡、孙之三人团体团结极固，外而各省倒直势力已结成，大举倒直运动触机即发。惟暴戾恣睢之吴佩孚尚在梦中，一意孤行，惨杀劳工，荼毒生民，不知“倒台”之将至也。（章君穀著《吴佩孚传》下册页五七八，谓段祺瑞为张、冯间联络人，由张贿冯十五万元云云，实无其事。事实上，冯、胡、孙等进行定计后乃与张联络。）

直奉之战

十三年（一九二四）八月下旬，浙卢与苏齐正式决裂，九月三日开战。奉张本与卢约，同时举兵。东南既发难，张即于九月十五日致通牒电报与曹锟（即“哀的美敦书”）。曹不答，于是张立即调兵遣将，积极动员。张自任总司令，派姜登选、李景林、吴俊升、张学良、张作相、许兰洲等为六路司令，兵力共计廿余万人，另有海军巡洋舰二艘及航机三队，同时攻直。

曹锟急召吴。吴于九月十七月抵京（见冯氏《自述》），即坚主用兵对抗，以全力对奉。曹从之，于十八日下讨伐令，任吴为讨逆总司令，王承斌副之，并派彭寿莘任第一军总司令，王维城、董政国副之。第一军又分三路：即以彭、王、董三人分任司令，各统直军精锐出关进攻。王怀庆任第二军总司令，米振标副之，并以刘富有、龚治汉为前敌总指挥，统“老毅军”攻热河。继而复擅委冯玉祥为第三军总司令，而以张之江、李鸣钟分任一、二两路司令，出古北口以策应王怀庆之第二军。此外，又有十路援军，以张福来任援军总司令，曹瑛、胡景翼、张席珍、杨清臣、靳云鹗、阎治堂、张治功、李治云、潘鸿钧、谭庆林，各领一路。又有后方筹备总司令名义，直省为王承斌，鲁省为熊炳琦，豫省为李清臣，京兆为刘梦庚。海军则以杜锡珪为总司令，温树德副之。又以郑士琦为直鲁海疆防御总司令，迟云鹏为直鲁防御总指挥，赵玉珂为京畿警备总司令，敖景文为航空司令。计直军全部约共廿余万，与奉军相埒。其作战计划，则照奉军行动布置，以彭军任榆关方面，王军任朝阳方面，而以冯军任赤鲁方面。双方备战，可称势均力敌。

当时双方战略：直方对榆关取攻势，热河方面则取守势，而奉军则反是。开战未几，奉军进占开鲁、朝阳。山海关方面则两军相对作殊死战，极为激烈。九门口一役，直军败绩。其时，吴尚在北京，原拟居此坐镇。及榆关战事危急，乃于九月下旬赴滦州。旋以山海关失守，旅长冯玉荣死之，即亲至前方督战。直军虽屡次猛攻，俱不得利。援军如张治功等开赴前方参战，亦为奉军击退。至吴之十五、廿三、廿四等师，苦战不肯轻退，故损失尤大。计开战一月，双方死者以万计，而鄂、豫、直、京兆各区征调之繁难、拉夫之扰民，与战地之损失、人民之苦痛，尚有不堪言者。（谣传冯氏之“首都革命”暗中得日人之助，不确。见下章附录。）

置之死地

冯氏对于曹、吴之主战，自始即极不赞成，曾面谏曹数次，均无效。又曾亲书一长函与吴，劝其勿因逞意气而以国家人民为牺牲。不料吴将原函退回，于封套上大书“少说话”三大字，冯氏之气闷可想。及战事爆发，吴强委其为第三军总司令，迫令开赴热河。在表面看来，此一路道远地险，防守不易，非劲旅不足应付，委冯氏前去，表面上是极端借重。而其实骨子里，则此正是吴“借刀杀人”之阴谋也。盖此处既无舟车运输之利，大军愈前进愈危险。而吴于军饷、粮秣、子弹、服装（塞外御寒，皮衣尤要）之供给，一无所备。冯氏屡次请发经费，均无所得。吴且批示“就地征取，战后偿还”等空洞语。一次，亲往面见吴，言筹军费事，吴答以：“我要为您开一银行吗？我们都是要就地征取的。”其时，秋尽冬来，塞外天气已是严冻之候，冯军全部冬衣未备（奉军则每人皆穿数寸厚的老羊皮军服），又无子弹补充，驱此无食无衣之大军以赴荒漠奇冷之区域，何异送死？但此正是吴之深意——能胜奉军固佳；不能胜而为奉军消灭亦“正合孤意”。（章著《吴传》下册页五六三载吴佩孚言，冯出发前曾给予十五万元，实无其事。）

不特此也，吴更有毒计准备害冯氏。在出发之前，早已留下锦囊，预嘱孙岳、胡景翼二人暗行监视冯军，谓如其一有越轨行动，即许二人便宜行事，就地解决云云。吴又以巩县兵工厂所制之机关枪五十架拨给胡，嘱曰："您拿这五十挺去打张作霖。打完了，留起来，还有用处。""醉翁之意"固明明在冯军。不知胡、孙与冯氏早结生死之交；此时，三人久已订立"首都革命"之密约，吴氏消灭冯军之用意及露骨的说话，孙、胡俱一五一十地告诉冯氏。三人惟有相视大笑而已。

冯氏既深知吴平日疑忌之心，又洞悉此次欲"置之死地"之意，曾向曹辞军职。经曹极力慰留，不得已勉强为筹备出发。他以劝和不听，辞职又不许，后有压力，前惟死路，如何打出生路？计惟有借此机会实行其"首都革命"之计划而已。故其筹备出发，即是筹备革命军事运动也。

冯氏此次革命之全局布置第一重要点，乃在委派留京主持后方之重要人物。智勇沉毅之蒋鸿遇至足胜任，乃奉命为留守司令，兼兵站总监，办理后方一切事宜。如此，明则全军出发，而暗则留下精兵一营归蒋指挥以作内应。此营只有一连留驻旃檀寺，其余则秘密分驻京外各处，用时始行集合。出发时，由京兆尹刘梦庚代征大车千余辆，又同绥远都统马福祥借用骆驼三千，以资平地及山路之运输。此外，又分派刘治洲、邓萃英、刘之龙、张树声等分任秘密使命，联络各方，或侦察军政情形。

筹划既成熟，冯军即于九月廿一日开始出发。其先后次序：第一，张之江部；第二，宋哲元部；第三，刘郁芬部；第四，冯氏自率李鸣钟部；第五，鹿钟麟部。廿四日开拔完毕，冯氏进驻密云。是时，朝阳已为奉军所占，王怀庆急调米振标全部及中央第四混成旅至凌源御之。至开鲁方面，奉军亦进至赤峰，冯氏派谭庆林驰往，即行恢复。时，张之江部已至承德，探悉奉军谋以别动队袭承德，立行停止东进，而派兵数路迎击。在黑城一带激战一日，奉军败退，即停兵于此。

冯氏督同全军出发，前锋至滦平时，他已到了密云了。从怀柔过张家口时，段祺瑞忽派贾德耀（焜亭，原为冯氏之旧袍泽）送来亲笔函，大意表示不赞成内战，对贿选政府尤希望其有所自处。（按：此函大致与下章所录黄郛函同其语调，且似同时发出，当然未知冯等革命大计。）接着张树声、刘砥泉（大概即刘之龙，字子云，想误记字音）又介绍一位奉张代表马某前来，说张作霖殊不愿与冯氏为敌，只要推翻了曹、吴，他们的目的便已达到，决不再向关内进兵。冯氏当即告以革命大计云：“我已经和北京方面几位将领有所接洽，只要你们的队伍不进关，我们的计划必能顺利进行。”当下，他拿着孙先生的《建国大纲》，说了几条重要的主张，并言：“这是我们中国唯一革命领袖的办法，您以为如何？将来我们事成，拟请中山先生北来主持大计。这一条你们是不是赞成？”马答道：“这完全不成问题。一切悉听你们的主张，我们无有不赞成的。”冯氏又郑重其事，重复申说：“一是请中山先生北来，二是你们队伍不得进关。只此两条就成，别的却不必细说了。希望你快回去转达，切勿食言。现在是怎样商定的，将来就怎样实行。我这儿已经布置妥当，不久即有主和息争的通电发出。”当晚，他们回去。（上见《我的生活》卅章页五〇二）张、冯盟约，至是成立，此无异正式加入倒直阵线，成为粤、奉、皖、冯之“四角同盟”。一直拥护孙中山先生为主持国事之领袖，是则冯氏“首都革命”最初定立之宗旨也。（奉张先拥护孙先生后迎其北上，见上文孙科《八十述略》，与此印证可知确实。）

塞外早寒，而冯军兵尚衣单，叫苦之声遍全军。加以沿途人烟已稀少，大军所过，百姓逃避一空，粮秣难筹。吴曾派一筹粮专员随军令地方官就地征发。冯氏见所得米、面、鸡蛋，皆强取诸穷苦民间者，不忍卒食，谓带兵廿年，未尝妄取人民一草一木；今强夺民食，宁饿不为，乃令军需官照价发给，而军食问题愈为困难，愈进一步则死路愈近一步矣。会吴在榆关数战不利，即电催二、三两军向奉方猛攻，以图牵制。复派王承斌以“督战司令”名义率宪兵两连，乘汽车直抵滦平，借以监视冯氏行动。又派车庆云、陈德修等，为“前敌执法官”赴滦督师。然而王承斌虽属直系，但因吴专横太甚，曾受其压迫，早表不满，而孙岳亦曾向其运动加入同盟，已表同意。王又言吴曾许以战胜后任为“东三省巡阅使”。其后，王与冯晤谈乃知吴亦照样许冯氏以为攻奉之饵。吴之权术戳穿了，彼此相笑（刘著页五二）。即在开战之前，吴明升王为副司令，又予以直隶省长，而实则并其二十三师兵权亦为剥夺，王尤为不怿，是故早已对冯、孙表示同情，班师之举，一切进行，无不默契于心，此时奉吴命到滦平，亦不过敷衍一下而已。但坦白声明，愿守中立，不向吴告密，亦不肯背吴为助（见冯氏《自述》）。此则“士各有志”，不能相强者。然即此态度，已于“首都革命”之役有消极的贡献矣。

十三年十月二十三日

时，冯氏已由古北口到热河之滦平，距承德不远。其饥寒交迫之大军，陷于前后受压迫之死亡谷中，真是困难万分，危险万分，军心愤激，达至极点，可称为“哀兵”。冯氏知士气可用，即召集张之江、李鸣钟、刘骥、鹿钟麟、宋哲元等全体高级军官，以及各处的代表（如胡景翼、孙岳的，甚至兼有奉张留下的，见《我的生活》页五〇三），开决战大会议。他宣布本军所处之艰难地位与危险情势，及吴佩孚借此同时消灭奉军与本军之毒计。继而发问：“以十余年之精神能力，建成为救国救民之军队（即指本军），今肯为吴一人及曹之腐败政府作牺牲吗？这是你们生死关头的大问题。”他们决议，如此死法，死得不值；务要从九死中打出一条生路，于是乎班师回京之议，全体一致决定。“首都革命”之举，本由冯氏个人主动及策划，秘密运动已久，惟部下军官，向来服从命令，至是时始由全体议决，一致行动焉。此十三年十月十九日事也。（前派往联络段氏之代表刘之龙适于是日回到冯处，见冯氏《日记》。据《我的生活》，此会议已先决，全部革命军为“国民军”，以示拥护“三民主义”

及欢迎孙中山先生北上，并与“国民党”一致，见页五〇三。）

是时，胡景翼所部开抵通县待命。吴令其由喜峰口进军热河，援应王怀庆军。冯氏命刘治洲与胡筹商缓进以观变，胡深然之，并派部将邓瑜（宝珊）赴滦平谒冯氏，故十九日之会议邓亦列席。会毕，邓即电告胡准备一致行动。在北京方面，吴既赴前方，冯氏先曾向曹锟保荐孙岳任北京“警备副司令”，由其干部徐永昌步兵一团驻守各城门。后来，孙向冯氏取笑道：“您特意把我弄来给您开城门，是不是？”彼此相视而笑，莫逆于心。至于天津段祺瑞方面，冯亦派刘之龙接洽妥当，故晋阎、鲁郑均无问题。海军杜锡珪虽属直系人物，亦厌恶吴氏之行为，经邓萃英（芝园，闽人，与杜同乡）之接洽，也加入运动。至于奉天方面，则自十九日全军决定班师后，冯即派张树声步行赴奉联络，相约停战救国。时，奉方亦派员密来通款，望热河方面军事行动，双方缓进。冯氏以适符班师计划，即许之。此各方联络之情形也。（按：滦平距奉天甚远。张大约步行至承德转乘汽车前往。）

根据薛著《冯传》之考证，冯氏班师回京之举，并不是吴倒台之主因。虽其有重大的影响，而吴在榆关大败之根本因素，乃在冯军与奉军在热河停战，致迫令吴派三师兵力西向。这三师未到达战地时，北京变局已发生了，于是要迫降于奉军。而且热河西路奉军李景林，一知冯军不战，即遣大部军力东趋榆关。直军削弱而奉军增强，不俟冯军之“倒戈”相向已一败涂地矣。这是奉直之战最后一仗奉方大胜之决定性的主因。最后，北京之变局消息对于前线吴军发生最恶的影响（见页一三五之三五附注）。这是很客观的和很确凿的分析。

至冯军内部筹备情形，尚有可记者。在出发前，冯密令蒋鸿遇派员往河南招新兵万人，陆续运京，即编成三个补充旅，以孙良诚、张维玺、蒋鸿遇任旅长，分驻南北苑，故班师时，在京兵力亦甚雄厚。至十月初旬，冯召蒋鸿遇至密云军次，告以班师回京倡导和平之意志。蒋答以宜慎重其事，谓吴尚有第三师两部驻丰台、长辛店两地，若欲避免近畿战事，必俟该部全开前方乃可收事半功倍之效。冯氏遂令其回京积极进行筹备，秘密进行，如积屯粮秣、尽驱运输骆驼于安定门外、计赚安定门城门防务、密查城内外之电报电话线路、绘制详图以备临时需用等军事布置均极周密妥当。而蒋从容镇静，且每日到军事处照常办公，一如平时。

十九日——正冯氏与高级军官等议决班师之日——北京军事处接到前方紧急战报，当将第三师全部开赴前线。（据刘著页五二，吴留张福来之三部于北京一带以防冯军，因前方紧急，乃尽调前方。由刘汝明化装亲到丰台调查，回报蒋鸿遇。）蒋鸿遇立以密电告之冯氏。乃于廿一日下令班师。令最后队伍鹿钟麟部兼程回京主持一切，会同张维玺、孙良诚两旅先抵北苑，再与蒋鸿遇旅会合入城。又令李鸣钟旅直趋长辛店，截断京汉、京奉两路之交通。时，胡景翼停兵喜峰口等处，冯氏电约其同时南旋，占据滦州、军粮城一带，以截断京汉线直军之联络，并防止吴率兵西向。已抵承德之张之江、宋哲元等旅，亦令其即日回师。热河都统米振标处，经派员联络成功，愿取一致行动。调度既毕，冯氏自己亲率刘郁芬部直指北京。冯氏前于出发时，故迟迟其行，沿途令军士修筑汽车路，并预备汽车多辆。故去时行期一月，及其回师也，仅四日耳。

在北京方面，先于二十日晚间蒋已接冯氏动员班师之电，即下令司令部留守人员，非有命令一概不许外出，以防泄露消息，二十一日，蒋仍到军事处照常办公，且请曹锟发给南、北苑新兵枪支。廿二日清晨，蒋预派张俊声率兵一营，准备断绝城内交通，并预备大车、麻袋等物堵塞总统府前，为万一巷战之准备。又分派便衣队破坏京奉、京汉铁路交通。部署既定，蒋于下午至北苑整顿所部第三旅，而鹿、孙、张亦于是晚赶至。会商既毕，三人即于是晚八时开始由北苑出发，夜十二时抵安定门。事前，由孙岳部徐永昌手接收各城门防务。布置既妥，于是衔枚直入，鸡犬不惊。城门预伏之兵，同时并起，照预颁命令行事。

大军入城后，鹿部在总统府四周警戒，并禁止行人通过各大道。蒋部在前门外，孙良诚在北城，张维玺在南城，分任警戒。同时，总统府卫队及曹士杰部，皆解除武装，给饷遣散。最痛快者，则万恶之李彦青于是夜被捕。王克敏原亦为冯氏所必要逮捕者，但被其遁去。其余罪魁多人，亦多逃匿。大军进京，全城人民毫无知觉，即曹锟与政府要人均在梦中，尽被软禁于北海团城。二十三日清晨，全城人民起来，忽见臂缠红布圆白章上书“不扰民真爱民誓死救国”之冯军，遍布通衢要道，口唱“基督雄师进前”调之军歌，及得读遍贴全城之冯氏班师主和之布告，然后知“老冯”回来了。（按：布告全文见李著《国民军史稿》页一四——一五。余当时在京亲见以上情状。上述臂章字样系原文，见《自传》第八章之五。他书有以“誓死救国”四字在前者误。）

“国民军”之组织及通电

冯氏本人于廿四日抵北苑，胡景翼、孙岳二人旋亦来会。即日，三人与各高级人员，如王芝祥、刘骥、张之江、李鸣钟、鹿钟麟、张璧、何遂等开会议（见李著页一一六），全体决议，正式组织“国民军联军”，公推冯氏任总司令兼第一军军长，胡、孙分任副司令兼二、三军军长。总司令部设于小旃檀寺。（章著《吴传》下册页五六八谓此次会议组织“国民军”推段祺瑞为元帅，绝无其事。刘汝明亦误记。）

军事组织既完成，即由冯氏领衔与胡、孙、米（振标）及全军师、旅长等具名发出倡导和平、救民救国与组织“国民军”之通电，致全国南北军政领袖。全文录后：

国家建军原为御侮。自相残杀，中外同羞。不幸吾国自民九以还，无名之师屡起。抗争愈烈，元气愈伤。执政者苟稍有天良，宜如何促进和平，与民休息？乃者，东南衅起，延及东北。动全国之兵，枯万民之骨，究之因何而战？为谁而战？主其事者，恐亦无从作答。本年水旱各灾，饥荒遍地，正救死之不暇，竟耀武于域中。吾民何辜，罹此荼毒？天灾人祸，并作一时。玉祥等午夜彷徨，欲哭无泪。受良心之驱使，为休战之主张。爰于十月二十三日，决意回兵，并联合所属各军，另组“中华民国国民军”，誓将为国为民效用。如有弄兵而祸国，好战而殃民者，本军为缩短战期起见，亦不恤执戈以相周旋。现在全军已悉抵京。首善之区，各友邦使节所在，地方秩序，最为重要，自当负责维持。而一切政治善后问题，应请全国贤达，急起直追，商补救之方，开更新之局。所谓“多难兴邦”，或即在是。临电翘企，伫候教言。冯玉祥、胡景翼、孙岳、米振标、岳维峻、田玉洁、邓宝珊、李纪才、李云龙、冯震东、曹世英、张之江、李鸣钟、宋哲元、刘郁芬、鹿钟麟、蒋鸿遇、孙连仲同叩漾（廿三）印。（上文录自《自传》，前衔作“各报馆鉴”。文末各人衔略。）

考此电文之原稿系出黄郛手笔。冯、黄二人的密切关系如何，我一向不大了了。至最近得读黄郛夫人之《亦云回忆》，始得明了其兰因絮果。兹概括略述之。初，黄在贿选总统曹锟之内阁任教育总长。其人格操守、学识才能，最为冯氏所敬重。因请其每两星期到南苑“陆军检阅使”署对自己及营长以上官佐讲演一次。黄亦对冯氏特别认为是“北方工作的唯一同志”，期为“他日方面之才”，故每次必依时到讲，虽病不辞，由是互相结合，交情日深，渐谈及革命大计（见上文）。据刘汝明述：“一天黄先生和冯氏说：‘焕章兄，您参加过辛亥滦州起义，是革命的前驱者。现在国事危急，当国者懵懵不醒，如非彻底改造，难期挽救。您应该继续努力，以竟辛亥未竟之功。’”（见《回忆录》页四八）这番动人的话对于冯氏当然发生决定性的影响。

至秋间，冯、胡、孙联盟举义后，奉直战事开始时，冯氏“首都革命”之举已智珠在握。乃特别邀黄到私宅密谈。谈到深处，渐渐具体，拟以一支精兵倡议和平，在北京完成辛亥（革命）未竟之功。冯氏又告以与胡、孙两军合作之事。大概此时冯氏心中已认定黄氏为将来“首都革命”后，可以在政治方面交其负责之人了。

在奉直开战时，颜惠庆新内阁成立，黄复被邀续任教育总长，则坚辞。经冯氏力劝，始就职。盖其深谋远虑，黄“在内阁消息灵通，通电讯亦较便”故也。换言之，此即冯氏“首都革命”中下了一棋子，借重其为政治内应及最高密探。故于出发热河之前，留下一本“成密”电码与黄，并指定其僚幕一人（似是刘之龙）为双方联络、互相通讯之中间人。故冯氏于北京政治及直方军事行动，得以详悉无遗，进行顺利。

冯氏于出发前一天曾造访内阁总理颜惠庆，原想把即要实现的计划与他谈谈，有意邀他加入阵线。但颜是一个职业外交家，辞令狡猾叵测，态度模棱两可，谈了两句钟，他说话总是无关痛痒，不着边际。冯氏不得要领，怏怏而去。本欲并访王正廷的，但恐他也答以外交辞令，所以索性连他也不去见（上见冯著《我的生活》页五〇〇）。结果：京中政要只有黄郛一人与其有坚定的、具体的联系。

十月十九日，冯军既在滦平决定起义，全军班师，预计廿三日，前锋可到达。乃密约黄氏先一日到密云县高丽营相晤，会商大计。廿二日，黄上午仍照常到教育部办公。午后，托词乘汽车出门，转坐他车，秘密急向北驶。中途车机损坏，屡次修理，耽误不少时间，直至半夜始到高丽营，时已绝食十小时矣。（此据《亦云回忆》，当可信，但冯氏《自述》作廿一日夜间来，想错记，或我笔误。）

冯氏闻其已至，由行军暂住之帐篷倒屣出迎。既告以班师计划，顺利进行，即示以所预拟之文告通电。黄“看后，表示异议。原稿仅将内战罪名加在吴佩孚一人身上，对曹锟仍称总统”。即率直进言：“国民军倘不过为清君侧，未免小题大做了。”冯氏然之，请另拟电稿，但帐中无桌椅，乃步趋附近民居，连夜就在炕上属草三军通电，经冯氏亲为修正乃成定稿（原稿影印载《亦云回忆》页一九二—一九五，与上文所录仅数字有异）。据冯氏《自述》，是时，已与黄“共商政府过渡时期的办法，规定摄政内阁”（见《生活》页五〇四），次日，黄随军回京。在归家途中，先往王正廷家邀其参加摄阁（见《亦云回忆》页一九六），则冯氏述辞可信。

上言十九日之班师布告，系仍以“陆军检阅使”名义发出，内容专数吴佩孚之罪状有曰：“穷兵黩武，迄无已时（此指民九内战）。自是……凭战胜之余威，挟元首以自重，揽国柄于掌握，视疆吏如仆从。……而野心勃勃，方兴未艾。兴无名之师，为孤注之掷。倾全国之兵，无一饷之备。飞刍挽粟，责诸将死之灾黎。陷阵冲锋，迫我绝粮之饥卒。……（上指此次战役）本使为国除暴，不避艰危。业经电请大总统，明令惩儆，以谢国人；停战言和，用苏民困。起国内之贤豪，商军国之大计，和平解决，指日可待。……用特下令班师，仍驻原防”云云。全篇命意措辞确专为声讨吴佩孚一人而发，仍居原职，班师回防。在当时地位只在本军立场而发言，尚可称得体。此或即黄氏初见之稿，早已准备由前锋发出者，故以为只是“清君侧”之举，仍奉曹锟为大总统，然确未提出革命之伟大宗旨。而此漾（廿三日）电则由从新组织之革命的“国民军”将领联合发出，申明“首都革命”主旨，推翻腐化旧政府，建立革命新政权，所谓“应请全国贤达，急起直追，商补救之方，开更新之局”者是。此实为是役“首都革命”重要文献也。（上述廿四日会议，李著未列黄郛之名，《亦云回忆》亦未提及，或即日由北苑归家部署一切未定。）

《建国大纲》

同日，冯氏等又发出革除腐化政治、建设新政府之《建国大纲》通电，将北洋政府之黑暗，全国大乱之真相，完全揭露无遗，痛快淋漓，人心为之一振。略云：

> 民国以还，十有三年。干戈扰攘，迄无已时。害国殃民，莫知所届。推源祸始，不在法文之未备，而在道德之沦亡。大位可窃，名器可滥。贿赂公行，毫无顾忌。籍法要挟，树党自肥。天良丧尽，纲纪荡然。以故革命而乱，复辟而乱，护国护法而乱，制宪亦乱。自治不修，外患迭至，其乱至大。邪说横行，风俗败坏，其乱至微。文明古邦，几夷为禽兽。弱肉强食，犹其余痛。生机既绝，补救维艰。除旧更新，计惟改革。祥等……拟为《建国大纲》五条于后……（一）打破雇佣式体制，建设廉洁政府；（二）用人以贤能为准，取天下之公材治天下之公务；（三）对内实行亲民政治，凡百施设，务求民隐；（四）对外讲信修睦，以人道主义为根基，扫除一切攘夺欺诈行为；（五）信赏必罚，财政公开。（上文见冯氏《自传》）

这几条大纲，不独切中当时政府之弊病，而且适中全国政府之积弊。不图民国十多年来在腐败至极之政府、污秽至极之政治下，竟然晴天霹雳一声，有此表示，不可谓非“差强人意”者。以后多年，冯氏对于政治之主张仍恪守这大纲。两电既发，京内外舆论及各省军民长官，除吴派外，均一致表示赞成焉。（按：本章资料，除随时指出来源外，有冯氏自述辞，是即《逸经》第十六期《国民军首都革命纪实》一篇。此系冯氏于民廿五年十月初在南京亲为余口述而由余笔记写成，后经其审核方付发表，以作十三、十、二三“首都革命”之纪念者。署名“璧树”，所谓“璧”即“大”big之义，故“大树将军”即指冯氏也。）

近读昔曾任职于冯氏“西北边防督办”署之雷啸岑君（即“马五先生”）评论冯氏有言曰：“在现代军人之中，真是由衷地爱护人民和国家，且有事实表现的，我认为只有冯氏一人而已。他所部的士兵们，都在臂间缠有‘不扰民’‘真爱民’的标志（见本篇上文），而且确实做到，决无虚矫。”此大足以表彰冯氏“首都革命”之殊功。不过，雷君所继续推论者：“他的个性诡谲沉鸷，殊不可测，而支配欲极强，不甘居人下。他信奉基督教，假使真有上帝要对他的行为加管束的话，我相信他亦要革上帝的命呢！”（上见香港《大人》月刊第廿三期《政海人物面面观》页四三。此外雷君又评论冯氏“矫枉过正，终成诈伪”。本书上文已认为冯氏矫情则有之，诈伪却未必。）冯氏个性特强，正义感最盛，时怀“抱打不平”之心，自幼已然，屡见本书初数章，此无可讳言者。至谓其要“革上帝的命”，则窃以为未免鳃鳃过虑。事实上，他末年在美（在乘轮赴俄死于黑海之前）还去教会守礼拜、拜上帝、宗基督如常（见左派所刊行之“冯玉祥将军纪念册”页一〇八）。

〔补注〕第五章内“讨袁之役”冯军在四川攻下叙府之役，语焉未详。考是役功首实为一青年军官郑继成（绍先）。其继父郑金声原系冯氏在滦州之旧袍泽，至为相得。民国元年，冯氏在北京初升团长时，继成奉父命投效。先为传令兵，冯待如子侄，加意栽培及训练，以勇敢机警屡得升级。叙府开战之前夕，继成独自携短枪二，只身混入滇军阵地。时，前有战壕，滇军于壕外扎营两处。继成突然跃入壕中枪杀数人，余众惊逃。乃拾死者长枪，分向滇军两营射击。滇兵于黑夜不知虚实，以为敌军暗袭，群起还枪，两营互相射击，死伤无数。继成乃从容回己军。天明，冯旅大举进攻，获全胜，滇军乃退出叙州，卒如冯、蔡原议，诚意合作。继成后于廿二年枪杀国贼张宗昌于济南以报杀父之仇。被系囹圄后蒙国府特赦。以上为郑继成亲向著者口述者，载《逸经》第七期拙著郑传，并载其自述杀张之经过。以其于是役奇功不可没，因补述如上。

第十章 『首都革命』——成功欤？失败欤？

（四三岁至四四岁，一九二四—一九二五）

摄政内阁

军事新组织既完成，次日（十月廿五），冯氏又在北苑领众开会讨论政治改组，使“首都革命”宗旨得成功。一致决议推翻贿选总统曹锟，而成立“摄政内阁”，行使大总统职权。

至是，曹锟不得已下令停战言和，并免吴佩孚职，调充“青海屯垦使”。冯氏为根本解决政务纠纷计，再于廿八日通电提倡“和平统一会议”，征求全国意见（原文见《自传》及李著页一一七——一一八，略）。十一月一日，曹锟见兵败涂地，不能恋栈，宣布退职。冯迁之于延庆楼，仍厚待之，以存私交。惟恐其逃出生事，又以其有贿选之罪，应候国人处置，乃派兵监视之。冯氏之倒吴囚曹，固属革命之举，而破尽私交，致贻“倒戈”之诮，实极不得已之举。起义之前，曾痛哭两日，亦可见其心之苦矣。未几，被拘捕之李彦青伏死刑，人心大快。

曹锟既去总统职而成为待罪之囚，中枢无主，依法据理，应由内阁摄行大总统职权。总理颜惠庆坚不肯继续执政。虽经冯、黄二氏屡次力劝，不应。其他阁员大多数亦随去，只余海军部李鼎新及教育部黄郛二人。黄先表示不干，李初允留，后亦反悔。于是，黄不能不担负责任（见《亦云回忆》页二〇二）。冯氏等乃根据廿五日之决议，于十一月二日组织“摄政内阁”。此新政权之成立，确有法理根据，诚为合法的组织。事前由大总统曹锟发出“退位及摄阁等命令”。俟其实行退职后，黄方就职。（见当时法制专家张耀曾自述，各命令及摄阁法制，均由其起草，载《亦云回忆》页二〇三）。所以中枢政权，时间与法统，一贯不断。何况实际上系由革命运动产生，自然合法合理的。

“摄政内阁”成立，摄行大总统职权，由黄郛任国务总理兼交通总长，王正廷为外交总长兼财政总长，杜锡珪为海军总长，李书城为陆军总长，易培基为教育总长，张耀曾为司法总长，王永江为内务总长（由前颜内阁原任次长薛笃弼代理），王乃斌为农商总长（由次长刘治洲代理），李烈钧为参谋总长（未在京就职，旋由南来，则未到时摄阁已辞职）。新阁员皆上乘之才，蓬勃有朝气，自是一时之选。所可注意者，是时，冯氏虽军权在握，惟于组阁进行，不作干政之举，一任黄自决，未曾荐举一人，即其亲信之薛笃弼原由颜内阁留任次长，亦不许其真除，以避操纵把持之嫌（见《亦云回忆》页二〇三）。（按：二、三两军亦未保荐阁员。）

“摄政内阁”成立后之重大政务，有如罢免豫督张福来，而以胡景翼“办理河南军务收束事宜”；同时，以孙岳继“河南省长”李清臣之任；兼以李景林为“直隶省长”；鹿钟麟为“京畿警卫司令”；张璧为“警察总监”。此外，则裁去“北京步兵统领衙门”及“京师宪兵司令部”两机关，又取消京内各种苛捐，为人民解除不少痛苦。复严令禁绝鸦片，整肃官箴——如禁赌博冶游等恶嗜好。在那黑暗重重的北洋政治中，真一线曙光也。

完成辛亥革命未竟之功

此次“首都革命”在中国，尤其民国史上最伟大之成功，厥维完成辛亥革命——即根本推翻帝制，驱逐溥仪出宫，另订优待清室条件。缘辛亥革命之结果，虽有清帝之逊位及民国之创立，然而帝号不废，旧宫无改，民国国旗不悬于清宫，辫子、年号、朝仪、翎顶、封爵、赐谥等清朝制度遗迹依然存在。后更有复辟之祸，而保皇、复辟之谣，时时传遍海内。加以废帝溥仪每岁享受民国四百万两之优待，尤为耗费。况且竟有堂堂民国总统之尊，而屈膝称臣于废帝者（如徐世昌）。无论如何，民国之内仍有帝国皇帝，宁非怪事！是故辛亥革命，名为成功而实未成全功也。冯氏本着彻底的革命精神，自始即表不满，于民元已主张取消优待清室条件，而当道不纳。及讨张勋后，又条陈四项以绝祸根而维国体，而段竟不许（统见上文）。前此参加讨奉之役，亦以奉张有复辟之嫌疑。（《亦云回忆》页二〇〇刊出影印"宣统十二年四月初一日"，"张作霖进贡单"一张，系越几日在故宫检出者，居然背叛民国而用已废多年之清朝正朔！）是故冯氏认为帝制派与共和派之争战，乃决行参加。此时，既班师回京，"首都革命"成功，京畿在"国民军"及"摄政内阁"势力之下，辛亥革命未竟之志，正好乘机如愿以偿矣。加以国民党及朝野上下一般革命者之极力提倡，冯氏遂毅然提交"摄政内阁"依法进行，俾得实现。（按：此非"摄政内阁"自动提出者。）

十一月四日，国务会议开会商讨，一致通过修改清室优待条件五条，系由司法总长张耀曾起草，经黄等讨论修正。（原稿影印见《亦云回忆》页二〇六）随即令"京畿警卫司令"鹿钟麟及"警察总监"张璧，负责执行入清宫责令废帝溥仪交出玉玺，即日出宫。新的优待条件全文如下：

一、大清宣统皇帝，即日永远废除皇帝尊号，享有中华民国国民法律上之权利及义务。

二、本条件修正后，民国政府每年支出五十万元，设立北京贫民工场，收容满旗贫民。

三、清室即日移出紫禁城，自由选择住所，民国政府负责保护。

四、清室社稷之祭祀等项，民国政府设法处理之。

五、清室私产，仍归私有，一切公产，民国政府没收之。（上见李著页一二四）

翌晨（五日），鹿、张会同国民代表李煜瀛（石曾）同往，仅带卫兵极少数人随行。（据溥仪自传《我的前半生》仅廿人。）至则直入内宫，沿路将各门站岗卫兵逐一缴械。既见溥仪及内务府总管绍英，即与交涉，并示以新订优待条件。谈次，鹿问曰："你到底愿意做平民，抑愿意做皇帝？若愿意做平民，我们有对待平民的办法。若要做皇帝，则我们也有对待皇帝的手段！"溥仪忙答"愿做平民"云云。鹿乃令其交出玉玺，立刻迁出。溥仪犹豫不决，绍英尤斤斤置辩。阅时颇久，鹿因宫内有警卫三千，恐耽搁时间，变生肘腋，而自己武力不足，反会吃眼前亏，顿然心生一计。叫自己的副官前来，示以时表，发令说："时间快到了，吩咐外边暂勿动手，这里还有话说。"副官一声"得令"，跑步出去。溥仪与绍英信以为果有重兵包围，不能逃躲。在震慑之下，当堂屈服，即偕妻妾携带个人衣物，随同出宫。由鹿用汽车送到其生父醇亲王载沣私邸，任务乃完成。至瑜、瑾两太妃则容其收拾私物，十一月廿一日迁出。（以上纪事系根据鹿氏前在南京家中对余口述经过。余撰有《鹿钟麟逼宫记》，详记其事，拟与冯氏"壁树"自述篇一同发表于《逸经》。原稿交鹿亲阅，因其表示不欲张扬其事，乃罢。以上系个人记忆所及之大概，并参考冯氏《自传》及《我的生活》。但据溥仪自述，出宫时始初见鹿及与其谈话，并志此备考。）废帝出宫后，冯氏尚派"国民军"监视之于私邸，以防其逃出为保皇党利用以贻后患。及段祺瑞执政，则尽撤守卫，溥仪遂得逃匿天津。于是，日后再有"康德皇帝"出现于"满洲国"。

至于所有清宫物品珍宝，则由李煜瀛、易培基、庄蕴宽、吴敬恒等会同绍英、近支王公等一一点收，组织“清宫保管委员会”，划分公私品；公者由国民政府组织特别机构保管，私者则归还溥仪。事后复由国务院修正优待条件以资遵守。从前每岁优待巨款，移作旗民救济之用，而帝号自此废除。“辛亥革命”于是完成大功。而冯氏“首都革命”一大伟举更有意义，盖不独推翻贿选政府及直系军阀，而且彻底肃清帝孽，以奠定民国也。

此次“首都革命”之役，全国人民凡爱民国而反清、反帝制者无不称快，真是薄海腾欢。不过，北京向以“奴气深重”著，冯氏班师主和已被不少人骂其倒戈背主。今又驱除废帝，一般反对民国之满族旗人、亡清遗臣及复辟余孽等，更大骂“首都革命”领导者、参与者以及摄阁诸人。外人亦有不少同情于清室者。英国公使竟向外长王正廷请保全溥仪生命。王以讽刺语答曰“贵国昔时克林威尔之革命则杀暴君，敝国待遇废帝必较优，毋庸过虑”云云。该使乃语塞而退。

尤可咄咄称怪者则称为三造共和、蛰居天津之段祺瑞，忘记自己曾久任民国国务总理之高位，“听到此事，气得将身边痰盂一脚踢翻，大骂摄阁不解事，将公开反对”（见《亦云回忆》页二〇五）。旋于六日去电冯氏质问。翌日，冯氏复电有云：“清室为帝制余孽，复辟之祸，贻羞中外，张勋未伏国法，废帝仍保旧号，均为民国之耻。留此余孽，于清室为无益，于民国为不祥。此次移入私邸，废去无用之帝号，除却和平之障碍，人人视为当然，除清室少数人仍以帝号为尊荣者外，莫不欢欣鼓舞，谓尊重民国，正所以保全清室也。”又言：“此次回京，自愧未能作一事，正惟驱逐溥仪乃真可以告天下后世而无愧耳。”寥寥数语，大义申明。

当时清议有谓冯氏“首都革命”之举及摄阁政治生命，只此一端，已足以自解，而为民国立不朽之功矣。吴稚晖（敬恒）当时即持此论。举国内外，其他素有民族精神、拥护人权之思想领导者，自然同此论调，称许不置。例如：章炳麟（太炎）致函摄阁黄氏等有云："知清酋出宫，夷为平庶，此诸君第一功也。优待条件（此指旧订的）本嫌宽大。此以项城（袁世凯）素立其朝，不恤违反大义致之。六年，溥仪妄行复辟，则优待条件自消。彼在五族共和之中，而强行篡逆。坐以内乱，自有常刑。今诸君不但令出宫，贷其余命，仍似过宽，而要不失为优待。（以下叙陈清室强夺人民庄田以赐勋戚，应将强占人民者还诸人民，从略）愿诸君勿恤遗臣訾言，而亏国家大义。"

又有彭程万（凌霄）致函黄氏云："摄阁成立，公膺总揆，成十三年改革未竟之功，建中枢和平统一之业。丰功伟烈，举国腾欢。国人苦兵乱久矣，公乃罢兵息民，首革武力万能之命（此指吴佩孚）。废帝隐患深矣，公乃废为庶民，永免复辟再生之患。此两大事业，功在国家，名垂后世。"（以上两函统见《亦云回忆》。章函影印见页二〇七—二〇八，彭函载页二〇五。）

以上所录言论，允称为忠于民国的国民之公允论断，则"首都革命"之为功为罪，亦可断定矣。

清宫盗宝案种种

由"首都革命"功罪案附带产生者，则为传说冯、鹿等盗窃或劫夺故宫宝物案。因为冯氏生前，尤其在"首都革命"后，树敌太多，不特满洲旗人、逊清遗臣、帝制余孽等恨之刺骨，即北洋皖、奉、直诸系军阀政客及其党羽，皆成为仇雠，怨尤丛集，故对其发出种种谣言，谓其逐出废帝后即大量劫夺宫中宝物。北方一带民间口传之外，甚有见诸诗文者。最显著之例证，如吴佩孚秘书长，有"江东才子"之称的杨云史于《榆关纪痛诗》云："再见金牌恨，中原尽失声；万军当劲敌，大盗劫神京。"其序文则曰："……意尤在夺皇宫宝物，命张璧、鹿钟麟（未提李煜瀛）勒兵入宫，露刃逐清帝后妃下殿，而籍其宫里财宝。于是元明以来，三朝御府珍储，十代帝后珠玉宝器，以至三代鼎彝图书，九洲百国方物，天府琅环，宇宙韫闳，希世之物，至是尽载而出。荷戈断行人于道路，六日夜不绝……”（见章著《吴佩孚传》下册页五七九）又有段祺瑞属下亲信曹汝霖的《一生之回忆》叙述大略如上录章著，但加插鹿、张二人就在宫中与溥仪谈判中“乘间偷窃”；张劫走一对钧窑花盆，鹿将军帽覆扣一翡翠瓜，由随弁连帽带瓜，一齐带走。不过曹究不是文人，不能如杨之曲笔，最后老实地说：“余虽未目睹，然人言凿凿，决非虚构。”而桀犬吠尧，以耳闻人言作武断之小说式的说法一也。反证的事实具在，岂能入信？

事后未几，北方古董商即有号称冯、鹿盗出之故宫宝物出卖。直至上次余再渡美时（一九六四年），在三藩市“唐人街”中国商店，犹得闻冯卖出古董至美之说。皆古董商人借以提高所欲发卖品之价值者，殊不能置信。而于冯、鹿等则厚诬矣。

对于故宫盗宝之谣，冯氏自有“言之成理”的辩辞曰：

> 所有宫中的财物都由吴稚晖、庄永（蕴宽）、李石曾等名流组织一“保管委员会”接收之。事后有人造谣，说冯某攫取了多少故宫宝物云云。对于这种无稽的谰言，我都无庸置辩。我想李、吴等诸位先生，都是正直名流；如真有人攫取了财宝，他们岂肯接受保管古物之责，平白分受别人的骂名？（见《我的生活》卅一章页五一〇）

忆鹿钟麟当年为我细述此役经过时，恺切陈言，自是之后，他终身不敢购置、陈设或私藏一件字画或古物，以避嫌疑云。又有冯氏旧部骁将刘汝明在台湾发表《回忆录》有云：“说到‘盗宝’，当时进宫的是鹿瑞伯（钟麟）、张璧、李石曾（煜瀛）诸先生，另外还有军警多人。众目睽睽之下这宝如何盗法？溥仪一出宫，‘摄政内阁’即明定成立了‘善后委员会’来管理故宫财产，划分公私，分别保管。‘善后委员会’后来演变为‘故宫管理委员会’。这些国宝遂得琳琳琅琅的陈列出来，直到今天还可以供国人参观。”（见页五六）即美教授薛立敦之《冯传》亦言，曾访问冯部旧属多人，均一致否认冯氏曾有盗宝之事（页三三六注一一八）。当时，我在北京，确知自鹿等完成了驱逐清室出宫任务离去之后，除即派队在宫外守卫以代替已被解散之原有的清宫警卫军外，从未有“国民军”高、中、下级将领再踏入故宫一步者。宫中一应宝物财产，均由社会贤达名流组成之“委员会”保管及清理，由名教授主持，会同清近支宗室共同监视点交，协同清理公产私物（见十三年十一月八日摄阁命令）。未几月，“国民军”全都撤退西北，何从得有机会与时间，尤其如谣传车载斗量，搬运数日的大量劫夺耶?

冯氏如有显著的盗宝行为，纵能瞒过部下部分人员，奚能瞒过全军，尤其最亲近、最信任的人员？我在台湾曾询问一名曾任冯氏最亲信最接近多年的随从人员。他否认其事，只以谣言一笑置之。至于后来背叛冯氏之最高级将领，也没有一言证明其事。即以冯氏夫妇下半生生活观之，其勤俭朴素，数十年无改，从未有广置产业，存款中外银行，或个人度其奢侈豪华的生活。其生活程度简直比不上吾粤小康之家。最后，奉国民政府命渡美，初作久居计及为儿女留学计，曾在加州卜技利[①]购了一所小房子，当是由政府所发给的旅费移用的。在全家离美前想已转卖了。如有盗宝卖宝事，生活何至如此?

按：薛著引出毛以亨著《俄蒙回忆录》页二一〇有云，鹿钟麟首对其（毛）言，一九二六年南口之战已用了由故宫宝物所得之款一千四百万元云。薛氏即评曰：“但毛著并非完全可靠的，所以他的话必须以怀疑态度视之。”（页三九六注一一八）关于毛著的评论，薛氏又谓“此书大部

---

① Berkeley，现一般译为伯克利。

资料都是有问题的。……毛有爱讲是非（gossip饶舌空谈，讲人闲话）的倾向，而在有几点是无稽的谣言和逃避的遁辞。最后，他写此书（毛自言）‘是为着帮助对共产党之争斗的’”（薛著页三六七）。查：毛原非冯氏属员。其时方任外蒙古上乌金斯克领事，后曾随冯游俄，固未尝参加“国民军”。其后，我在台湾、香港曾屡见过，他对冯的观感和态度很不好，恐怕是因冯氏接近左派的政治关系。其言冯、鹿盗宝所得，数目过巨（以现在港币计算，当值一万万至一万万五千万以上），非盗卖大量宝物不可，当无可能。其言谁能信之？所以薛氏不假思索，不须考证，即严辞辟斥。再退一步言，假使毛言果确实，则盗卖宝物之款，非入私囊，只为军用而已。但我相信，我个人所亲切认识的鹿氏生平沉默机智，言行谨慎，焉肯对一个与本军无直属亲密关系之小官闲员透露这一宗全军最高级将领以及全国人士也不知之的个人及军中之绝大秘密耶？凭着常识，主持公道，作以上判断，薛者真兼有史识与史德者。又据于一九五七年七月香港《春秋》半月刊第六三期，毛撰《漠北艳异记》（下）有言“故宫的钱，冯玉祥个人绝未沾光”，前后矛盾，参考他证，其前言自不足信。

又按：最近日本文友矢原愉安（即《张勋复辟始末》著者）过访，曾举此问题互相研究。蒙其告以曾读薛观澜（当时在直任“交涉使”）之《回忆录》有云：“首都革命”成功未久，冯氏曾托其代办一外交文件，乃以一套极精美的、极珍贵的清宫瓷器为赠以酬其劳。他问我相信不。我笑答，送礼酬劳，事极平常，但天下没有这样三料的笨贼：（一）盗宝未久即拿出来公开送人；（二）还自行招认是从清宫得来的；（三）清宫值得盗、容易盗之宝多得很，何以偏要盗取这些比较上价值不高，容易破烂，而且不便运出的瓷器呢？而况以当时的短促时期和入宫人物论，谁盗出这些笨东西呢？请君稍加思索，便不难得到正确的答案了。我以为“清宫瓷器”之语断非出自冯氏之口，即那套瓷器，想必在市上买来的景德名产，原非清宫之“珍宝”也。矢原君亦为之首肯。

越月，矢原君再过访，蒙示所著《冯玉祥有没有偷盗清宫宝》篇见示（载香港《明报》月刊一九七〇年秋某期）。全文根据分析心理学——冯氏“是一个怪人”，行为怪异，和他需要巨款来扩军——所以他便下最后的论断：“冯玉祥盗过宝这回事，在没有任何确实可信的否定证据以前，就似乎不但是一件可能的事，而且也是必然的事了。”在学术上，特别在法律上刑事案件中，这是绝不可以用作断定事实，尤其罪案的消极的论据。然而他在上文已自承在这盗宝案中，完全“没有真正客观的物证与人证”，“找不到任何足以使人满意的直接证据”（见页四三）。夫如是，何能只于转闻之外，以“分析心理”种种空泛的推论，来故入人罪？如此猜疑，完全是主观武断，不能定案的。在讨论是案间，我提出六个“甚么”来请他一一答复。（按：这是“新闻学”采访和写作的六大原则Who，Why，Where，When，How，What）一、是甚么人物？二、为甚么原因？三、从甚么地方？四、在甚么时间？五、用甚么方法？六、盗甚么东西？每一项请拿出真凭实据来。矢原君均无以应。别后，夜间，他来电话说，经详细考虑我所提出的六个“甚么”，一一不能答复，承认我的否定是对的，还很客气地多谢我在学术研究上的启迪。言谈间，我还笑对他说：“无人因有大银行失窃巨款，却以我没有不曾盗窃的消极的凭据，便怀疑或断定是我或有可能是我所干的。”彼此一笑置之。（翌日，他飞东京去了，想并带了那六个“甚么”在他行李中。）

然而清宫盗宝，则确有其事。不过，其间的大盗，最先在“首都革命”之前则为废帝溥仪本人，常以赏赐其弟溥杰为名，每次入宫均将珍贵宝物或字画古版书籍交其带出携往天津贮藏。后来陆续卖出，或被伪图复辟以筹备举事为名之遗臣骗去不少（市上出售者或有此类贼赃）。其后，溥仪在自著之《我的前半生》自述盗宝经过，并承认后来“清宫善后委员会”所发现之“赏溥杰单”，种种古籍精品一点不错，都盗运出宫，但笔下却无一字提及冯、鹿盗宝之事。其后，政府于翌年双十节成立“故宫博物院”，开放故宫，任人参观。但又有盗宝重案发生。盗宝者据说是院长易培基监守自盗，以清查为名，大量偷窃，辄以同类赝品换去，后为人告发。水落石出，易弃职潜逃，被政府通缉。查其被盗物品目录厚千余页，数量巨大可知，赃物数十箱，有由陆路火车运出者被截回，由水路运往外国者则流在欧洲市场发售矣。掌故专家朱惠清君（笔名“余子”）曾专撰冯玉祥究竟有未盗宝篇，总述故宫盗宝事（先有《清宫盗宝五花八门》篇），结论云：“根据以上各节，详加参证，所谓冯玉祥盗宝之说，显非事实。且国家迭经巨变，冯亦亡故已久，所有前后盗宝之事，包括溥仪本身在内，初虽隐密，终必穿露。但迄今为止，并无任何与宝物有关之人，提出任何足以证实冯盗宝之凭据。只是流言蜚语，辗转传说，究是何故？盖盗宝者实属别有人在也。而冯氏蒙此大冤，何以乏人为之辩白，或者辩亦不为人信。是殆因冯氏作风特异，目标过大，复在政治军事上结下无数冤仇。语云：‘怨毒之于人甚矣哉！’故冯已变为靶子式的人物。……于此可知甚么样的坏事，都可往他身上一堆……盗宝之事，不过其中之一罢了。”（上见香港《星岛晚报》之《亚洲周刊》一九六九年八月十七日六卷三三、三四、三五期。）推理正确，立言公平，反证凭据充分，足称定论。不图冯氏“首都革命”后四十余年，死后廿余年，于天涯海角之香港乃有此“洗冤录”刊出，亦可含笑瞑目矣夫！

占领天津

今回述“首都革命”成功后，杨村至天津一带之小战。先是，自停战令下，直军皆无斗志。奉军乘机猛攻，直军节节败溃。秦皇岛、昌黎、滦州、芦台、塘沽等地，相继为奉军占领。吴闻冯氏班师回京则大恚，立率残军约两旅之众，集中七里河、杨村、北仓、军粮城之间，以图反攻北京，并向苏督齐燮元、鄂督萧耀南，乞师来援。冯虽知吴已无能为力，惟虑其死灰复燃，贻患将来，不得不速予解决。遂命张之江为司令，率刘郁芬、李虎臣两旅，在廊房、落垡一带御之。冯、胡、孙三人于十月卅日通电讨吴，同时下令进攻。

杨村、落垡，为此次小战场。张之江司令之第七旅任铁路正面，李旅任右翼，刘旅任总预备队。吴残部有潘鸿钧等约两旅之众，及由榆关退下之残部。当时，地势过低，河水泛滥。吴军由沟垒抵抗，作战不易。冯复派刘郁芬、蒋鸿遇二旅，行大迂回以拊吴军之背，又抽调李鸣钟旅之一部，协助张旅攻其正面，另派石友三旅、谷良友部李虎臣，正面右翼俱作佯攻。刘、蒋之军则于十一月一日极力攻杨村右方。以吴军有备，且援军增加，相持不下。时适一军之李纪才旅开抵河西坞。刘、李告以吴已回津，请速南行夹攻之。次日黎明，李部全至参战，进攻杨村后方，即截断铁路。吴军仅得一列车冲回，余悉为“国民军”截获，缴械无数，并俘其旅长潘鸿钧（后被释）。自是，乘胜追击。三日，克北仓。吴见大势已去，遂率卫队由大沽口乘船逃去。天津乃为“国民军”占领。其时，驻保定之曹世杰部约有一团开驻高碑店，希图北上，亦由孙岳派兵迎击，孙良诚部为助，卒将其缴械。由是京汉北段肃清，战事乃告一段落。

拥段与迎孙

段祺瑞之出任临时执政，实致令这回“首都革命”不能竟其全功——政治失败——之最大原因，而其所以得安然出山，复握大权之经过，不可不细述。初，冯、胡、孙、黄及奉张等早有约，事成后必迎孙中山先生北上主持一切。如果原定计划实现，国民党得掌政权，中国以后政局当完全改观。班师回京后，冯等果如约迭电敦请孙先生即日命驾北上，主持国政。廿七日，孙先生复电曰：

> 义旗聿举，大憝肃清，诸兄功在国家，同深庆幸。建设大计，亟应决定。拟即日北上，与诸兄晤商。先此电达，诸维鉴及。孙文叩。

感。（廿七日）

冯氏等复去电促请，有“一切建国方略，尚赖指挥”等语。（以上电文见《逸经》十六期“壁树”文末）其后，冯氏复于十一月七日，请马伯援持亲笔函遄程赴粤肃请，代表欢迎，并面陈一切（见《自传》，李著页一二七——一二八）。甚至段祺瑞、张作霖最初也是敦请孙先生北来，召开“国民会议”的（见孙科：《八十述略》页一一）。然至为不幸者，当“国民军”众将领于廿五日会议时，适接吴回兵进攻杨村之消息。其时，因应付军事上严重形势，大有联络皖系山东督军郑士琦之必要。孙岳乃临时提议请段出山以拉拢皖派为助。众以为诚如此，自可以除去目前困难，而且孙先生之肯来否尚未可知。所以全体一致赞成孙岳之提议。因一时于仓促间众人注重军事而忽视政治，并不与“摄政内阁”相商，于是大错铸成，全局遂无可挽救矣。旋而各方多主张段之复出主政，尤以奉方坚持最力。冯氏无奈乃与张联名电请段来京维持，盖“摄政内阁”不过是一种过渡办法而已。

段以各方态度尚未尽明了，一时未即入京，惟电邀冯、张到津会议。冯氏屡却不得，乃应之，于十一月十日，悄然乘火车只挈熊斌等一二人前往。不知何故，甚至连黄摄阁事前也不知不闻其事（见《亦云回忆》上，页二一二）。此行冯氏遇大险，几乎丧命。缘所乘的火车将到杨村时，后方突有快车冲上来，伤其随员。幸而冯氏自己在一辆铁篷车上卧着，侥幸得免，可云险矣。事后调查，此次意外“是曹、吴余孽所干的鬼蜮伎俩”（见《我的生活》页五一四）。分明欲取其一命以报复怨仇也。

张作霖亦如期至，就在段宅会议，列席者还有卢永祥、梁鸿志、王揖唐、皖系军政人员等。迭经讨论，决定由国、奉两军将领发电公推段为“中华民国临时执政”。电以十五日发出，旋得北方及长江各方一致赞同。越数日，段遂入京就职，而冯氏则已先回矣。（按：南北各省直、皖两系督军以吴去后，失去领导人物，又不甘在冯、张之下，故拥段以自保。此亦为冯、孙等同意迎段之一原因也。）

在天津会议时，冯氏与张氏有交恶之兆。一则张以此次倒吴，冒为己功，不特不感激冯氏之革命举动而诚恳与之合作救国以践前约，反藐视、奚落，甚至面骂之，令冯氏极为难堪。其所以敢为此者，则以“国民军”势力尚薄，国民党势力远在南方，明知未能抗拒也。次则张野心勃勃，欲乘战胜余威，扩充地盘，伸张势力于南方，乃于津会提出对直系继续作战计划——由“国民军”任京汉线，奉军任津浦线，同时南进。冯氏以此次班师，本为缩短战期，促进和平，若继续用兵，大违初志，且重苦人民，因坚持不可。并表示愿开发西北为国家辟富源。张不得已，乃以收热河为己有为请。会议结束卒如其请，乃调米振标赴豫，而以阚朝玺为热河都统。张虽如愿以偿，而对于冯氏则不免有憾，合作之热度忽降，旧日之嫌隙又兴，加以政客之挑拨操纵，别有会心，自图权利，联张排冯，日后之大战已伏因于是矣。张作霖日前欢迎孙先生及奉军不入关之约，及与国民党协议之议，言犹在耳，至是对双方寒盟背约，且居然以战胜主角，发号施令之姿态出现，使冯氏至为难堪，亦至感失望。无怪其日后对此一着走错了的棋子作沉痛自悔语云：“一时只看见了军事的成败，而忽视了政治的后果。孙二哥这个提议（拥段）竟得全体一致的赞成，真是‘失之毫厘，谬以千里’！哪知由于这个临时动议，竟断送了此回革命之全功。”（见《我的生活》页五〇七）惟对于赴津及会议事，语焉不详，当有难言之隐。

自吾人今日观之，究其实，冯、胡、孙等“国民军”领袖们之大错，乃是仍然本着民国后北洋军政界传统的大症结——可说是大毒瘤——以军治政，而非以政治军。他们既成立革命的“摄政内阁”，付以掌握国政之全权，然又自己不尊重其政权，擅由军人自决拥段执政，而忽略了所正要欢迎与拥戴的孙先生。其次，冯氏自己的大错误乃在一闻段自天津召之，即自决悄然而去，并不商之摄阁，更不经摄阁会商更好的主张以应付段、张两系的阴谋与压迫，而得其在实际担负名正言顺的政治责任，庶乎想出善法以应付还击或抵制他们，或可挽回恶运于一旦。不图他竟然不出一声，不告一人，孑然一身，“单刀赴会”，所谓“肉在砧板上”，怎能对付此双重的危险势力与毒素？结果，不特他自己、他全军，复陷于比前更为困苦境地，尤使“摄政内阁”极为难堪，终于夭折。我们可以说：“首都革命”初期军事成功，政治失败，转而招来军事失败，更不能不说是冯氏等缺乏政治头脑与眼光愚鲁无知无识而“咎由自取”。

上文那样责备冯氏，殊非太过严酷，因为他后来已引咎厚责自己了；他这样说：

> 此时我满脑子装着一套“谦谦君子”的道理，觉得高揖群公，急流勇退，是最好的风度。同时，胡、孙等确与我志同道合，莫逆于心，然政治的认识亦不充分。其他的朋友如徐季龙（谦）、黄膺白（郛）、刘允诚（允臣、守中）、王励齐（法勤）、焦易堂、李石曾、王承斌等诸先生，虽过从甚密，亦毕竟未至无话不说的程度。故自己只有好的理想，而未能根据现实环境，拿出良好办法。至今思之，犹觉当时才能不够，有负国人期望之殷，深为愧恨！（《我的生活》页五一八）

这是他予智予雄、不信不靠良朋益友，只期以一己短薄的才力，只手擎天，终至失败之惨痛的忏悔！可怜亦可惜也矣。

成功的副产品

冯氏与国民党之关系，始于在湖北礄家矶时结识徐谦、钮永建二氏。徐为孙中山先生所特派以联络冯军者。时，徐方提倡“基督救国主义”

（钮亦基督徒），而冯氏亦笃信基督教，且真心救国。徐遂借宣扬其宗教主义而与其订深交，且为其接近国民党之媒介，数年不断。冯氏因常得读孙先生之著作而深心认识其主义与政策，故在河南时曾派任右民赴粤趋候。孙先生亦深识其人，屡传言鼓励，并以北方革命事业相属。及其后冯氏又得孙先生亲笔书赠《建国大纲》。据冯氏自承，“首都革命”之举，系由《建国大纲》而来。冯氏虽与孙先生未谋一面，而固已默契于心，精神与主义早趋一致矣。回京后，又与党人李煜瀛、易培基等接近（黄郛不是党员）。于是与胡景翼、孙岳（均同盟会人物）通电请孙先生北上主持大计，解决全国政治纠纷，而予以彻底的革命。十一月七日，冯氏又派马伯援持亲笔函赴粤迎驾。（马君为热诚基督徒，任日本东京中华基督教青年会总干事，屡回国谒冯氏，极得其敬重。）

孙先生既得冯等欢迎函电，认为是建树北方革命局面之绝好机会，即欣然命驾，取道上海、日本，抵天津。冯氏复派参谋长熊斌，持亲笔函前往欢迎入都。迨段闻孙先生北上，知不利于己之政治生命，亟思抵制，急急先于十一月二十二日入京就职，及闻孙先生主张开“国民会议”，则召开“善后会议”以资抵消，种种主张，均与孙先生大相径庭，且自违欢迎孙先生北来之初衷。孙先生愤甚。抵津未几，肝癌疾作。十二月卅一日，扶病入京。至十四年（一九二五）三月十二日上午九时三十分于北京行馆下世。时，冯氏已宣布下野，避居西山，因政治关系，环境恶逆，仍遣其妻李德全代表前往慰问，终未与孙先生谋一面，方可谓缘悭也已。

冯氏等迎孙先生北上后，北方国民党声势大振，宣传及活动竟公开进行。民众运动尤勃然兴起。久处于帝制及军阀之下的北方，顿易其空气。国民党虽未获得政权而革命种子遍布，发芽滋长，未久即开花结果。追溯其源，不可谓非十三年（一九二四）十月廿三日“首都革命”一役之成功的副产品。语其对于“国民革命”之作用与重要，则尤有大于曩年辛亥革命前滦州举义之震慑清廷、促其退位，造成中华民国者。故其后，冯等卒得精神的安慰，以为非徒劳无功焉。

所不明者，直到如今，国人尚有以冯氏“首都革命”为“倒戈”而诟病之者。姑无论冯氏一向并未曾为曹锟与吴佩孚之下属，也未曾身列直系之中，其全军纯系国家的、超然的军队，乃奉曹锟总统命而出发者。至于“首都革命”理由之充分合情、合理、合法，已具载上文。然则一般诟之病之者，是否欲见穷兵黩武之吴佩孚，于击败奉军、扫荡冯军之后，转而消灭南方之“国民革命军”而实现其武力统一中国政策，乃一任彼贿选总统与狐群狗党长据中枢，祸国殃民，而且使宣统废帝常住故宫于中华民国之内为清朝皇帝耶？敢问！

尚有一点为研究中国史所当注意者，冯氏等之政治失败，即又引起华北空前大战。盖“国民军”全部十余万人撤退西北，但以精锐守南口，坚筑防线，使奉直大军五十余万人围攻，至力竭始再退西北。语其影响，则李泰棻谓南口之役“血肉相搏者凡四阅月，为历史上有名大战。因此牵制吴佩孚，不能南下援湘，使广州北伐军（“国民革命军”）长驱直入，席卷长江，进据武汉，于革命进展，所全实多”（李著页二九九）。以后冯军绕道出关与南军会师河南，克复北京。凡此可以明见之功绩，实肇端于十月廿三日之“首都革命”，则其贡献于国民革命运动统一中国之功诚不可没。此又是冯氏等成功之另一副产品而饶有意义，大有价值者也。

综合以上两章所记“首都革命”全役经过，论其成功与失败问题，我敢判断其所成的大功有下列五端：

（一）打倒贿选总统及其腐败政府，肃清民国史中最污秽的一页，而使“摄政内阁”露出政治史上一回革新的曙光。

（二）击破直系军阀整个系统，而打消其武力统一全国之企图及计划。

（三）驱逐废帝出宫，取消从前优待条件，而完成民族革命之目的，使专制帝皇政体永不能复现。

（四）欢迎孙先生入京，散播三民主义及革命种子于奴气深厚的北方社会及民众，而树立民国基础于北方。

（五）南口之役，牵制北洋军阀全部力量数月，使南方的国民革命军得乘其不及救援之机，长驱直进，克复长江上下游以至华北，根本消灭直奉军阀与政客，后且和平接收东三省而统一全国，实现孙先生生前未竟之志。然则政治与军事之一时失败，非完成大功之大代价与踏足石乎？

附录　“首都革命”与日本关系之谜

薛立敦著《冯传》（第六章）有几页特殊的、令人骇异的报道；即是冯将军等“首都革命”之役，自始至终与日本大有关系之种种“传闻”，一一写将出来。兹将原文及原注择要译出，并加以研究，借此解决这个“谜”。

薛立敦之言

十月廿三日之前一日（廿二）奉天的日文报已发表冯氏班师之举，〔原注八〇〕同日（廿二）北京日本公使（芳泽）在午餐中告诉曹锟的秘书，谓如曹欲于是晚到日使馆躲避，将可得款待。但那秘书没有将其言转达与曹（因此，曹于是日成擒）。廿三日，于北京街道上行走的人群中，有一日本记者在内，因在两日前他已闻冯氏于是日回师占领北京。（上文见页三九）

〔原注八〇〕沪上西报《华北先驱》载，东京与大连之日本新闻来源均报道事前已知其事。Weale书载东京各报至少于事前二日已报道此事。一九二四、十一、十八之《北京天津时报》载哈尔滨（美国）领事Hanson报告（本国政府）外交部，谓此事实际上于十月十七日下午传达到东京。（页三三二）（又文按：美领事之报告为绝对无可能之事，因冯氏等于十月十九日方在滦平开会，议决班师行动及时期。外人何能于两日前“未卜先知”？显明是事后虚传之说，或误会他事。）

这些重要的线索是造成中国近代史中一个绝少人知的故事——即是一向反日最烈的冯氏，此次的举动却是实际上受日本经济上的援助，大概是受其钱币的供给，或者甚至是由在华的日本外交及陆军人员所主动的。（见页一四〇）

因为此役始末内容秘密，中国人不愿承认此役与日本人有关，所以许多细节还不清楚。但凭显露的证据，足以重造这阴谋的经过大略。不过，在这样的重造中必须有幻想，而且因其性质如此，不免有错误之处。（又文按：以上数言，还算该著者坦白肯说公道话。以下是他个人的推测，诚然“不免有错误之处”。）

日本久已怀有侵略中国的野心，在北洋军阀时期，甚或以前，一向欲得特殊利益。自段祺瑞与亲日的安福系于一九二〇年倒台后，日本利益大受挫折，尤其于一九二二年直奉之战，日本向所支持的张作霖打败了。其后，日本军人、商人及其他之倚靠武力者，继续运动，企图在华北及东三省发动变故。其中，如Baron Okura Kihachiro（大仓喜八郎男爵）等大小资本家，对东三省尤为关怀。至一九二四年九月，张作霖与日人订约许其筑铁路由洮南至齐齐哈尔。这是对日本军略上及经济上大有重要性的。（见同上）

其后，于一九二四年，日人转欲联络吴佩孚，但不成功。无论如何，时间上也来不及，因在是年春间，华北已盛传奉直战事将再发生。这对于日本是太不利的，因为如果吴武力统一中国之主张得实现，奉张必被打倒。于此，日人断不能袖手静观，乃另图其他应付方法。比知冯玉祥与吴有隙怨，而冯军实为直系中吴部以外最强的武力。于是自然想利用冯倒吴，为达到目的的手段了。

冯氏素以反日著，势必须另找其他派系以运动其加入此阴谋，使倒吴后北洋各军势力之分配有利于日本的利益。由日人观点看来，段祺瑞所领导之亲日的安福系与冯氏合作诚为理想的办法。如得成功，则冯、段、张三人联合而成为华北之领导的势力，至少段、张是亲日者。（上见页一四一）

为运动冯氏计，必须中间有人为媒介。黄郛正是最适合不过的人选，因其曾留学日本，识日文，又与日本有多面的关系。而且他与安福系亦有相当的关系，曾充皖系卢永祥（浙督）之驻京代表。更因其与冯氏相熟识，常到其军中演讲。于是他成为这计划的中间人。（见页一四二）〔原注八九〕

〔原注八九〕有日本军官名Matsumuro Takayoshi（松室孝良）者，在“首都革命”后期参预其役，因而充当冯氏的顾问。他的事迹备述于本章正文。薛氏于一九五九年在东京与其会谈三次，乃谓“他告诉我，黄郛是那中间人”。另有曾为吴佩孚与曹锟军事顾问之Rihachiro Banzai（坂西秀武？）曾著有*Zoku tai-shi kaikoroku*，p.832谓黄郛是日人劝诱使说服冯氏实行是役之人。尚有其他英文撰述，其说相同。（页三三三）

所不幸者，黄郛初与冯氏接触反直之举究在何时，现在还不了了。大概是在举事前数月，远在冯氏与孙岳、胡景翼结盟之前。（页一四二）〔原注九〇〕

〔原注九〇〕这个结论是根据几点：（一）第二次奉直开战发生之前，早已有直系内变的谣言盛传于北京。（二）上海《华北先驱》，于一九二四年十二月六日，载“安福系首领等之与日人密切合作，直白承认冯氏之内变是早于奉直开战前数月安排妥当的”。（三）同上西报于一九二四年十一月十五日页二五九，报道段祺瑞的下属说，冯氏之参加倒吴是在“旧历新年之前”——即阳历一九二四年二月之前。（四）同上西报于一九二四年七月十九日，页八六登载由各方报道的消息大致与上同。据说，张作霖、卢永祥、段祺瑞与孙中山已得了冯玉祥合作，于一九二四年九月举事。（又文按：此系附会所谓孙、张、卢三公子会议事。其实冯心中赞成而未参加。）（五）Fuse Katsuji（布施胜治）最熟知此役，谓“国民党”在后台给予冯、吴、孙三人联盟之利便，见原著页六九。这或指是役的计划是早定于三人联盟之前。黄郛也许就是布施胜治心中所指之“国民党”代表。（又文按：黄郛是时并未加入国民党，党员只有徐谦与冯氏有来往，但冯氏是时仍轻视之，不纳其言，见本章上文。布施胜治之为人，看下文。）（六）冯氏《日记》一，卷五页八五载，于一九二四年七月廿九日，及八月一日，连续有日本陆海军军官造访冯氏（名略）。我们不能指出他们会谈时实况如何，但必定可能是与是役无关的。不过，冯氏忽然与日军官有接触是具有暗示性的；如果我们忖测他们之会谈是有关此役的话，则黄郛与冯氏之协议，当发生于他们访冯之前，因为如果事前并无接受他们的建议之保证，他们断不至去访冯的。（又文按：时间与事实显出这是完全无可能的。薛氏先已如此断定，后又加以忖测，殆不足信也。）〔上注见页三三三—三三四〕

然而黄郛究用甚么理由（论据）去说服冯氏打倒曹、吴呢？那时大概有几种议论会入冯耳的，或有可能是在正面之背后其言是有利于冯氏争夺权势之利益的。黄氏可能会指出曹锟政府之失人望及无效率；吴佩孚武力统一政策之对各方面之损害：如奉方胜而直系败，张作霖雄据北方而产出种种后患之可能等等。然而于这些我们只可以空想的论点之外，黄郛是授权给予冯氏日币一百五十万元。冯氏也许蒙其应许再得多些，要等吴佩孚在中国政局完全被打倒后，方实收余数〔原注九一〕。据报，黄郛当时曾将一份文件，证明曹锟曾与美国的特务作不利（于冯）的交涉，交与冯作为说辞中扼要的论据。〔原注九二〕

〔原注九一〕上据薛氏与松室孝良会谈。松室对于此点极为注重。他坚说，驻京日使馆武官Hayashi Yasakichi（林弥三吉）曾告诉他，谓冯氏曾接受一张一百五十万日元的支票，由横滨正金银行支取现款。但松室又言，冯氏先曾要求三百万日元。由此观之，Lynn氏书（页一七四）所言便有意义了。他言，有几处地方相信张作霖曾假手一位青年会干事（格雷？）给予冯氏一百四十万元（大洋），使其转攻吴佩孚。这句话，李景林于一九二五年十二月（与冯军开战）痛数冯氏倒戈、杀人等罪状时居然公开承认。其后，Lynn说张给冯此款，而Weale也将李景林通电引出，但未明言是张所给与，只言冯为此款所收买而已。所可注意者则以上诸说，所言冯氏得款数目大致相同。独有上海《华北先驱》于一九二四年十二月六日（页三九六）则书出数目远过于松室所言，谓“全盘交易，定价二千万元（大洋）。订期于举事前夕先交五百万，其余款则于吴佩孚完全倒台及被逐出政局后交足”。又谓该款系经东三省内一个大公司付与的，而订明全数将由事变后之政府偿还云。（上见页三三四）（又文按：松室这人，自我宣传，造谣生事，其言过事夸张，殊难入信。看下文研究自明。注意：以上消息皆由日人传出，而数目各异。）

〔原注九二〕Rihachiro Banzai（浪人坂西秀武、书页八三二）坚称他听得曹锟将得美国援助以维持其地位。他获得此事之文件证。因恐美国这样做法有危害日本利益之虞，所以他将该项文件交与Dohihaara Kenji。后者劝诱黄郛将此件给冯氏看。我们关于美国所给与曹锟的援助殊不大了了，也不知道为甚么这消息对于说服冯氏有那么大的效力。（页三三四）

这种说辞，特别是资财的引诱，必影响到冯氏之决断。而其间尤要者，则如非冯、吴交恶，必不能成事。冯必自知，假如吴胜张败，将大不利于其本人。但如倒直成功，则不特可消除这恐怖，还可造成他为华北之军事领导者。更有安福系及日人之支持，转由日人拉拢张作霖，他相信有充分理由这革命必可成功。（页一四二）（又文按：这一说法指明冯氏是一个贪利争权可以“货取”的小人，其足信乎？）

在举事之前，段氏已得默契将为倒吴后之自然的及独一的领袖〔原注九三〕。日本、冯、张各方面均可承认之。段本人无军权。苟吴倒后，长江一带直系督军，一时无主，宁可投归其卵翼下，而不受张、冯之指挥。况皖系之鲁督郑士琦，大可由段授意阻止吴之北上，卷土重来。至于将来长久的（执政），则以段之北洋军事领袖老资格，既不属“国民军”，又非奉系，自比冯或张所举出之那一个长江一带之军人为优。（页一四五）

〔原注九三〕或者关于此点之最好的证据就是：其后段祺瑞真的出任执政。此外，松室宣言黄郛与段希望共同组织政府。（又文按：此又是松室造谣，本无其事，下文述明。）Fuse（布施胜治）书（页七五）言，当时计划以段主持政府。举事后三日，即十月廿六日，张作霖对一来访问者言“北京政府将由段主持”。须注意：这是在张到津与冯、段二人会议商组政府事之前所言。（页三三四）（又文按：张先怀此意，勾结段氏，或先由段拉拢乘机出山，又经“国民军”廿五日会议通过推举段氏主政，以后更由张坚持施行，借以制冯，容或有之。但冯、胡、孙与黄郛事前绝无此想，只预定欢迎孙先生北上主持国是，大中张、段之忌。然奉张早已赞同，后乃食言。）

段祺瑞自一九二〇年失败后，退出政坛，息影津门，参禅念佛，但仍不忘政治。所以于一九二四、九、十五，通电反对曹、吴而宣布赞助奉张。十月十九日，冯氏所派去与段联络之代表回到冯处（原注：见冯氏《日记》一、卷五页一一九及《我的生活》页五〇二）。（又文按：《我的生活》页五〇二原文言，段派代表贾某来接洽，又言张树声、刘砥泉介绍奉张代表马某来见冯氏，但系在古北口，时在十九日滦平会议之前。刘砥泉大概即刘之龙号子云，当为冯氏误记。他书记载刘之龙于十九日回到滦平。）张、刘代表冯氏到天津、奉天联络。两日后，段宣布，如被推举，允再出山领导全国（原注：外人记载）。再过两日，冯氏占领北京，随在（“国民军”）会议中，段即被推举如上言。（上见页一四三）（又文按：可见段之知道“首都革命”之役系由段之代表回报，或由冯氏所派之代表告之。）

事实必然是由段氏或日人安排冯、张两军在热河停战事。（原注：据中西著述，由段促成冯、张二人之了解。又谓冯已得李景林允许反张，同时冯氏倒吴云。）如上文所述，这样安排，致令奉军可由热河调往山海关与吴军作战，而终使吴战败。（上见页一四三）（又文按：冯、张在热河停战，系由双方代表直接安排，与段无关。而且李景林之反张是后来与冯氏及郭松龄结盟，不旋踵而反悔攻冯军。那是另一回事，与“首都革命”之役无关，万不能混为一谈。）

除了运动冯氏倒吴外，日本更给予奉张以武力的援助。（又文按：据章著《吴传》，日军确参加战役。）即是：日本在华的军事情报组织，收集对于吴的敌人有利之消息而广播出来。日人播扬反吴的宣传及伪造的新闻，遍及华南。这些假情报大有助于煽动长江直系督军使其背吴者。（见页一四四）（又文按：此“不打自招”之说法。大概冯、黄与段氏及日本的关系之谣言，也是由日本制造和传播的。）

当时的形势必然是黄郛、冯氏、段氏三人——有日本在后台——订约倒吴，但不能确定冯氏之占领北京是否依原约的。可能是冯之突然班师回京是其个人的主意，而原定的计划是要他由热河急行军到滦州，与胡景翼合作攻吴之背。这是很动听的可能，因为日人、张、段三方面都不欲北京受冯军辖治的。（见页一四四）（又文按：班师回京，“首都革命”是冯、胡、孙、黄，早已订立的原来计划，见本章上文，未闻有先定返戈与胡拊关军之背之计。）

由于黄郛只是冯、段间的联络员而非冯氏与日人之联络员，又因冯与段之间直接通讯，令人怀疑冯氏果否知道日人是在幕后发动此役的。（又文按：据前说日人利用黄郛识日文，乃用其为中间人，此处又言其不是冯氏与日人之联络员，前后矛盾，可见总非事实。而况冯、段之间全无直接联络事。）但冯氏的确知道日人是在其中的无疑。例如：由一九二四年至二五年春，冯氏屡蒙日本军、政、报界人员到访。（此冯氏《日记》自承的。）其后，他更且对日本报界对其行动之恶评表示骇异，因其自言，那次行动最初是由日人建议的。（原注一〇四：此是著者访问松室所闻，见页三三五。）（又文按：冯氏此言，未见其他载籍，亦未闻他人谈及，显然又是松室造谣。）最后，至有意义的（证据）就是：有一日本军官松室孝良由古北口随从冯氏于“首都革命”时回到北京。（上见页一四四）（又文按：松室是于两日前才由日使馆武官林弥三吉电召其由山海关回京再赶去冯军者。何能以此为日建议之据？）

松室是一个青年的日本军官渐成为中国“专家”（或中国通）。在北京时，他曾两次赴外交集会，每次均坐冯侧。（又文按：这可能是松室故意接近冯氏之狡计，乘投亲善，以便私图——自我夸大，抬高自己地位。）有此集会的因缘，冯氏曾邀请其到南苑检阅队伍。是故于第二次直奉战争爆发时，他已与冯氏相识。（又文按：松室之计已售，但关系不深，交情甚浅。）开战时，松室与其他外人同去山海关前线，作为军事视察员。（又文按：此是这个故事之大漏洞：如果日人真是“首都革命”主动者，又如果松室与冯氏关系深、交情厚，何以不于冯氏出发时随军北上，而反去山海关观战？可见不特是他，就连日使馆武官，于冯氏的计划事前一无所闻。）但于十月廿三日前不久，日使馆武官林弥三吉突召其回京，告以冯将反吴，即命其赶赴古北口会冯，随同其回来，“以指挥其苦迭达之施行”云。（原注一〇七，著者薛氏与松室会谈所闻。）松室因即北上。（又文按：这末语更显明是松室自我夸大之谰言。岂有冯等准备妥当之计划及行动，临时受到一个日本青年小军官指挥之理？造谣“离谱”至是也，可谓笨拙至极！）

松室一力自承，他唯一的作用是计划是役之细节，不过，这却是可疑的〔原注一〇六〕。冯氏清清楚楚地早已详定他的计划了。（又文按：这是著者薛氏的公道话，事不离实也。）大概松室之被派去——或者是伪装为军事观察员——为北京人侦察冯氏之行动，这似乎是较有可能的。徒因他与冯氏有友谊上的相识，所以派他前去比较派其他在京的日人为较满意。（上见页一四四——一四五）

〔原注一〇六〕虽然松室之言似是而非，不足入信，但当注意另一日人（坂西秀武）的叙述。他在一九二四、十二、六之《华北先驱》（页三九六）报道云：“根据这个权威（即坂西秀武），是役的全部之主动及大致计划是出于一个驻在中国的日本陆军大佐之手的。”其时，松室显是营长阶级的少佐（Major），而日使馆武官林弥三吉是大佐。（见页二三五）（又文按：林弥三吉为主动者之说是绝无可能的。他只是于是役前二日才知道——大概是由奉天日本方面电告。如其不然，何以他于如此重大事件发生前，不派松室随同冯军出发耶？）

无论松室到古北口随从冯氏之解释为如何，至少会有日人的确预知此役之事实。（又文按：确在两日前。）抑有进者，松室又坚称，一到了古北口，冯氏“即对我密告一切事情，求得我的意见”。而且冯氏还嘱其不要告诉他的属下各军官。这便暗示当时冯氏独自一人接受日人之助力而不令全军军官知之。（见页一四五。原注谓由访问松室所闻。）（又文按：如此大事，关系全军生死问题，冯氏若有其事，当然要与最高级将领参谋长商妥乃实行。即独自决定矣，事后全军岂有并无一人知之之理？而且全役计划细节，早由蒋鸿遇、鹿钟麟、张之江、李鸣钟、刘郁芬、宋哲元、孙岳、胡景翼等等，内外安排妥当，准备周密，一一依计行事，故竟全功。松室谓告以密匆，请其安排，由其指挥云云，更是笑话之尤。犹记后来在国民革命军北伐时期，余方从征。其时冯军与国民党一致联俄联共。冯军中有苏俄高级顾问乌斯马诺夫驻军赞助。但军中重大及秘密事件，甚至有多少枪炮军实，冯氏亦不令其知之。一次，俄顾问偶发问军中内幕，冯氏即大为不怿，登时变色，毫不客气地对他说："中国'顾问'二字之解法是：当我看着你，询问你之时，就请你答复。"俄顾问知机，赧颜而退。以冯氏治军之谨慎，处事之周密，对联俄时期长驻军中之俄顾问尚不肯明言本军内容，断无对一个关系浅、交情薄、而突如其来的日本青年少佐，如此坦白，如此信任，如此器重，可断言也。关于全役，松室屡造谣招摇，借以自高声价，自我宣传，莫此为甚，而其言不足信，伎俩拙劣，亦莫此为甚。）

此外，又有一饶有意义的事，发生于此役四个月之后；即是：林弥三吉于一九二五年二月报告日政府云，"近来，冯氏对日本的态度已早有意义的转变，他已了解在东亚间国际情形之复杂，渐知倾向亲日"之重要（有利）云云。（又文按：此言诚有意义——可证明此役之前，冯氏无亲日倾向的行动。）林弥三吉是不错的；是役成功之后，松室即受冯氏聘为个人顾问，而且更有文件证，证明在几个事件中，他是冯氏与在中国及东京之日本政界作居间人。（页一四五）（又文按：这是冯氏深识时务，改变对外手段，敷衍日人，善用日人以利进行之举，或借以缓和奉张之压力及仇视，不能与已成过去的"首都革命"之发动及计划混为一谈。）

以上各点，无一是有确凿决定性证据的。不过，在未有反证之前，把各点一一加起来作一总结算，可信日本人在某一程度内，是"首都革命"一役之"保证者"（Sponsor）。（页一四五）（又文按：这是著者浮泛的，根据谣言的、不能信为断定的结论。看下文研究。）

分析综合研究

关于"首都革命"与日本关系之谜，上文已逐条作报道、讨论或驳斥。兹再作分析、综合的研究，冀根本解决这大问题。

第一，在中国方面，这"新闻"完全未之前闻。不特个人前在军中，后与冯氏交游，以迄现在，一向闻所未闻，而且最高级及最亲信的将领亦无一知之。甚至历次叛冯诸将亦绝未提及。如此大事，如系真确，岂能只手遮天，永久瞒蔽全军与全国耶？

第二，我曾向几位熟识现代人物、史料与掌故之专家，包括四位北方朋友，询问此事。他们不独一无所知，犹且对余初提此说表示骇异，以为咄咄怪事者。

第三，我亦曾以此大谜询问熟识中国现代掌故及其本国历史之日本学者矢原愉安，他不特一无所知所闻，反要向我索取有关此大问题的资料。我告以一切资料将在本书发表。

第四，我曾参考各种有关冯氏的中国载籍，亦未见有如此记述。冯氏自著各书，当然未有提及，即其旧属刘汝明、秦德纯之《回忆录》，及黄郛夫人之《亦云回忆》，均无一字记载。甚至对冯氏深表不满之章君穀著《吴佩孚传》、曹汝霖著《一生之回忆》，与溥仪著《我的前半生》等，如果确知或确闻有此事，本来是中伤或攻击冯氏之最好的资料——胜于厚诬其由故宫盗宝——反而并无一语及此。（其他研究中国文学史学者或有所述，皆系引用外人——日人为多——的著述，固非直接源头。）

第五，关于日人利用黄郛说冯倒直之说，完全是无稽之谈，绝无一些儿证据，断不能因黄郛曾留日、懂日语、与冯相熟，便硬指其为冯、日联系之“中间人”，即薛氏本人亦提不出实据，而且其后曾肯定其非冯、日之间之联络员，自相矛盾，凭种种史料与事实而论，“首都革命”事前事后均与日本毫无关系。所谓若先为日本主动、通过黄郛、受其经济接济主谋、订定计划、受其指挥等说法，全是事后发生的谣言。（看下文自明。）

第六，据说，冯氏之“倒戈”是受金钱“贿买”的，但这一说破绽甚多。其一则未知“贿之者是谁”。虽明言是由横滨正金银行支取现款，但此款是日本或奉张所付的，未有确定。其次，款项数目各异其辞，或云一百五十万日元，或云假手青年会干事付与一百四十万元大洋，尤为离奇者则传言举事前先交五百万，成事后再付一千五百万，而由新政府偿还。凡此均无实据。在文字上只见诸后来十二月间奉系李景林反悔与冯氏及郭松龄同盟倒奉，背约转攻冯军时之讨冯电文；其痛数冯氏罪状中即公开宣布其被人（未指明何方）用百四十万元收买了。但历来内战发生之前，双方必先开通电战，数出对方种种罪状——多为十条，此捕风捉影，含血喷人之谰言，岂能置信？细味其言，此款非日本所给与而由奉张“贿买”之者。纵有其事，则彼此既结倒直之盟，则一方以武力行动，一方以经济接济，亦分所应尔，事极平常，亦公道之至。试问，如一方以经济为收买盟友之高价，则彼方以武力行动者，出死力、掷头颅、流热血，又何价何价？即如未几冯氏一加入国民党，站在同一阵线，攻击同一敌人，遂屡受经济接济。何得称为“贿买”耶？何况如此巨款之授受，及源头何来，仍是未能解决之问题乎？复次，如此巨款，冯氏奚能尽饱私囊，或存入外国银行私人户头，而全世界、全国、全军无一人知之之理？而且冯军于被迫出发热河之前，穷窘万状；如早收有此款，为图大举，自能措置自如，何必向吴佩孚摇尾乞“钱”，至大受其奚落？又何必向曹锟领军饷六十万而忍受李彦青克扣了三分之二。最后，冯军自北发以至回京，军中经费仍十分拮据，而新成立之“摄政内阁”亦未曾偿还前收之数。至云，事成再得千百万，更绝无其事。

第七，此传说之最值得研究者，乃为奉方与日人于冯军回京前二日，已预知其事。但试一细考“首都革命”之大事日志，这问题即可迎刃而解。事前在南苑运动期间，虽与奉张曾有默契，及派员与段祺瑞联络，冯氏到了张家口，方与奉方代表马氏订约。然至是时并无人知道，即其本军高级将领亦未预知（班师日期）。直至十月十九日，全军大会于滦平，全体始公决班师（虽冯氏自己早有决心，早已准备，但必需等候蒋鸿遇来电报告直军尽开赴前线，方能确定班师日期），且预计廿三日可以到京实现“首都革命”。其时，或仍有奉方代表在军中，当知此事。即由冯或此代表（大概两人同时），拍紧密电告知奉张使内外配合军事行动，以竟全功。此电当于二十日到达奉天。奉方有日军情报员充斥其中，自然容易知道（或由张直接告之）。奉天日方人员当即分电东京政府、大连及北京使馆。于是此举乃于廿一日在各处日本报纸发表。而驻北京日公使及武官等一闻此事，乃有上文所述之种种事情发生其间。最严重要者，则为林弥三吉电召松室由榆关急回赶赴古北口一事。所有事实与日时均一一配合无间。著者薛氏自言“重造”事实，但未及重造这一段事实的经过。

第八，传说中尤有一点可以反证冯氏最初非受日本运动而任其主谋行事者。那即是日公使芳泽于廿二日秘密暗示曹锟的秘书，声言曹可于是夕到日使馆躲避。这是多年来日本的狡猾政策——帮助一切无论何方的政治逃亡者，以备后来有机会利用之。然而假使这次革命大举，原是日本——据说是林弥三吉计划，日资本家在后台作经济支持，目的在有利于日本在东三省及华北获得至大利益——则冯军之成功倒直，正是他们所期待之事。岂有反于举事前夕泄露此最重要消息，企图放走及庇护其主要对象以致全盘倒直计划或有失败之虞之理耶？这是最大最要的反证——证明“首都革命”始终与日本无关系的。

第九，然则谣言何从发生？幸而薛氏原书将各不可信之说的来源一一注明，所以不是“无稽”，宗宗件件都是可稽的。造谣的主角，读以上的薛著译述及分析驳斥，可断定就是那青年军官松室孝良少佐。他于廿一日以前于此役一无所知，早去榆关观战。及奉林弥三吉大佐电召回京，方知日使馆已得此消息，乃赶赴古北口会见冯氏，以后种种假新闻便陆续出现，尤其是后来松室在东京与薛氏三次会谈中所说出的种种

（己见上文），我已断定他是借此招摇造谣以自高声价，自抬地位。此外又有日人布施胜治、坂西秀武，及他国著者，摭拾日方及松室的谰言夸张其事，以讹传讹。［又文按：未几吴佩孚等又造谣谓冯氏与苏联结了密约，冯自行作答云："我向来痛恶卖国贼与外国人结密约，岂有躬身自蹈之理？……我个人的性格所在，绝不屑作这种鬼祟之事。"（见《我的生活》页六一六）其时，那日本著者布施胜治又写了一本书，说冯氏已与苏联订立密约，有几章、几节、几条、几款、条文内容，都一一载明，似千真万确，竟引起国内外一番波动，对冯氏的名誉不无损害。后来在南京，他还去见冯氏。冯问其造谣中伤，"今天还有脸来见我吗？"他答道："请你原谅，是人家以两万元代价雇我写的。看在金钱面上，我不得不写。"说着，尚对冯氏深深鞠躬。冯恨恨地骂他说："你真是把读书人的脸丢完了！"他还作满不在乎的狞笑。（上见《我的生活》页五三〇）］这样的人格，比之松室之造谣自夸尤为卑鄙可恶。则其此次诋毁冯氏受日运动之书所谓"最熟知此役者，其言尚有可信之价值乎？"犹有可考虑者，薛氏已指出，日人惯技是假借其满布全国的情报网，常散播不利于日本的敌人之假消息，或虚伪的新闻与宣传，借以助其塌台。冯氏未几即被张、吴联合进攻，与日后之坚决的抗日主张，日人恨之，这均是日人暗助冯氏的仇敌"鸣鼓而攻之"之因素。

第十，在此谣言中，最为无辜、含冤莫白者，是黄郛。他最先，于"无中生有"中硬被指称为替日本或奉张（或两者）运动冯氏的"中间人"，旋又被取消了此资格而变为与段祺瑞的"联络人"。我为彻底调查此事，曾托台北"传记文学社"社长刘绍唐先生转致黄郛夫人沈亦云女士一函，询问究竟。可惜当时黄夫人已在美国逝世，无由得复。但刘社长来函，对我所询问之事答云："黄、冯所发动之'首都革命'，与日本人无关，否则不会失败如此之速。黄对段尤无好感，此种印象得自黄夫人之谈话，惜已无法作进一步之了解。"（一九七一、十二、三）此数语差已可代黄夫人作答。再从她遗著《亦云回忆》，可读到以下的述辞，不啻供给我们解决这大问题之充足的资料：

"膺白许愿在北方竟辛亥革命之功，……北洋军阀虽已分裂，然地盘广大，根蒂深久，对国家为祸不为福，去之却亦无法。皖系曾与日本结深缘，误国家，众所周知。奉系则入关而争，不惜放任后顾之敌（此指日本），退而自守，又厌恶其索偿与掣肘，忽视外敌，与我们根本难容。首都革命之愿，乃寄在直系（又文按：此暗指冯氏，时亦认其属直系系统）。直系虽颟顸，而无国际背景。膺白与冯焕章先生共事时，除基督教，尚不闻其与国际有接触。"（见上册页一八三——一八四）（又文按：

由此可见黄未尝与日人联络，更未被其利用说冯。）“（关于冯军，黄郛曾说）这个集团可能为北方工作的唯一同志，彼此必须认识了解。且此中必有他日方面之才，能多认识本国及世界局势，或者少误国家事。”（页一八四）（又文按：可见黄氏之联冯是自动自主的，由于敬佩及器重其人而立意发生密切以至合作关系，完全是为打倒直系的目的，期待建设良好廉洁的新政府，与冯氏之“首都革命”的主张真是志同道合，自然联成一阵线。其与冯氏在冯公馆夜谈“首都革命”进行事，已见前文。）

“（直奉之战开始）这时颜惠庆内阁新成立，膺白复被邀担任教育部，他已经与冯有约，自知不久将与直系为敌，不愿留此痕迹。……故坚辞不就。……（曹锟）以冯与有交情，浼冯再劝，膺白第二次担任教育部总长实出于冯之劝，其理由为在内阁消息灵通，通电通讯亦较便。”（页一八六——一八七）（又文按：可见冯、黄之联合倒直确在直奉开战前，已有密约，此种事实，已见前文。）“（关于‘首都革命’事）膺白又一次为主力参与决策之一人，而我先后为其保密之跑腿和录事。”（见页一八七）（又文按：可见黄夫人知此役始末经过甚详。黄氏自动联冯决策，与日人何与焉？）“在天津的段祺瑞先生，忽然叫袁文钦（良）送一亲笔信来。膺白与段向少往来，安福系当国之际，膺白在天津写作，未尝入京，其秘书长徐树铮及其参战军边防军将领，与膺白大都是同学，亦未见面。”（又文按：此语可与上录刘绍唐先生所述之言“黄对段尤无好感”相印证。）（以上及原函：《亦云回忆》影印载页一八七——一八八。）（又文按：当先行注意此函发出之日期系“戌月一日”。戌月即阴历九月，其日是初一。此即国历——阳历——九月二十九日。其时，冯军全部已出发赴热河多日了。当时，冯氏代表刘之龙尚未到津与段联络，故段仍欲说黄劝冯倒直也。）（上文载段派代表贾某致亲笔函与冯氏，约同时。）段的原函如下：“膺白总长阁下：关心国事，景仰奚似（又文按：可见二人无深交）。大树（指冯）沉默，不敢稍露形迹（又文按：可见仍未知打倒曹、吴计划及其军政主张），是其长，亦是短也。现在纵使深密，外人环视，揣测无遗（又文按：此似指吴佩孚）。（吴）驱之出豫，已显示不能共事，猜忌岂待至今日始有也？当吴到京之时（本年九月七日奉直开战时），起而捕之，减少杀害无数生命，大局为之立定，功在天下，谁能与之争功也？（又文按：可见其念念未忘直系与吴一箭之仇。）现尚徘徊歧途，终将何以善其后也？余爱之深（又文按：实仍欲利用冯以灭吴，此‘灌迷汤’之假话也），不忍不一策之也。一、爆之于内，力省而功巨。二、连合二、三两路（又文按：此未知何所指，断非胡、孙），成明白反对，恰合全国人民之心理（又文按：此唆摆冯军用兵力彻底消灭吴部，以遂其倒直之旧恨）。奉方可不必顾虑，即他一、三处代为周旋，亦无不可。宜早勿迟，迟则害不可言。执事洞明大局，因应有力，尚希一力善为指导之（又文按：指冯）。人民之幸，亦国家之幸也。匆此布，顺颂时祉。余由文钦详达。名心泐，戌月一日（又文按："名心"当为段之化名）。"

殊不知此时冯、黄等早有革命的政治军事全盘计划，自可不恤其言，亦不容其干预。故黄未以此函示冯氏，一向亦未公开发表。然而此函对于"首都革命"与日本关系之问题，殊具重要性，甚至决定性，以其的确证明黄郛并非冯、段间之联络员（刘之龙实是联络员，见上文，亦是冯、黄间之联络员，见《亦云回忆》页一九〇，并谓黄以亲笔函交刘亲携至滦平交冯，速其决计云）。假令黄、段之间，因由日本主助而有密切关系，诚如谣言之所传，则何以黄于摄阁成立前后与段绝无来往？如果黄系为日本与段之中间人、联络人，则自应由黄出面到天津与段商洽改组内阁事，所谓"解铃还须系铃人"是，何以冯到津会议事黄绝不参加？不特此也，而且段不独不参加摄阁，反而另与奉张联络，压迫冯氏，而倒黄阁之台焉。此亦理之所无者。综合观之，则黄郛自然非所谓"中间人"明甚。其实，斯役与日本始终无关系，则此"中间人"何来？我们的答案即是上文所指出：来自日本人造谣。又再据《亦云回忆》，袁良于致书黄氏时，代达段意云"从前用人不当，以后不拟从政"云云（见页一九〇）。但曾无几时，言犹在耳，段又起野心，听从安福系文武下属阴谋，联张压冯，再行弄权执政，拒绝孙先生，致令稍露曙光、稍有希望之革命新政局，又为其推翻，而且再度惹起绝大规模之又一场内战——张、吴联合共攻冯军。是其一己固"食言而肥"，而对国家、对人民，真如其函中自道"害不可言"。当年北洋军阀政客翻云覆雨之手段，与祸国殃民之恶迹，有如此者。即此一点，与此后大局至有影响，故不惮慨乎言之。

第十一，薛氏所著之一章，虽尽录各方"传闻""谣言""浮辞"，但每每于述辞间加以"幻想""忖测""空想""可能是""以为是""不甚清楚""不大了了""不免错误""似是而非""不足入信""或有可能"等"无决定性"而"具怀疑性"之语，俱不能置信者。但其本人却根据这些谰言妄语而自行重造一页历史。先天根据既不足信，则其所"重造"之历史，也不过是一般谣言之总结论而已。

“首都革命”日志

末了，兹复根据事实，编成“日志”刊于下方，细看日期与事迹之过程，全部实情了如指掌，而这个“谜”也可迎刃而解了。

中华民国十三年（一九二四）

秋初，孙科、张学良、卢小嘉（所谓“三公子”）代表粤、奉、浙（皖系）三方会议于奉天，结倒直“三角同盟”。冯氏闻而同情，但以力薄势孤，未即参加。（去年六月，徐谦已自粤来电为奉方劝冯倒直，奉张即助其军饷，冯即严辞拒之。）

“国民党”代表徐谦到南苑劝冯攻直，复以上言原因却之。徐去而复来，赠以孙中山先生《建国大纲》。孔祥熙又携孙先生亲书《建国大纲》来劝。冯受感动，决志倒直，相机发动。遵从孙先生前此讨曹命令，无异加入倒直同盟，具体进行。黄郛常被邀请到冯军演讲，谈及北方军政，互表不满，未及具体办法，但彼此同具革命决心，相机而动。

九月三日，浙江卢永祥（皖系）与江苏齐燮元（直系）开战，卢败逃。北方奉直两系酝酿大战。

九月十日，冯氏与孙岳在南苑草亭初次密商联合起义，俱具决心。随而孙运动驻豫之胡景翼加入同盟，积极进行“首都革命”，并决迎孙中山先生北上主持国是。胡等屡到京，与冯氏结盟。约在是时（？）奉张派代表郭瀛洲前来与冯氏试探口吻，联络共进。冯氏与其有默契，但未作具体决定。隐然加入倒直同盟，与粤、奉、皖成为“四角同盟”。

十五日，奉张致曹锟通牒。曹不顾。张即备战调兵。曹急召吴佩孚来。同日，段祺瑞在天津通电助奉反直。十六日，奉直两军先在朝阳开火。

十七日，吴由洛阳抵北京，决以全力对奉。

十八日，曹锟下讨张令，以吴为讨逆总司令。吴分四军进攻，另有后援、骑兵、海军等，并强委冯氏任第三军攻热河。胡景翼任援军第二路。冯氏保荐孙岳任北京警备副司令，任城防，备内应。冯氏辞职，不准。向吴讨军费，被申斥。曹发六十万元，被李彦青克扣四十万。乃不得不出发，相机行事。

廿一—廿四日，冯军开拔毕。行军以张之江任前锋，鹿钟麟殿后。留蒋鸿遇为留守司令，统兵一营，主持后方一切军务。并命其派员赴豫招募新兵万人，分编三旅以备补充。冯氏本人于出发前与黄郛密商革命计划，约联络方法，由其供给曹、吴消息。

冯至古北口，段派贾德耀携亲笔函来劝其自处。

同时，奉张代表马某来，商合作倒直，声明将不入关。冯氏提出两条件：（一）将来欢迎孙中山先生北上主持国是；（二）奉军不入关。马全答允，即回奉报告。另有奉张代表留下。

冯氏至密云电召蒋鸿遇来，共商革命机密，令其回京，准备一切班师回京事。

廿九日（戌月——即阴历九月初一日）段祺瑞由津致郛黄函，劝其说冯倒吴，绝不知冯氏早已有详细计划。袁良携函来并代表其声明不再从政。

十月十一日，吴亲赴榆关督战，连败。

是日，吴令留驻长辛店、丰台之第三师悉开赴前方。蒋鸿遇急电滦平，告冯氏此重要消息。

十七日，事后据驻哈尔滨美领事于是年十二月八日报告美政府，谓不久将爆发的政变之新闻实际上于是日下午已传达到东京（原文未详）。

十九日，冯氏在滦平既得蒋鸿遇来电，报告直军后防虚空的消息。即召开全军将领会议，一致公决班师，实行“首都革命”，并拟定“国民军”名称，预计廿三日可占领北京。其时，当有奉方代表，留在冯军中，双方协议热河停战事。大概由此代表去电奉张告知冯军班师日期。可能亦由冯氏直接去电。同日，派驻天津联络段祺瑞之代表刘之龙回到滦平，报告段允令山东郑士琦、山西阎锡山一致赞同。

同日，派张树声步行赴奉联络，时前锋张之江已抵承德。

二十日，夜间，蒋鸿遇在京接冯氏班师电，即加紧内应。

廿一日，东京、大连、各日本新闻发表冯军班师事。

同时，冯氏下令全军班师回京，殿后之鹿钟麟等部转为前锋。前锋张之江等部亦由承德转回殿后。

廿二日，蒋鸿遇在京布置内应一切妥当即赴北苑接鹿钟麟，于下午八时出发返京。

同日，据说，段派员携款十万元到高丽营给冯氏为“犒师”用。如有此事，亦系犒赏，不是“贿赂”。

同日，日本驻京公使芳泽于午餐中，告曹锟秘书，谓曹于是夕可到日使馆躲避。该秘书不以告曹。

同日，下午，黄郛得知班师消息，如约由京乘车北上。中夜，抵密云之高丽营晤冯氏共商大计，商组摄阁，改通电稿。次日，随军先回。

同日，日使馆武官林弥三吉大佐电召方在榆关前线观战之松室孝良少佐回京，告以冯军将回师倒直，命其即赴古北口与冯军同回。

同日，中夜十二时，鹿、蒋等军回到北京。由孙岳部徐永昌城防军开城门迎入。城内伏军齐起，各部照预定计划行事，分区警戒，围曹锟于总统府，除其卫队武装，逮捕李彦青，旋正法。

同日，奉天日文报发表冯军班师事。

廿三日，冯军控制北京全城，无人预知，匕鬯不惊，秩序如常。人群中有一日本记者在内，自云两日前已闻知班师事。

廿四日，冯氏到北苑召集胡景翼、孙岳暨本军将领等开会议，正式决议合组“国民军联军”，冯自任总司令，胡、孙任副司令，各兼一、二、三军军长。即发出三军将领“首都革命”之梗电（廿三日）。同月，冯氏发出通电，陈出《建国大纲》五条。

回京后，冯氏等如约迭电请孙先生命驾即日北上，指导一切。段祺瑞与张作霖初时主张相同。

廿五日，“国民军”全体将领再开会议，决打倒曹政府，公推黄郛组织“摄政内阁”，行使大总统职权。开会时，闻吴佩孚反攻杨村，孙岳临时提议推段祺瑞出山主政，冀得山东郑士琦之助，以应付军事上严重形势，竟获通过。全局与原定革命计划大变。

曹锟下令停战，免吴佩孚职，调充“青海屯垦使”。

廿六日，张作霖在奉对来访者言：北京政府将由段祺瑞主持。

廿七日，孙先生复冯电即行北上。（其后于十一月七日，冯氏复亲笔具函，托马伯援遄程赴广州面达一切，代表欢迎北上主政。）

廿八日，冯氏再通电提倡“和平统一会议”。

十一月一日，曹锟宣布退位，及下令组“摄政内阁”。

二日，黄郛“摄政内阁”成立。

第十一章　西北边防督办

（四四岁至四五岁，一九二五—一九二六）

下野入山

平情而论，冯氏等之“首都革命”虽可谓成功，而亦不免有失败——可改言失望——之处。所成者，推翻贿选、打倒直系、驱除废帝、迎孙中山先生北上、与夫播传革命思想于北方。此其荦荦大端。其失败在于军事、政治两方面均未能彻底改革，如吴（佩孚）残余势力犹在而遗患不浅，奉军乘机入关为害益甚，皖系弄权致令大局紊乱，“国民军”瓦解，政治理想不能实现是也。其中扭转局面之关键，端在冯氏之突然下野入山。以后全盘局势急转直下，几至不可收拾矣。推究其失败之根源则有由冯、胡、孙三人须自负其责者。［如孙率先自动推段（祺瑞）主政，是一子错全盘皆错，其后一错再错，冯氏亦深自怨自艾，见下文。］然亦有由客观环境使然者。其间因果相承，一一可以考述。

初，当“国民军”班师回京，打倒曹、吴之后，即推起义有功之黄郛组织“摄政内阁”，随而欢迎孙中山先生北上主持全局。在冯氏等初意，原欲邀请全国贤豪在孙先生领导之下，解决国内一切政治纠纷，以促成全国统一局面。至对于中央政府之计划，则原有取消总统制，而采委员制之议。但当时在段祺瑞卵翼下之安福派阴谋家则极力破坏其进行。他们一方面拥护段为傀儡元首，一方面挑拨奉方与“国民军”之恶感，使奉张出兵入关，而同时又暗中维持直系势力于长江，以形成国、奉、直三角形势。（萧耀南之督鄂、吴之兴师攻冯氏，是其后果。）犹记当时自段抵京就职后，《北京晨报》曾注销一幅讽刺画，上绘一顶高标“段执政”三字之军帽，置于三根枪架（国、奉、直）之上，标题云“一根不许动”！盖他们阴谋即利用此三角势力互相牵制之局面，以维持其畸形的政治生命也。（按：未几，徐树铮去国，曾有电致段，劝其必维持吴之势力，即是此谋。）

冯氏自津回京后，段、张旋至，段就临时执政职。冯氏即萌消极意态，七上辞呈，随而宣布下野。首则在天津会议时，奉张骄傲暴戾，咄咄迫人，且对冯毒骂，视为降将。冯氏饱受其气，殊为难堪。（此冯氏《日记》所未书者，后闻之可靠的来源。）次则以段令“国民军”退出天津，奉军入关，尽违前约。三则因吴率残部南下，犹思一逞，兴兵北指以冯军为目标。四则最令冯氏伤感心痛者则以盟友胡、孙等以起义革命联合始，然至是则汲汲于地盘权利之争夺，尤欲与奉军有敌对意，而且盟军内部发生意见，已现裂痕，不大听冯氏劝告与指挥。十一月底，当张作霖、张学良在京时，胡部将岳维峻、邓宝珊二人，竟欲乘夜捕杀其父子以除后患，迫冯氏签署命令。冯氏踌躇久之。初时已允，并令鹿钟麟动员准备。但经三思后，终恐激起奉军反动，演成混战，有利于日人进占东三省，力劝其不可，苦心苦口，直至深夜三时，才将二人说服而罢手。（见《我的生活》页五一七，另见刘汝明著页五八。但谓系胡、孙二人亲来请命。又据当时警卫居仁堂之旅长孙连仲以亲见此事经过对李宗仁言，亦谓当时系由胡、孙二人力催冯氏下令，逮捕张父子，以驱奉军出关，由胡草手令，孙持笔迫冯氏签名，催促达旦；冯终以与奉结盟后一月不忍下此毒手，无论如何不肯签名，乃罢云。见黄旭初《李宗仁冯玉祥两人的关系》篇，载香港《春秋》月刊，黄著自订汇编，未举列日期及号数。但上据冯著谓胡斯时方在彰德接仗，反催岳、邓赴援。似较可信。确凿实情仍待考证。事后张父子似闻风声，即离京回奉。）

对于冯氏之犹疑不决，终于不干，或有批评此为“宋襄之仁”“妇人之仁”。盖以当时实情言，奉军只有郭松龄一团随张父子入京，驻城外，控制两城门，另有一营任护卫。（据刘著谓李景林先带兵来京布置。）冯军兵力自然较优；果一动手，成事不难，至少可将其父子逮捕软禁，要挟其电令奉方将领李景林、杨宇霆、姜登选、张作相、吴俊升、张宗昌等不得妄动，自然惟命是听；日军虽蛮横无理，贪得无餍，但时机未熟，计划未备，断不敢骤然强占东三省；即段祺瑞那时亦成为无爪之蟹，不得不拱手听命而让黄郛继续摄阁了。然而冯却坚决不肯出此毒辣手段，抱持人不“由义”，我要“居仁”的道学家态度，岂非失计？所以后来自怨自艾，悔恨失去了千载一时之澄清军政全局的大好机会。这决断虽可见冯氏根本上“宅心仁厚”，虽自己吃亏受辱，坐令辛苦经营的“首都革命”功败垂成，也不肯背盟而下此毒手。然我从全盘军事局势观之，冯氏之不忍杀张或捕张，在其精密算盘的打算中，此举必引致“国民军”于失败或消灭之恶果。何也？盖以纵能控制奉军或皖系，而吴佩孚尚拥有余力，且可号召长江上下游之直系督军联合北攻，则断非“国民军”一、二、三军所可抵抗者，非至全军尽墨，无能恢复不可。故权其得失轻重，不如忍辱负重，静心观变，保存军力于此时，徐图发展于他日之为愈也。吾以全部权力及久远利害为评论权衡，庶乎探得冯氏之深心、隐忧与远见欤！

当奉张在津大逞威风，施以压迫之时，段私对冯氏念出古时某大臣曾因族人与邻争墙事所吟之诗以讽之，诗云：“两姓相争在一墙，让他几尺又何妨。长城万里今仍在，不见当年秦始皇。”这分明劝冯退让。在上述客观环境与人事关系之下，冯氏为贯彻和平主张，避免再引起内战计，决洁身引退，以为如此可不致与奉军作火并之争，又可去吴与兵之目标，复可维持本军团结。遂于十二月廿四日发长电与吴，痛陈利害，约其同时下野出洋。又通电全国，表明为和平而兴师，为和平而下野，务使“军不成阀，阀不代阀”之苦衷得以实现。廿五日，即将全军军权交张之江、李鸣钟二人，而直接听从政府指挥，飘然引去，避居北京西郊天台山。挽留者纷至沓来，甚至奉张亦派其子学良前来劝驾，均不听，各方面函电交驰亦不复。

在山中，冯氏日读《周易》。在静中反想之际，乃恍然觉悟自己“才能不够”，铸成大错，殆因误解及迷信《易》经“‘谦谦君子’的道理，徒以为高揖群公，急流勇退，是最好的风度”，而不从事积极的、彻底的奋斗以实现其政治理想。这是他第二步走错的棋子。从此狂澜日甚，更无可挽回矣。总而言之，冯、胡、孙等以军人头脑，军事手段，造成“首都革命”，但缺乏政治意识，尤无政治才能，对于挺身力助的政治朋友，“虽过从甚密，亦毕竟未至无话不说的程度”（上引语统见《我的生活》页五一八，自言）。所以一般上台担负政治责任的诸公亦不能大行其道。结果，政治的失败，惨将军事的成功抵消了，而且因而引起以后军事的失败，以至整个大局愈趋混乱。

建设新西北

冯既入山，除奉张仍作假惺惺多方挽留外，段于此举最感不安。旋接冯氏电取消“国民军”组织及请裁撤“陆军检阅使”一职。段等更为着急，盖明知冯氏一去，三角局面打破，非完全受制于奉方不可，而其政治生命危乎殆哉。故为维持均势计，无论如何必不任其远走高飞。于是，再三诚恳阻其出洋，并促其就任“西北边防督办”。（按：十二年五月十一日由内阁总理张绍曾任冯氏为“西北边防督办”，以无的款迄未就任，只于上次被迫出发热河支取以前两月经费十万元以贿曹锟、李彦青而领得枪弹，并以马福祥为“会办”，而以李鸣钟继马为热河都统，张之江为察哈尔都统。冯氏以天台山究离京甚近，宾客及挽留者太多，为避尘嚣计，移居张家口，盖张之江已赴察哈尔都统任也。阅一月，冯氏知无法出洋，责任未完，亟谋补救，遂于十四年三月在张家口就“西北边防督办”职。八月，甘督陆洪涛以病辞职，段又命冯氏兼任。冯氏仍留张家口，而委刘郁芬、蒋鸿遇二人赴甘代行。“国民军”改称“西北军”盖自此始。）

冯自就任“西北边防督办”后，即不问北京政事，而致全力于西北之发展计划，盖其当时之“野心”端在“建设新西北”也。此时直接在冯军势力下之省区，除察、绥、甘三处外，京兆亦在内。前三区主官已见上文，京兆尹前为薛笃弼，后为刘骥，北京警卫司令则仍为鹿钟麟。西苑、南苑以至张家口以外，均为冯军驻防区。时，全军已扩充至步兵十二师，另有骑兵二师、炮兵两旅、卫队一旅、交通兵一团，统称西北陆军（常称“西北军”）。以韩复榘、孙良诚、郑金声（由他军改编）、石敬亭、石友三、马鸿逵（改编）、谭庆林（改编）、唐之道（改编）、刘汝明、佟麟阁、蒋鸿遇、张维玺等分任步兵师长，张树声、孙连仲任骑兵师长，冯治安任卫队旅长，冯安邦任交通团长。全军总司令部设张家口，直接隶其麾下者，至十四年夏，新旧兵合算，已有十余万人矣。各军分驻各区，对于剿匪工作，如旧率先办理、治安成绩甚优。此冯军之一贯作风也。（按：其时，胡景翼之二军已扩充至廿五万人，孙岳之三军则由五千人增至三万人。两者类皆收编吴佩孚之败兵及土匪而来，战斗力弱，军纪尤劣。胡、孙二人，初同在河南，一任军务，一任政务，渐生磨擦。上见薛著页一六一——一六二。）

冯氏到张垣之始，以衙署不敷用，首即从事建一“新村”。于郊外辟扩地数十亩，围以土墙，以石碑建极简朴之房屋数十幢，四围栽花种树。由其亲自监工，工程均兵士为之，故取值极廉，每幢仅费材料千余元耳。工程既竣，冯氏举家迁于此。其官邸为七八尺高之泥屋数幢，与寻常工人住宅无异。发号施令之总司令部亦在新村内，宛然成为“新西北”之都城也。此新村亦即为“新西北”建设之模型。（按：余于民十四年八月初到张家口谒冯氏及演讲，即寓于此新邸，时在冯处任宣教事之陈崇桂牧师任招待。陈尝邀余前往讲演。时，冯氏因徐谦先生之保荐，力邀余为其秘书。余以无意从事军政，且未得燕大同意却之。然余与冯氏之关系盖自此始。）

冯氏既立志开发西北，生平之政治、社会及种种建设理想又得一实验的机会。彼于练兵之余，注全力于社会事业。兹将其在西北所兴办之新事业，略列举下方：

一、贫民借本处　令贫民可借小本营生计，而不须纳利。

二、男女戒烟所　西北全区厉行烟禁，力劝人民戒烟。

三、保婴院　收养贫民婴儿及私生子入院养育。

四、孤儿院　真正孤儿由五岁至十五岁受相当教育，学习工艺。

五、老人院　贫苦之老人及乞丐五十岁以上送入此处。或有残废者亦可入院。绥甘两区亦兴办此事。北京某政治人员由包头回，谓千余里不见一乞丐，治绩全国所无。

六、人民医院　专为贫民而设，免费。

七、平民教育处　西北全区设立贫民识字学校，以八个月为期，教以千字课，成效甚佳。

八、车夫休息处　冯有一次半夜巡街，见人力车夫冷冻街头，翌日即令盖小房多处俾他们休息。

九、工人休息处　为俱乐部性质，内有沐浴、娱乐、阅书报等设备。

十、蒙民招待处　一向蒙古人往来无人招待，均在车站受苦。冯氏建大幕招待之。

十一、五族学院　在绥远设此，为汉蒙人子弟施教育。

十二、小图书馆　为小孩设立。

十三、公园。

十四、修筑马路　以兵为工，全张垣遍筑。

十五、娼妓教育所。

十六、修理河道　张垣每年向有水患，冯氏令兵掘河修桥，又建筑一铁桥，水患遂绝。

十七、基督教协进会　冯氏练兵向以基督教为精神训练之主力。但一向毫无组织，只有中西牧师八九人帮忙宣道，而自己尤为热心宣讲，间或请外间中西教徒到军中讲演而已。至西北时，他觉有组织之必要，于是组织“西北基督教协进会”，以高级军官佐卅五人为董事，张之江任主席，另聘干事七人，陈崇桂牧师为总干事。如浦化人、余心清、胡庭樟、杜庭修等皆干事也。其计划，军中每千人立一牧师，万人立一干事。预算须有牧师一百人以上，然开办后仅得五十人而已。又设“传道学校”为训练军中牧师之预备，有学生六丨余人，浦化人为校长。另设一面粉公司，以其赢余充“协进会”全部传教工作经费。自开办后，基督教工作进行大有进展。

十八、妇女训练班　由李德全夫人主办，军官佐眷属入此补习。

十九、青年会　设立“基督教青年会”，为军政人员娱乐、研道之所。

二十、诚洁旅馆　冯氏鉴于由各处到访之来宾甚多，而张垣旅馆污秽，不堪招待，特建“诚洁”旅馆一所专为招待之用，等于各国之“迎宾馆”，但旅客均收费。是亦创举也。

对外关系

冯氏虽未正式加入国民党，而其宗旨精神早趋一致，故历年自湘、鄂、豫、陕均与孙中山先生及国民党要人使信往还。其“首都革命”一役之发动，亦得力于《建国大纲》。在摄阁时代，其所引用及付托政权之人物，除黄郛外，余如易培基、李书城、王正廷、李煜瀛、李烈钧等均党内之表表者。彼之欢迎孙先生北上，尤愿以全力拥护之，便可以政治手段在国民党领导下统一全国。不幸武力不足，政治失策，受迫于奉、直及安福等系，以致主张失败，遂飘然引退，转以发展西北为己任，相机而动。在西北时，亦因环境关系，未能正式加入国民党，但实际上已开始党化工作，而以三民主义训练其部下。张敬尧被囚于张垣，冯氏即赠以《三民主义》而劝其细细圈读。

而冯氏对于此书研究尤勤，不啻奉为第二《圣经》。

在张垣宾客中，国民党要人来往之踪迹尤多。其著者则有徐谦、孙科、孔祥熙、李煜瀛、吴敬恒、李烈钧、钮永建、李大钊等。黄郛仍常来。钮氏任检阅军队，其他诸人对军事、政治均多方赞助。而与冯氏相交莫逆者，徐谦而外，以李烈钧为最。方孙中山先生在北京协和医院留医时，冯氏格于环境，未能躬身前往问候，乃托李氏代表前去，致送《圣经》一本，请其日日诵读、祈祷。孙先生含泪答云“‘先者将为后，后者将为先’（耶稣语）。余自幼为基督徒，而冯则中年才信教，而其教徒生活比我先着”云云（见陈崇桂《冯传》英文原著页八七）。弦外之音，孙先生其有嘉许冯氏为“后起之秀”以完成其革命大事业欤！计李烈钧对冯军之最大贡献，厥为介绍中日陆军大学毕业、文武兼资（晚清秀才）之江西人曹浩森与冯氏。曹后任“西北军”总参谋长，于国民革命一役，策划军事，数建大功。

冯氏得国民党之助力尤深者，则为联俄一事，此实由国民党为之介绍者。是时，天津已落在奉军之手。强敌当前，日谋消灭“西北军”，而门户封锁，军实与材料之运输，殊无可能。冯氏为发展交通，在津订购汽车亦为李景林所扣留，则其环境之恶劣可想而知。是时，国民党采用联俄容共策略，因时制宜，孙科、徐谦先生等遂介绍冯氏于苏联。冯氏乃派“外交处”处长唐悦良（粤中山人，哥伦比亚大学硕士，冯氏堂襟弟）与苏俄代表鲍罗廷接洽。结果：冯氏得在苏俄聘请军事教官及购买枪械子弹等好处。而“西北军”之军实补充方得无虞。其所购之军械，胥由外蒙古库伦，用汽车运至张垣、绥远。

因冯氏由苏俄购买军械及聘用俄人，而且因张垣密通外蒙，俄商不少，冯氏以俄肯放弃不平等条约而以平等待我，故表示友善态度。

关于冯氏向苏俄购械事，均紧缩军饷，备价买来，而并无任何丧失权利、贻辱国体的条件或密约。最确实的证明就是：后来（民十六年四月六日）张作霖派兵围搜北京的苏俄大使馆，搜出无数重要文件，宣布于世。其中有些是关于冯氏与苏俄之关系的。岂知这些文件不特不能证明冯氏曾订立甚么卖国辱国的条约，反而暴露苏俄不大信任他，谓其非真正的革命者，因而不肯接济其全部的需要之内幕。冯氏一向不知道为甚么以前购枪一万支只得一千，购弹百万粒只得一万。直至这些文件披露之后，乃知俄人之别有会心也。围搜苏俄使馆一事，遂成为大滑稽——在北方苦闷黑暗污秽丑劣的军政界中之大笑话——张作霖此举反为其死敌表彰美德。（按：共产党首领李大钊即于是时在俄使馆被捕，其后被杀的。冯氏与苏俄进一步的关系，下章详述。）

一向冯氏对于外交方针有两句原则：无事时以礼相待；有事时“据理力争”。从前在常德、陕西等处当长官时，与外国人据理相争之事已见前文。在张家口时，与外国人交涉亦一本此旨。其中经过有数事颇可表出其性格者。

一次，有几个俄国人与美国人从包头坐车到张垣。包头驻军非要检查行李不许过去。俄人遵从无事，惟美国人不让检查，且大肆咆哮。驻军不放行。两方相持，没有办法。后来其事直达张家口，由冯氏自行处理。美国人告诉美领事，谓走遍中国多省，一向不受检查。而今在此弹丸之地竟受此委屈，十分不服。美领事告以中国别的地方是睡觉了，惟有此境是睡醒的。冯督办定下规则是不能变更的，非遵照检查不可。美人没法，只有照冯氏所言仍回包头，把行李让军队检查一过方了事。

又一次，有一朋友介绍几个日本人往谒冯氏，是从赐儿山来的。冯氏问赐儿山好不好，日人以荒唐之言答道："好倒是好，可惜就是没有树。高丽在五十年前，也是同张家口的赐儿山一样，一棵树都没有，但自隶属日本之后，我们替他种树。现在你去看，遍地都是树了。"冯氏见其拿高丽地方来比拟中国，有辱国体，当下气极了，即毫不客气地回答："你不要瞎说！你现在年纪还轻呢！你们日本五十年前同印度一样。"这话当时传译人不敢翻，冯督促他只管照翻。那日人听了非常不高兴。内中有一日人懂中国语的，连忙道歉说，他的朋友说话太不斟酌。日人碰了钉子也垂头丧气地走了。（按：其时方在冯处任职之雷啸岑——即"马五先生"——曾引上述事为"冯氏的爱国心亦无可怀疑"之一证，见香港《大人》月刊廿三期《政海人物面面观》，并指明日人来者有众议员岩井。）

十四年（一九二五）五月卅日，上海英租界巡捕开枪轰杀学生、工人，酿成"五卅惨案"，全国愤激。而六月廿三日，广州沙基英兵屠杀学生案继起（即"沙基惨案"）。冯氏更为愤怒，通电主张对英宣战。全国爱国运动得此有力的声援，进行愈为勇猛。而冯氏被帝国主义者之忌恨亦愈深。他更发一长电致全世界基督徒，对于他们不肯仗义援助有微辞，谓"基督教以爱人扶弱为教旨，而对于此次英国人之屠杀吾国民众，各教会及基督徒多噤若寒蝉。反对基督教者辄以传教士来作侦探为攻击之辞将无以自辩"。故"请外惭清议，内疚神明，对于惨案，仗义执言，为基督教争人格。兴废凌替，于此观之矣。玉祥爱教心切，不禁沉痛道之"等语，后在包头有美国牧师古约翰（John Goforth），久在军中播道，为冯氏老友，前来谒见，开口犹是讲基督教。冯氏即问以对于"五卅惨案"等屠杀事件有何观感。古答屠杀固可惨，但英国人必须自卫，而此辈乱党非杀死无以惩办云云。冯氏闻而大为寒心，即不再与谈。因此对于外国教士之观感为之一变矣。当时主持正义之外国人亦有不少，惜冯所闻所见者，不足以代表之，故令其对于外国宣教士产生不良之印象也。

自"五卅惨案"发生后，北京教会所办之男女五校学生，因参加爱国运动而受压迫，退学者数百人，一时无处容纳，辍学堪虞。学生全体公举代表请余设法为助。（时余在燕京大学任教职。）余因与冯氏曾有一面之缘，乃偕诸人乘车赴张垣谒见求援，他虽于军饷支绌之时，仍极表同情，即拨款万元，在北京开设“今是学校”以容纳全体爱国学生，并聘余为校长。其后续有捐款，余亦多方筹募，并解私囊以资维持。及余被迫离京南下参加革命，校务续由陈文驻、陈国梁、窦广林等主持，垂六年之久，至初入校最低一级毕业高中，任务完成，乃告停办。而毕业各大学蔚然成材者不可胜数。余之与冯氏结交盖由于此。方创办伊始，顽固的帝国主义者，咸目为赤化学生及制造赤化之机关也。

是年，美国西部某大学教授，率学生等来华观光，至张垣谒冯氏。寒暄已毕，该教授即搬出美国人之习惯的客气话——其实是自骄自大的话——发问：“你们中国希望我们美国帮助你们甚么？”是时冯氏心里对于“五卅惨案”之愤恨悲痛未消，满肚子郁抑，一闻此言，登时回答：“我们甚么也不希望你们美国的帮助，我只希望你们先帮助你们自己，先把自己恢复到一个人类的国家，再说帮助人。因为你们美国人嘴里说的甚么公道正义，但是骨子里一点公道正义都不讲。英国人在中国屠杀中国民众多次，而你们美国一句公道话也不出口。中国人自来是主张仁爱人道的；你们应该仿效中国人学点为人的道理，还有甚么好处叫中国人学呢？你们美国人很富，我们中国人虽则是穷，但是愈穷骨头愈硬。你们最好自己先帮助自己，不要以此自骄，自己先救出自己，再说帮助人的话。”我一位北京朋友张钦士（青年会干事）陪着他们同去，替他们传译，当下也不敢照译。经冯氏之督促，才敢一一照译。他们听了，当然不高兴了。（按：此真实故事，是事后张君亲为我详述的。）

察区内，有某国人深入内地开一畜牧场养羊千头。冯氏下令关闭牧场，没收羊群。领事出面交涉。冯氏向其质问说：“你们在中国订了许多‘不平等条约’，但即使在种种‘不平等条约’之中，哪一条是许你们深入内地畜牧的？”领事语塞而退。结果：全军饱餐一顿鲜羊肉，而军士们都得有一袭羊皮衣。后来与奉、直在雪地冰天中作战而能耐奇寒，得力于此老羊皮军衣不少焉。

奉军侵入关内

奉张自得“国民军”班师主和之力而打倒吴佩孚后，野心日炽一日，亟谋扩充地盘，伸张势力于沿海及长江各省。以故，始则压迫“国民军”使不得发展，强以李景林继王承斌督直，以杨宇霆继齐燮元督苏，以张宗昌继郑士琦督鲁，以姜登选继王揖唐督皖，并以邢士廉部进占淞沪。意犹未足，复借口拱卫京师，进兵京畿。迫“国民军”让出通州、北苑、南苑之一部为奉军驻扎地。向借三角均势而维持其政治生活之段执政，对此虽不痛快，却不敢置一辞，一任其横行，唯唯诺诺，奉命惟谨而已。其时，冯氏仍注全力于新西北之建设，尤厌恶再事内争，以故凡事降心忍让，以维和平。不意奉张更借口结束苏、皖、鲁军事，再派大兵入关，潜行南下，意欲并浙江之孙传芳而去之。孙知之，乃集中兵力于长兴，准备抵抗。杨宇霆亦令邢部退扼苏常。双方戒备益严，战机一触即发，此十四年（一九二五）十月间事也。

冯氏于是时通电浙、奉，力为调停，卒无效果。孙传芳五路向前猛进。杨知不敌，放弃江苏北走。浙军沿津浦线节节进逼，占据徐州。于是，浙、闽、苏、皖、赣五省，皆为孙有，居然为“五省联军总司令”矣。其时，蛰伏岳州之吴佩孚，亦乘机跃起，前往汉口，自称“十四省联军总司令”，通电讨奉，及痛骂段。然所可异者则语不及冯氏，盖明知张、冯交恶，不欲令二人有复合之机，故集矢于奉张也。惟欲北上则见阻于河南之岳维峻（十四年四月十日，胡景翼死，岳继任），欲东下则见阻于孙传芳，故仅能盘桓于武汉而已。在北方，奉张随而通电数吴、孙之罪，亦不及冯氏。但岳维峻则派李纪才攻鲁，节节胜利。豫军已过泰安而望见济南矣，徒因内部不和致令功败垂成，而全局军事乃大受影响焉。

时，奉军有郭松龄、阚朝玺、汲金纯、张作相等数万人屯关内，以作后援，又有鲁（张宗昌）、直（李景林）军准备应战，其兵力实雄于孙。而其所以骤退者，则以南北战线过长不易取胜，又以先约冯氏攻孙传芳，而冯氏不允加入，乃惧“西北军”将袭击于后，以故，对孙军先行退让，而以全力压迫冯氏，拟先行统一北方，再图南进。于是占据三河，进迫北京。近畿一带，形势严重。冯氏为避免战祸，下令所部退守南口以“人不犯我，我不犯人”为宗旨。段祺瑞于十一月中下和平令，京汉路线责令冯、岳维持，津浦线责成奉张维持。令下，李景林将驻保定军队全数撤退，而旧“国民军”二军邓宝珊部已北上，攻占保定。冯氏复派员前往调停战事，不至扩大。然而奉张联冯攻孙益急，迫其宣言。冯氏乃致张一亲笔函，力数张前此驱逐同患难友人之不对，及用人行事之颠倒，对于宣言则坚决拒绝云：“我已决定，不论如何，不受逼迫而宣言。所谓与兄合作到底者，非为攘夺权利，非为排除异己，非为见新厌故，非为花天酒地，纵己之欲，乃为牺牲性命为国家、为人民也。如我兄认弟有合作之必要、有帮忙之必要，弟就来合作帮忙，否则惟有静待缴械而已。”

这封强硬的复函，无异是接受奉张的挑战书之表示。函发后，冯氏即准备交战。奉方亦令李景林、郭松龄等进攻。于是乎奉军与“西北军”开仗乃为一不可免之事。

助郭倒张之役

在积极备战时，冯氏幕下参谋人员纷纷准备作战计划。李烈钧亦在军中运筹帷幄。但冯氏于此战机紧急之时，仍泰然处之，行若无事，对于各人所陈计划俱不置可否，惟答以自有办法，若智珠在握也者，人皆莫名其妙。迨至十一月二十二日，晴天霹雳一声，奉军大将郭松龄忽然通电举义班师回奉。冯氏捻须而笑，众始明其所谓“自有办法”之办法，盖在极秘密之中，早已与郭缔成反奉之协约，至是揭幕也。

初，十四年（一九二五）秋，日本有大操之典，奉方派郭松龄前往参观，冯氏亦派韩复榘等东渡。旅次，郭、韩二人谈话投机。郭受日本军队精神之感动，深不满于奉张侵略黩武之行动，而对于其与日本订立密约尤为反对。韩乘机与谈国内战争都由张氏野心所致。郭乃表示对于内战必不参加，并不再为张家做攘权夺利之工具，言下大有革命之意。其实，郭在奉军中，以才高力厚，久遭杨宇霆等之嫉忌，屡受其压抑，无法出头。当奉直二次大战后，奉张大将李景林、杨宇霆、姜登选、张宗昌等，均分茅裂土，各得肥美地盘，而郭谋得热河都统亦被厄于杨宇霆，故仍屈居张学良下，遂恨杨刺骨。此其反奉之动机也。及归，张令其统兵攻冯氏。郭称病避入医院。张疑之，电召其赴奉，三次均不应命。郭益不自安；乃潜至包头谒冯氏。（时，已迁司令部于此，以示深入西北不与闻内战之意。）郭举其所见，愿与“西北军”合作，以维和平，且言已约李景林一致行动。冯氏自得韩复榘由日归来之详细报告，已悉郭有异志。且冯夫人又与郭夫人为旧同学，因而深知郭之为人，倜傥有大志，富于革命思想，而志行坚卓不群。冯氏见其主张适符合一己平素之宗旨，而且机会真是千载一时，不可再得，乃允一致行动，以兵力为后盾。当时并约以“母病愈已出院”数字为举兵之暗号。郭即回津筹备一切。至十一月二十二号称“东北国民军”遂高举义旗，发出要求张作霖下野之通电，并请诛杨宇霆，以张前后之黩武穷兵，皆杨之谋也。是故，此次异举，事实上完全是奉军内讧，而自始即由郭本人主动者。不过孤掌难鸣，故联冯氏以求其助以一臂而已（参考刘著页六一）。

郭为奉方大学系将领之中坚分子，极为张学良所信任，奉军精锐如第二、第六两旅均隶其麾下。十四年（一九二五）奉军改编，又得扩充为数师，以其为张学良所信任之故，全部共约五万人。奉军军械以郭部为最优良，而尤以重炮队最得力，郭部实为奉军精锐。今一旦反戈，奉军大势已去其半。郭通电后即举兵立捣山海关，败张作相守军而进占绥中。廿五日，冯氏通电请张下野，并派宋哲元率部为郭援，进兵攻热河以拊奉军之背。段下令免阚朝玺热河都督职而即以宋继任。郭得其援，进攻益猛，不数日即进占新民屯，离沈阳不远。奉张大为震慑，准备退走，且将现金汇往外国去矣。

当郭举义之时，冯氏对鹿钟麟说了一句话："谋事在人，成事在天。"冯、郭协议讨奉，其谋不可谓不周而深；骤然看来，奉张万无不倒之理。顾天下事往往有出人意料和算虑之外者，即郭军失败一事是也。当郭起事时，以外交手段不灵，大遭日人之忌。所思者，假使素为彼国傀儡之张作霖果倒而郭氏继任，则彼国历年在三省所夺得之不正当权利，亦将摇动。遂进兵分布南满铁路一带，且驻扎营口、沈阳等处，以阻碍郭军行动，甚至有加入奉军作战之举。张得此外力之援助，遂得以将所有三省军队悉调赴前线作战以作孤注之一掷。郭之军事进行遂受绝大打击。而且又因郭防范李景林在后方不稳，乃留魏益三所部于山海关，故不能集中全力于前方，亦为失策。

更有一不幸事发生，亦为郭军之大打击者，即李景林之背盟一事。李与冯本有一致行动之约。不意郭打出关后，李忽疑冯氏不利于己而将夺其直省地盘，乃背盟而积极向冯军备战，又在津制造种种谣言以诬冯军。冯派重兵沿京奉路东进援郭，李疑为攻己军亦不许假道，且有从后方袭郭军之讯。冯氏顿觉局势严重，不能坐视，立派张之江为攻津总司令，统大兵攻李军，以打通援郭之路，而关内战事又起矣。

李景林率六万劲旅，并有英国人为助，作强顽的抵拒。开战之始，张之江因兵力不厚，微失利。冯氏继派李鸣钟助战，稍获进展。宋哲元亦率所部由热河至。冯氏乃将前线共编成十个混成旅，骑兵两师，有重炮廿门，并以预备队一师以为策应。最后，鹿钟麟亦由北京赶至前方，献全线总攻击之策。张之江纳之，遂于十二月廿二日下全线总攻击令。李鸣钟、宋哲元、孙连仲三将分路进攻，迭获胜利。翌日，旧二军之邓宝珊部亦由南路唐官屯开到，夹攻杨柳青。旧三军之徐永昌部亦在独流、静海击李军一部。同时，驻滦州之唐之道师，亦克塘沽、军粮城。至是时，天津已在大包围中。及北仓既定，李犹亲自率兵进攻，北仓屡得屡失。至廿三日，李微服至穆家寨视察，见士兵已向天津西站溃退，知大势已去，乃疾回督署。是日下午二时，李鸣钟部占穆家寨。四时，有一部进至西车站。李景林闻之，遁入英租界，后逃往济南依张宗昌。其残部溃散，一部逃鲁。廿四日，李、宋、孙、邓、徐各部会师天津。既获全胜，津路打通，冯氏乃严令所部整装援郭。是役也，战事之剧烈为北方内战所仅见。“国民军”反穿老羊皮由积雪盈尺之雪天冰地上匍匐而进，猛烈攻击，伤亡极重，可见牺牲之大。然而所不幸者，天津完全克复之日，正是郭松龄败亡之时。

先是，郭既至新民屯，距沈阳仅数十里，奉方有日人为助，得以悉数赴战线。郭既闻李景林背盟之讯，派魏益三赴山海关以固后防。其攻营口之军，又为日兵所阻，不得骤来援。而郭军内部复有参谋长邹作华，暗行叛变，为奉军内应，贻误军机。奉张又得其老弟兄吴俊升之生力军为助，统骑兵精锐远从黑龙江南下应战，猛烈袭击郭军。十二月廿三、廿四两日，双方决战于新民屯。郭不能支，全军大败。郭与其夫人韩淑秀改装逃匿。均被虏，旋即遇害。山海关复入奉军手。魏益三率部急退，得冯氏应援，急派佟麟阁旅前去换防，而改编魏部为“国民军”第四军，退驻石家庄。自郭败死之讯传来，冯氏之军事计划完全失败，为之惋惜哀痛者累日。迨十七年（一九二八）北伐成功后，冯氏向国民政府为郭请恤，复自为其铸铜像以表扬其革命之功。郭松龄虽未成功，亦可以不死矣。

冯氏既克直省，即请“执政府”任命孙岳为直隶督办兼省长而以邓宝珊为军务帮办。不料此一着布置却起内部小小裂痕。李鸣钟因觊觎直省一席，竟与几位军官表示反对孙岳之任命。冯气极了，即向部下表示辞职。李等当然不敢再有表示了。孙岳前于十四年（一九二五）八月被改任督陕，惟以陕西军队复杂，号令不统一，督办势力所及仅西安省城，因此愤而离陕，赴保定养疴。及是时天津克复，冯氏即保之督直，一则以酬庸报功，尽其私情公谊，二则借以勉励部下不争地盘。此一着，冯氏确是冠冕堂皇的文章，但以孙军能力薄弱，不堪作战，卒至直鲁进攻，无力抵御，至有后来“国民军”全局之失败。说者恒谓冯氏以直隶给孙为非计，此或仍是“谦谦君子”退让之风有以致之。然其中，冯氏老谋深算，别有会心，似乎有意仍赖第二军在豫以御吴而另置孙之第三军于直以御奉，如是作为缓冲，所以屏藩冯氏本军未可知也。岳尝有对“国民军”之深刻的自我批评云：“一军私，二军贫，三军散。”所谓“私”者得无指此?

冯氏既胜李保孙，即严令所部退回原防北京、通州、滦州及热、察、绥各地，又拨给李烈钧精兵二千，使向山海关进发，暂任警备该地之责，并相机助魏益三部进攻奉天。是时，李景林残部已纷纷退入鲁境。李则由海道赴鲁，联合张宗昌以图恢复。

杀徐树铮

于此，合将是年杪北方发生的一件大事补述，即是徐树铮被杀于廊房。先是，徐奉段祺瑞命赴欧任“考察专使”，曾与意大利独裁者墨索里尼订定军火借款协约。是年十二月下旬归国，廿二日，抵北京。廿九日，又匆匆乘专车南下。卅日上午一时卅分，车到廊房，即有“国民军”张之江派员率兵十余人登车，拘捕树铮，当即押赴车站附近枪毙。其随员数人亦被拘禁，后省释。此即郭松龄倒奉败死后第六日之事也。事后，陆承武通电全国，声明杀死徐树铮系为父复仇。原来，其父陆建章前于民六年六月中，在天津被徐树铮擅自杀毙于天津奉军关内总司令部（张作霖任总司令，徐副之）时，冯氏驻防常德，位卑力薄，不能为其昭雪。此次徐照样被杀，可谓“冤冤相报”。在当时北方军政紊乱时期，全无法纪，曲直是非，难以评定。冯与陆为至亲，且一身受其知遇、提拔、维护之深恩，如系其下令杀徐，即是“以其人之道，还治其人之身”，稍雪愤恨。或谓其主因实系由徐与意国订立军火借款协议所致。至其由陆子承武通电，承认为父报仇，也是好题目。在当时无法无天、乱政乱命之局面下，其事不了自了。（在廊房被捕及旋被毙事，见徐《年谱》。与余以前所闻同。）

然在民国三十四年（一九四五）秋，徐子道邻（卸任行政院政务处处长）向重庆军事委员会起诉冯玉祥杀父罪时，冯氏正任该会副委员长。军法总监部奉命办理此案。承办人殊感棘手。卒以法律规定，杀人罪追诉权之消灭时效为二十年，此案固不超过，但适用最有利于行为人之法律为暂行新刑律规定，追诉权之消灭时效，则为十五年。本案早已逾越，乃判决不受理，遂告终结。（见秦著，页九七）

〔补注〕（一）第七章　当冯氏任陕西督军时，北京美使馆武官史迪威（即后来抗日战争期间任蒋委员长参谋长者）由山西到西安助筑公路，因得常见冯氏及冯军。据其自述当时的观感云：冯主陕政不能禁绝鸦片（按：即“寓禁于征”），一因如一旦厉行禁绝，陕军必起而反抗；次因他抽运烟土以大部供给吴佩孚而留其余为本军之用。（按：其后刘镇华等运烟，不过潼关，转由他路，以避重税。）又谓常听到冯军歌唱基督教圣诗。遍地贴上戒除烟酒、诚实营商、孝敬父母、耕田、织布、读书等格言。各商店亦有写上的格言标出来。冯氏一兵每餐食前认识两个字。军官及妻子一律要上课学习读书写字。另开班训练地方官吏、绅士、警察、卫生人员，以及建公路、兴水利（灌田）等工作。他眼见冯军兵士皆活泼壮健而其枪械皆洁净的。（页九八）

冯军兵营中，每一房间均悬有一幅中国地图（国耻图也），以红笔标明五十年来中国所失的国土——安南、高丽、台湾、旅顺。另有陕西及中国其他各省地图。兵士均比其他中国军为洁净，苦练攀杠，技术优妙。休息时则各读基督教《圣经》。在课室则学读书写字，在工厂则学习各种技艺，如织布、做木工、制鞋、裁缝、打铁等。又为冯氏及其参谋长解释新式武器及其用法（前云冯氏注意于兵术之谈话多于筑路。）（页一〇〇—一〇一）

如果冯氏得不受干扰，长时期他可以实施管治（全省），扫除土匪，严禁鸦片运输，而得有成功希望的。史迪威认为“只有冯氏一人表现出建立秩序与廉洁政府”，

而今又要卷入内战漩涡，而一任陕西退回旧时状态。（页一〇二）

上见B.W.Tuchman.*Stilwell and the American Experience in China*. 1971.Macmillion。

（二）第九章 《革命之酝酿》一节内言，吴佩孚在第三镇时“伪为加入同盟会”及向统制告密出首同志，与入晋侦探事，统见蒋鸿遇：《国民军二十年奋斗史二集初稿》页一二一——二二。当时第三镇统制是曹锟，非吴禄贞。以上两点，承编者提出疑问及指正，谨致谢。另据章著《吴传》（页一二三——三三），吴当时系第三镇第一协统卢永祥部下炮兵第三标刘标统所辖的第一营管带（营长，非团长）。刘标统等十余人系革命党人，与晋方已埋伏下的革命军暗约一到娘子关后，即劫夺全协军权。但火车刚过娘子关前一站的井陉，刘标统等悉被吴与张福来挥兵捕了去。革命计划失败，太原乃不守。曹锟面许升吴为炮兵三标标统，但未实现。由此可见蒋著是事出有因的，不过详情仍待考证。

第十二章　去国与归国

（四五岁至四六岁，一九二六—一九二七）

下野原因

李景林既败，大局形势为之转变。吴佩孚见天津已为冯军所占据，即宣布取消自己的总司令部。张作霖亦乘机主张和平。在冯氏则另有新觉悟，深感自来战争之后，胜者多招嫉忌而败者尤思报复，而是时，吴、张二人已有化敌为友、联合攻冯氏之势。三角关系二对一之阵线又如此调换，极不利于冯方。盖南方之国民革命军尚未出师北伐，“国民军”二、三军战斗力弱，殊不足以抵抗吴、张之联合。冯军陷于孤立之势，生存可虑。冯氏于是即以临崖勒马手段，于十五年（一九二六）元旦宣布下野，旋于十四日由包头西去至平地泉小地方。在其意中，以为自己一旦引退，将可以移开奉张之目标而内战不至再起矣。按：据菊叟《吴佩孚联粤不成的内幕》谓吴初有意联国民党合力攻奉，于北上前曾派潘赞化代表赴粤联络。国民党方面亦赞成此举，但亟亟要保全冯军，要求只攻奉不攻冯为条件。吴不纳，故不成议云。此诚有可能，因吴前曾接受国民党重金方离湘北上，故彼此大有渊源。不过此次之详情如何仍待考。（上见香港一九六五年十一月六日《星岛日报》，承黄旭初先生寄示，谨谢。）

殊不知后事之发展大出其意表者。缘吴对冯之旧恨未息，张对冯之新仇难忘，且直之李景林与鲁之张宗昌，尤蓄意报复。平、津、豫、粤而外，遍地皆冯氏死敌。吴、张等于讨奉一役结束后，即信使往还，缔结合作之盟，以“讨赤”为号召，共向冯军进攻。处此险恶形势之下，冯氏立刻撤退全军至平地泉以西。如此，既与中原无争而一任吴、张从事角逐。这本来是上好战略，可惜部下迟疑，未及实行而吴已挥军北上攻豫，且奉、直、鲁又联合攻直隶之“国民军”。战事一启，退兵为难。最先，孙岳不敌，鹿钟麟派兵赴援。斯时，“国民军”战略：天津方面取守势，南方取攻势。其初，节节胜利，连克马厂、青县，进围沧州。方长驱入鲁，讵料晋之阎锡山误听挑拨之言，忽加入奉直联军阵线，突出兵大同、石家庄两路，威胁“国民军”后方，而豫方之“国民军”二军，又因内部离叛，不敌吴军，弃豫入陕；岳维峻且被晋方俘去，几于全军尽墨。同时，外人敌视者又深恐“国民军”得胜将不利于己国，乃援《辛丑条约》，有威迫大沽之举。冯军于是时，后顾有忧，藩篱尽撤，战斗力虽强，何克以孤军当此？会王士珍等出面通电主和，鹿钟麟遂于三月廿四日一夜尽撤天津大军至北京附近。方期进行与各方议和，无奈奉、直联合之“讨赤军”仍进逼不已，鹿乃挥兵在京东、京南一带竭力抵抗。

在这期间，北京有一可悲可痛之事件发生。先于民十五年（一九二六）三月十八日，北京学界全体，愤恨外人在大沽口压迫吾国，联合游行示威，整队至执政府请愿抗议。不意段祺瑞之卫队竟开枪屠杀，当场死者廿五六人，伤者四十余人，死于医院者又廿余人（见李著页二八二），酿成“三一八惨案”。（我“今是学校”也有一名学生殉难，余亲自前往收尸及领回校旗，俱被凶兵申斥。）时，“国民军”全部仍在前线作战，而执政府自有卫队不少。“国民军”将领隐忍不欲与其为敌，以免后防发生危险。后因鹿钟麟侦知段与奉张阴谋里应外合，要把北京的“国民军”全部消灭，所以“先下手为强”，于回师时，首先解散其卫队，稍为爱国青年雪冤，且于四月九日举兵围执政府，欲执段问罪以谢国人。但段于三十分钟前闻风先逃，仓惶走匿东交民巷。执政府乃瓦解。

鹿即与各方作和谈。吴佩孚最反对和议，必要鹿交出队伍，归晋阎改编，复电有“恨不能食汝之肉，寝汝之皮”等语，同时，奉张亦反对和议，非根本消灭冯军不可。由是奉直联军继续猛烈进攻。鹿乃于四月十五日实行总退却。退兵时秩序井然，匕鬯不惊，绝非兵败溃退之现象。“国民军”退至南口。其地早已造成极坚固之防御工事，即由鹿与刘汝明指挥全军据守。后方仍由张之江任总司令，坐镇张垣。

是时，奉、鲁、直军占据北京，矛盾立现。段祺瑞三方不讨好，势难再立足，即本身之安全亦在堪虞。奉方暗中释放之，乃得潜赴天津，吴为之不怿。旋而奉、鲁、直三方各提出所要通缉杀害之名单。结果：三方折衷，合成一新名单，共二十四人——邵飘萍（《民报》总编辑）居首，蒋梦麟（北大校长）次之，林白水（主笔）又次之，余名列十八。盖余已与冯氏交往颇频，兼主办“今是学校”，故被视为冯派中人物也。邵、林二人被执死之，其余得免。

游历苏俄

方奉直联合共对“国民军”宣战之际，冯氏已知“西北军”地位非常危险。其始，先欲自行下野以求和平，而敌方进攻如故。以一敌二形势尤为严重。乃决意去国，于退让之中谋一线生路。此一线生路者，即图与南方之国民党切实联合，以期南北革命势力夹攻军阀是也。战事既启，即由包头移居绥远小镇平地泉以作去俄之预备。留张、李、鹿、刘、宋等将领——所谓“五虎将”，分任军事，而以张代理主帅。张等恳切挽留，甚至伏地痛哭，而冯氏意志不移。卒于三月中先送家眷北上，自己于三月廿日由平地泉动身乘汽车赴库伦。同行者，除将领数人及卫士等外，并与徐谦、刘骥等偕行。

阅三日，车抵库伦，备受外蒙国民党领袖丹巴等之欢迎。他于此盘桓数日，除参观、考察外，有一最重要事件发生，即是：中国国民党要员顾孟余、于右任等偕俄顾问鲍罗廷，于其抵库后十日亦到此相会。诸人连日与其密商救国救民事业之进行，及国民党之主义与政策。冯氏大受感动，而至决心以全军加入国民党。据其自述经过如下：有一天晚上，鲍用坚决凶猛之语直问："公拥有中国至为强勇的军队，素抱救国救民的宗旨，但究竟有何具体的整个计划和政见，以实行救国救民的宗旨？如有，而又胜于国民党所主张的，我们将必离开国民党而共来辅助你。如其没有，则请你立刻加入国民党，接受其主义与政策，联合一致，共谋国是。"这寥寥几句话，简直是对冯氏挑战！他自谓当时受此质问，面红耳热，无言可答，因知自己究是一个军人，素乏政治见识，只会练兵打仗，只有革命救国之心，却无计划与政见。当时，眉头皱了一夜，不曾合眼。由是立下决心加入国民党。及抵俄京之次日，即正式入党，决与全体党同志，共同努力于国民革命的战线。时为五月十日，即"国民军"新生命初成胚胎之日也。（按：徐谦先生前奉孙中山先生命与冯氏联络，不惮奔走南北，苦口婆心，热诚恒忍，为党为国兼为冯氏矢忠效劳，多年无改。如今前愿能偿，终不负孙先生重托。日后革命胜利，多赖于此。其功绩在历史上不可埋没也。）

先是，顾、鲍等先行离库赴俄。冯氏亦于四月廿八日出发，而暂留眷属于库伦。五月九日，车抵俄京莫斯科，备受苏俄政府、军队及中山、东方两大学之欢迎。未几，其家眷亦随来，共作寓公。

冯氏在俄生活，最重要的一点乃在研究与考察。对于苏联之政治的、经济的、文化的、教育的、物质的、军事的、社会的种种新建设均十分注意。每有所观感则恒以本国状况作比较研究，而默思将来如何改造之办法，见解多有独到处，对于其个人增加见识不少。

冯氏有充分的机会，得与苏俄领袖人物、军事家、教育家、政治家、新闻记者、平民及世界革命领袖常常晤谈。个人胸襟抱负自然开展不小。

一日，彼晤见俄领袖老练革命者加里宁，饫闻其革命理论："①革命家须仰仗本国，不可仰赖外国；②革命军须与农民合作；③军事外须侧重政治；④人民全体须依赖革命军队。"又往晤红军领袖托洛斯基，所受印象尤深。托氏告之曰："①治国非一党不可；②治军在主义不在武器；③作战以骑兵为要，尤重在宣传。"此种理论皆冯氏前所未闻未知者，不啻为其开了新眼光。其在俄所得，可见斑斑。

其在俄所感受的印象之最深刻者，则为共产党之严密组织、有效工作、宣传方法、严厉纪律、刻苦生活、紧张活动及"世界革命""民族解放"等理论。冯氏本人半生之生活与主张，大抵有类于此，故其为之感动亦自然而然。他想起吾国人之一般的散漫放任的生活与不能团结之习惯，又忆及国民党党员多有松弛失律、目无党纪、忘却主义者，乃立意仿效而实行人家的优强处而改善自己的劣弱点。

冯氏居俄三月，于会客、参观、讨论之外，仍不忘求学、修养、工作三事。自与彼邦人士接触，乃见人之建设而形己之短处，乃深觉自己学问见识之缺乏，于是其常求进步的头脑再开接纳新学问之门，而刻苦求多一点学问。彼于离国时，即开始习俄语，日日不辍。此时对于普通日常应用语已略懂，但可惜以年将半百之人而初学佶屈聱牙之俄语颇难上口，虽其深自鞭策，要亦难超过自然律之限制也。对于经济、政治及社会学说等学问，此时更勤恳研究——或自读书，或请人讲解，或请人译述，而得有种种新颖的见解。家居时，又聘一名师教其绘画，一则以消遣精神而又以为"绘画细事，须静心，正可药余爆焕懒惰之弊"云云。日中稍有暇时则又执斧锯为木工以习劳，大有陶侃运甓之意也。至其修养自省、求知改过则尤为精进，盖努力十年于污脏的政治及烦杂的军事中，此时他乃得唯一的机会，超脱环境，反省其言行，务求自造成一新人以担负将来的更新而更大的责任焉。

旅俄时，所最令冯氏心痛者，则"西北军"战事消息愈来愈坏是也。

彼虽在俄而心则系于本军，可说无时无刻不以向在其卵翼下的团体十余万弟兄为念。其始，他即极不赞成扼守北京、南口，曾严电令全军退驻丰镇以西，一则暂避奉、直联军合力攻击之目标而任其自相倾轧，乃不致与段公开决裂，相机再出，次则可避免晋阎之袭击后路。此战略诚策之上上者。张之江继任，本遵依冯氏主张，尽撤全军于西北。无如张本代总师干，而魄力不充，且声望不足，亦不能指挥相与伯仲之大将。计其时刘郁芬与蒋鸿遇在甘肃，宋哲元亦留守热河，其在前方之急进者，如鹿钟麟、李鸣钟等，则欲贾其余勇，誓死一战，坚决留京观望，不肯轻退，故卒有多伦之失，而继有南口之撤兵西退，遂至全军受了莫大损失。（时，冯仍在库伦，痛闻其事。）其后，冯氏远居苏俄，爱莫能助，每接战报，恍似万箭摧心。无何，本军将领及各方同志均力劝其返国。冯氏因与国民党及共产党领袖商妥合作努力之计划，遂于八月十七日动程返国，时在南口失守后之第三日也。（按：余多年后始怀疑冯氏继室李德全实于留俄时期，秘密加入共产党，以后埋伏在冯军中任共产党地下工作，宛然为军中共产党领导人，详后。）

南口之役

“国民军”自四月十五日退出北京后，即分派重兵扼守东西南各要隘。是时，全军编制：张之江任全军总司令，鹿钟麟、宋哲元分任南路、西路总司令。刘汝明扼守南口；王镇淮、席液池守察东之沽源、多伦；韩复榘、石友三守平地泉、丰镇。各将领团结刻苦，誓死坚守，不肯撤兵。“西北军”已为张、吴集矢之的，又以负隅抵抗，遂使奉、直两方以同仇关系仍联合进攻。此时，在政局方面，奉张让吴氏操北京舞台。五月中，吴入京后首即释放囚居延庆楼之曹锟，并即与张作霖协商联合奉、直全军，进攻冯军。奉方之吴俊升、汤玉麟由热河攻多伦。鲁军张宗昌及直军攻南口，而以吴佩孚为总司令。复由阎锡山晋军攻丰镇。计三面攻军全部兵员五十万人。“西北军”应战策略，最初在多伦、南口取守势，而对晋北则取攻势。

对晋之战，甚为重要，以其形势足以扰乱后方；若克敌制胜，不特巩固后防，而且可打通陕、甘直接联络线，又足以多取给养，更加可以控制北京、直隶、河南三地。前当战胜李景林后，俄人鲍罗廷即由粤北上谒冯氏，密献取晋之策，谓如不乘时攻晋，后必受其大患云。然冯氏当时正力主和平，不欲兴无名之师，轻启战端。（其后果如鲍之所料，受晋威胁。）至是时，形势危急，三面受敌。雁门关以北诸县尽为西北军占领。张、宋等卒以战线太长，兵力散开，不敷分配，乃停止进攻。

南口、怀来方面，奉直军始以靳云鹗、田维勤、魏益三（两人时已投吴）进攻。各军虚与委蛇，不敢进兵，吴怒免靳职。六月，张作霖至京。奉直联军乃猛攻各地。张宗昌、张学良、褚玉璞等亲率精锐赴南口督战。“西北军”刘汝明、张万庆仅以第六师一万六千人守南口。防御工作极为坚固，鏖战数十日，战事极剧烈。奉直军死伤数万人，卒不得逞。

“西北军”战事，西、南两路俱严阵以待，屡获胜仗。惟多伦东面，密迩热河，敌军进攻不易，且以地势多山，险要易守，故守军无多。而奉方则令吴俊升、汤玉麟等暗率黑省精锐骑兵，劳师远征，越过热河荒漠苦地而猛攻沽源、多伦。王镇淮、席液池及民军蒙三点等坚守，黑军不得逞。后以兵力单薄，张垣总部又以各路吃紧，无援兵之可调，多伦守军渐呈不支。此时王、席二人因事发生误会，席竟弃职逃去，黑军遂长驱直入。沽源、多伦一旦失守，张垣之后方藩篱尽撤，不得不放弃。八月十四日，张之江乃急下令全军退却；南口刘汝明师亦退，计只余六千人耳。奉直军遂分占张垣、南口，且西进追击。

南口之役，为“西北军”战史中光荣之一页，能以极少数兵力抗拒奉方精锐大军至四阅月之久。虽因形势不佳，众寡不敌，卒至放弃，且蒙甚大损失，然而是时南方国民革命军已长驱直入湘、鄂，估计南口全役之军事价值，则因西北军之牺牲，牵制吴之全师，使不能南下援鄂，遂使南军节节胜利。及南口退却，吴急回师赴鄂，则时机已过，败局不可挽回，终至一蹶不振，而国民革命军遂成大功。是故此役对于国民革命贡献甚巨也。

“西北军”之西退，以事起仓猝，运输不灵，秩序凌乱，损失颇大。留驻晋北之韩复榘、石友三、张自忠等部，撤兵不及，乃与商震妥协暂归晋方改编，一则以保存实力，二则以掩护退却，三则协助晋军扼守绥远以阻奉军之发展，亦计之得者。但军中有些同袍便以为他们背叛团体，变节投降，始终不能原谅了。其沿途西退之各部，因运输不利，或则徒步西行，或则流亡山野。迨在平地泉、五原等处集合，队伍凌乱，几不成军，军实之损失更无可计算了。加以塞外奇寒，食料不足，军衣粮食无法补充。困苦之状，难以笔述。此时也，西北全军合“国民军”一、二、三、五军之众，仅余数万人，乃随便并集编成师旅，但饥寒交迫，敌军紧追，前路茫茫，而又无主帅，全军精神颓丧，希望断绝，士气不振，能力全消，环境恶劣，光景绝望，“西北军”生命危乎殆矣。（按：“国民军”第五军名号系方振武部脱离鲁张宗昌部投效改编。）

五原誓师

当全军西退之时，冯氏正由俄动程回国。这时，李鸣钟与刘骥在广州已与国民党联络成功，这正是最适宜的时机。今后挽回浩劫，奋斗厄运，重结团体，而使全军起死回生，皆于此行赖之矣。归途中，冯氏历经戈壁大沙漠，以五原为目标，汽车穿过雪地，路途不熟，向导误导，屡走错路，几陷敌军中。冯氏后言此行不患在没有路，而患在“头头是路”，极易走错方向。加以沙漠奇冷，饥寒交迫，辛苦异常。在此苦难中，他只有所怀抱的新使命足以振起百折不挠的精神。一夕露宿河边，思潮涌至，心绪如麻，不能入寐，口占二绝云：

解放民族欣回国，露宿河边梦不成。革命未成心未了，卧听流水到天明。

去而复返大劳身，多为当时错用人。借此警余他日事，前车已覆莫重循。

（自注：缘错用向导，走错路途，须回车另行别路，故感而赋此。）

将抵五原，正是“西北军”情况至为凄惨绝望之时，有将佐数人前往迎接，私对他说，光景不好，大势已去，力劝其不必前来，不若乘原车回俄之为愈云。但冯氏谓去时因无法而去，回时乃有办法而回；纵剩下五百人，仍要拚命干下去，以完成国民革命，语焉悲壮，自信力强，充分表现出其性格。

九月十六日晚间八时，冯抵五原，即与二军于右任（本由包头再赴俄，中途遇冯氏，相将同返），三军孙岳、徐永昌，五军方振武，六军弓富魁（新改编）及本军鹿钟麟等会晤，相商进行事。冯氏立即施行其“办法”。此时，他已真实的彻底的革命化，得有国民党之主义及计划，加以在俄所得之共产党革命理论与方法，故自信有办法。彼之最高的革命理想乃在世界被压迫民族之解放，而其先着则努力于中国民族从帝国主义铁蹄下得解放。此即救国的革命理想也。其次，则为大多数被压迫的民众从帝国主义、万恶军阀与种种社会上不良制度压迫下谋解放。此即救民的革命思想也。既其有此解放者的觉心，其所运用的方法，对内则首先注重军队在国民党领导之下有新团体，所谓“同志的军队”，以严密组织与纪律促成之；其次，则为军政人员全体之政治化，务使全军军官佐深深认识三民主义而担负革命的使命。至对外，则一方面与南方革命军联络共进，在他方面则注重对民众的政治工作——宣传，务使民众与军队联合在革命战线上共同奋斗。至于政治计划则悉遵孙中山先生所定之《建国大纲》而实行之。冯氏游俄之所得，即此革命策略也。此次与其俱来者，有俄国军事顾问乌斯曼诺夫（原名Sangurskii，见薛著页二〇一）等数人，并有共产党之刘伯坚（鄂人，原留学法国，后转入苏俄“东方大学”）等帮忙政治工作。于军事、政治进行，颇得诸人之臂助焉。

冯氏受诸军将领一致推举为“国民军联军总司令”，即于翌日——民国十五年（一九二六）九月十七日——在一小阜台上宣誓就职。由中央委员于右任为国民党代表授旗。青天白日满地红之“国旗”，第一次高悬于“国民军”中。而前经放弃之“国民军”名号又复现了。冯于数万众欢声雷动、希望勃发之武装同志中，庄严宣誓，誓词曰：

本国民军之目的，以国民党之主义，唤起民众，铲除卖国军阀，打倒帝国主义，求中国之自由独立，并联合世界上以平等待我之民族，共同奋斗，特宣誓生死与共，不达目的不止。此誓。

冯并发出宣言，通电全国。此外又颁布治军新诫条，名为“九一七新生命”，所以保存本军之精神而训练革命者之人格。文曰：

烟酒必戒。嫖赌必戒。除去骄惰。除去奢侈。实行勤俭。国民革命。方能成功。

此诫条颁行全军及所领导之各行政机关，为军政人员之座右铭，影响于道德人格方面至大。以后，“九一七”遂成为“国民军”永久的大纪念日。

先于六月间，粤方谭延闿、蒋中正诸公，去电邀冯氏赴粤参加革命。他即派李鸣钟、刘骥为全权代表，后由俄回国接洽，并电谭、蒋等，促其进攻武汉。国民党中央党部乃任冯为“西北军”之国民党党代表、国民政府委员及军事委员会委员等职。是故五原誓师之后，全军名义虽未改，实际已成为国民革命军矣。自是之后，“国民军”自身得生存与发展，而且得有时代的新使命与政治的新生命。而冯氏本人一生之革命史，又进入一个完全新的阶段了。

“国民军”新生命

是时，“国民军”各军流亡散失于塞外绥远、察哈尔各地者数万人。其残破集合于五原一带者亦数万人。冯氏就职后，第一要着即是重结团体。先将退驻包头以西一带之队伍重新编制。其次，则招集流亡。全军各处兵将一闻冯氏回来的消息，无不额手称庆，精神顿振，都说：“老总回来，不怕了，定有办法了！”冯氏乃冒险亲至包头（已落晋军手）。时留在晋北之韩复榘、石友三、张自忠等五师之众，一闻其至，全体翩然来归，复隶麾下。（按：韩、石等投晋，当时各将领颇不谅解，已见前文。）冯不究既往，亲接其重投本军怀抱，力量顿增，以后作战殊为得力。尤足称为奇迹者，则是沿途散失流亡之五六万人，虽无将官统率，乃自冯氏归来之消息辗转传播，三五成群，亦陆续携枪归队。全军经冯氏讲话鼓舞，多方抚慰，大为振奋，已死的希望及已失的信仰，顿然复苏。统计是时全军，连前时原驻甘肃之完整的一军，共有廿五六（？）万人，比原有兵额损失尚不到万人。不过，物资损失，军纪松弛，是自然的果子了。但经冯氏加紧整顿后，昨日仍为残破之军，如今又生气勃勃，在新编制下，迅又成为劲旅，预备再行奋斗了。冯氏之归来，恰似磁石之高举，群针被吸，奔赴团聚，再成一体，其人望摄力之强大可想。而十余年来苦心孤诣训练之功，于此完全呈现，效果亦最称意了。

在五原时间虽不久，而全军因环境恶劣，物质上困苦特甚。冯氏亦于此时最能表现其与士兵同甘苦之精神。兹述其生活中之鳞爪数片以为征。该地近沙漠，水为奇罕难得之物。每晨起床，冯持半碗冷水，高呼“同志们洗面了”。于是在其左右者，有如石敬亭（总参谋长）、何其巩（秘书长）、鹿钟麟等五六人，及其他最高干部，则与其环立一圆圈。他以碗吸水半口，递碗于旁一人，自己以口喷水于两掌，即以之擦湿全脸，后以巾擦干，而所谓洗漱之事便算完了。别人轮流效之。及至人人洗脸既毕，那碗水还未用完，否则便有“浪费”之感觉云。

其用饭时，冯与最高干部亲自共同造饭。造饭之法：总参谋长去拨马粪，秘书长发火烧粪，而联军总司令则双手挑起一洋油桶于马粪火上，桶内有小米汤。汤熟则造极粗的黑粮为饭，间或有些少羊肉，则放火上烧吃。这就名为“革命饭”——内容粗粝的大锅菜，放在当中，各自取吃以送粗馒头下咽。（以后在革命战斗期间，“革命饭”仍是全军的长期粮食，此著者所常尝而不堪尝者。）

至于全军服装，更破烂不堪，皮棉衣服亦不齐全，人人冻冷难堪，冯氏尽力设法为之补充。边僻荒漠之地觅布不易，则无论什么杂色布一概用上，故军中每有穿红着绿、款式奇怪之服者。冯氏于多年后回思前情，犹不禁轩然大笑也。未几，寒衣问题幸得解决。当地有一已故的垦殖英雄王同春，自开运河，辟地牧羊无数。其子王英感于冯军之爱国热忱，慷慨报效数万头，全军于是有羊肉吃，又有羊皮制造军衣了。

“九一七”为“国民军”新生命诞生之日。所谓“新生命”者，不特是全军团体复行结集、精神再作振奋之大意义，而且自此之后，“国民军”即兴起两大变化：一、军事上之新战略，二、政治上之新训练，是即军事上与政治上之新生命。

五千里长征

冯氏回国后，部署队伍稍复秩序，休养补充亦得稍为充分，于是即切实施行其素所主张之军事新战略，即是——由反攻张垣、南口而克北京之企图，一变而为全军经甘肃，入陕西，出潼关而与南方革命军会师中原后，再行扫穴犁庭之远大计划。简言之，即是“固甘援陕，联晋图豫”。盖以奉军新胜之后，气焰方张，而是时由粤北伐之国民革命军，尚与敌相持于鄂、赣。假令“国民军”以全力出包头，取张垣、北京，则敌强我弱，孤军作战，未能与南方革命军形势相接而彼此联络应援。但若放弃东路，不惮作大迂回，而改道由陇入陕，则既可急救在陕被困之“国民军”二军，又可径出潼关而与南军会师中原，共同北伐。当时，国民党之北京政治委员会（地下组织），如李大钊（时尚未被捕杀）、李煜瀛（石曾）等，主张此计划最力，密派人北上绥远献计，并将侦探所得奉鲁军势力之内容，及驻兵地点等确实军事情报与重要政治消息汇报，尤足为进兵之大助力。冯氏于是毅然决定施行此新战略。首先于九月下旬，编定“援陕军”共七路，出发援陕：第一路方振武（五军），第二路弓富魁（原属二军，因与他将领不合，新编为第六军），第三路孙良诚，第四路马鸿逵（本宁夏军），第五路石友三，第六路韩复榘，第七路陈希圣、刘汝明、韩占元、韩德元各师及郑大章、张万庆等旅。孙良诚兼任援陕总指挥，方振武副之。各路陆续出发，而富有革命意义及甘肃历史性之五千里长征于焉开始矣。

方吴佩孚与“国民军”为敌时，令刘镇华率“镇嵩军”八万人攻陕，又令甘肃之孔繁锦、张兆钾两镇守使兴兵攻留驻甘省之“国民军”（约十万人，仍归刘郁芬指挥，蒋鸿遇为佐。全部完整如故）。苟陕甘不守，则“国民军”最后之根据地尽失，非至全军消灭不可矣。在战略上言，吴之计划不可谓不周密而毒辣。“国民军”东、西诸方面以至后路同时受攻，必无幸存之理，而结果竟不特能保全实力，而且终获胜利者，则不能不赞许“国民军”训练之有素，而且冯氏归国主持之为适合时机矣。甘肃敌军先经刘郁芬全数扑灭，心腹之患既除，又得俘获之战利品及孔、张军所储藏之粮食与现金不少，尽资军用。而内部肃清，后顾无忧，东进之大路既通了，援陕大军因得急进焉。

时，刘镇华全军包围西安数重，已逾八月，但因守将杨虎臣、李虎臣二人（均国民二军旧部）坚守不降，屡攻不克，故得保存。杨氏尤其倔强，尝于最危急之际对李云："我们决不投降。如城破之日，你在那边钟楼，我在这边鼓楼，各拿一条绳子双双吊死。"以故军官与士兵万众一心，决死守城。粮尽则以豆渣、豆饼充饥，弹少则以石头应敌，强顽耐战，是全军特性，孰敢谓"秦无人"耶？西安为通甘肃大路，城不破，故"国民军"根据地终得保存以为卷土重来之出发地，则西安之役，在革命史中亦殊为重要也。

孙良诚既奉令急行援陕，自平凉出发，率前方各军由邠州大道向西安前进。冯氏以驻天水之张维玺师进取陇县、汧阳，以掩护大军之右翼。十月初旬，五原之方振武部及宁夏之孙连仲师与固原之马鸿逵部，皆分途出发。孙良诚为冯军后起之虎将，与士兵徒步同行，昼夜不停。士兵疲倦至极，足底且起水泡，孙足底亦有水泡，则脱鞋拔刺刀，一一刺破，扬臂先行。全体振奋兴起，亦随行。真急先锋也！及抵咸阳，全军兵将不特疲乏莫能动，而且衣履尽破，刺刀遗失不少，全部仅得万二千人，骤遇十倍之敌。但孙部为"国民军"精锐之师，其本人亦为智勇俱全之将，方乘在甘战胜孔、张之余威，复迫于救援友军与参加革命之大义，前途生死困难，在所不顾，惟有向前拼命硬干，以故卒成莫大之功。

十一月廿三日，孙抵咸阳，敌军望风撤退，立克其城。孙乃以方振武及陕军一部为左路，甘军马鸿逵部为右路，而自居中路，直攻西安。惟方不肯作战，而马亦不愿行，只肯借给子弹十七万粒而已。孙固不怿，但亦莫之能强。敌军集中兵力猛攻中路，战况极烈。适孙连仲、刘汝明两师赶至，即分途加入左右两翼作迂回猛攻。廿六日，全线开始总攻击，两翼军抄袭敌军后路成功，刘镇华不得不狼狈东退。

时，西安守将杨、李二虎，困守孤城八阅月，粮弹俱尽，希望断绝，已束手待毙，准备与城俱亡。再过三天便不能守了。忽然救兵从天外飞来，及时先得暗约，则亦开城夹击。围师大败，纷纷溃逃，向南遁入嵩山。大势已去而刘镇华仍欲死战，卒由其弟茂恩力劝其罢手，乃从焉（劝兄事见刘著页七九）。

十一月廿七日，西安解围。刘汝明师最先入城，军民欢忭莫名，视为“再造三秦”之救星。孙部乘胜追击，俘获无数，军至河南西部阌乡而止。所获枪械，尽为补充后方徒手兵之用。是故有好几部只有官兵而无枪械的队伍，迅又复成为正式军队了。军事乃告一段落。是役也，孙良诚以孤军沿途苦战一月，乃奏肤功，所以许为北伐功首（《我的生活》页六四八）。孙身为前敌主将，当然受之无愧。西安城内，人民极苦，粮食早尽，至析骸易子，以树皮、皮鞋、豆渣等果腹，饿殍载道，生存者多皮黄骨瘦，身患大病，面现菜色。城围既解，乃庆来苏。“国民军”入城，于整顿军事外，即行救济民生。

冯氏在五原，既已整饬队伍，分遣出发，先于十月初极力注意整顿军纪，曾下严令告诫全军守纪律。全军既整饬完竣，乃于十一月初旬，亲赴包头一带慰劳将士，然后预备入甘趋陕。当时奉方闻冯回国，整军经武，大有死灰复燃、军威复振之势，为之大惧，急派大军西进胁迫。冯氏乃命郑金声为东路总指挥，督率石友三、陈希圣及骑兵三师各部在包头、五原一带，步步防御，渐次西退。至下旬，冯氏归五原，布置既毕，命鹿钟麟、邓哲熙率官佐廿人赴俄参观，以增见识。同日，冯氏亦乘车出发西进，督饬各部节节入陕。十八日，军次磴口，而孙良诚解西安围之捷电至。冯氏即赴宁夏、平原，卒于十六年（一九二七）一月廿六日抵西安。后方队伍亦陆续开至。冯氏到西安后，即加紧筹备第二步计划——会师中原。

“国民军”此次全师西进，由绥远包头而经甘肃以至西安，其后再出潼关而入豫，历程共约五千里。十余廿万貔貅之士，生活于无衣无食之荒漠，跋涉了冰天雪地之长途，有时军行十余日不见人烟。军官佐与士兵，在中途冒寒，或冻僵手足，终身残废者，或头面耳鼻，冻疮溃烂，沿途呻吟者，甚或因饥寒丧命者，不可胜数。（后来余至西安犹可眼见残废或患病未愈者，惨不忍睹。直迄多年以后，每与老军官们谈及当年惨苦情状，犹如谈虎色变。）至军实之运输，则借用民间骆驼八千骑；到陕时亦生存无几。冯氏后来均备价偿还焉。长征途中，全军革命热诚激昂，精神健旺，又服从纪律，人无怨言。于九死一生中方打出这一条生路，诚奇观也，亦伟迹也。

"国民军"之政治化

冯氏游俄三月，对于军事最大而最重要的心得，乃在军队之政治，以主义为治军的手段，以主义为用兵的目标。此皆"国民军"前所未有，亦为其历来失败之由。盖"国民军"战斗力虽强，官兵精神纪律虽因基督教精神与严格的训练及冯氏个人之感化而达至优美程度，但不知主义为何物。冯氏自谓一向"行革命之实，而不居革命之名"。然无名之师，即无目的之暴力而已。他未尝不知揭橥救国救民之口号，然如何救法，救之至如何标准，均无具体化的手段和目的。职是之故，他率全军向着这个救国救民空泛无定的目的而孤苦奋斗，周旋作战，实是混战。虽每战必胜，但不旋踵又陷于失败之地位，驯至愈走愈迷途，竟找不到出路。乃自正式加入国民党，接受其整个的主义与政纲，恍似在迷惘中找得一条光明大路，而且认识一个前进的目标，又加以在俄学得种种革命理论与方法，于是觉得去国时"没办法而去，今则有办法而回"。自"九一七"誓师于五原而后，"国民军"确有政治的新生命了。

五原就职而后，冯氏即注重军队政治训练工作。但欲图全军之革命化，非先组成革命之大本营不可。于是联军最高特别党部得于最短期间，由全军代表大会产生。成立之后，九月三十日，五原举行第二大典礼——授旗礼。斯时，冯氏以国民党西北政治代表及国民联军总司令资格，接受国民党国民联军最高特别党部发给之党旗，并宣发"本中山主义以完成国民革命”之誓词。词毕，冯氏在坛上举手高声大喊：“同志们，你们辛苦了！”坛下数万武装同志同声应曰：“我们是为革命服务。”大有气壮山河之慨！

政治工作之第一困难即是人才。“国民军”武将有余，文人不足，人所共知，而熟识党务、政治工作者尤不多觏。冯氏回国时带有共产党刘伯坚等数人回来，乃委薛笃弼为政治部长，而以刘为副部长代理一切进行。另从军事政治学生之优秀分子挑出若干，临时加以训练，勉强工作，北京国民党方面亦派有人员前往。冯氏又屡电粤中央党部多派政治工作人员，中央当即选派郭春涛、邓飞黄、于树德（共产党跨党分子）及余四人为政治工作委员，另十四人为政治工作员，分道前往，并携带大批宣传品北上。有从北京假道晋省，有从武汉假道河南前往者。至宣传品两箱则特派赵文炳等二人由海参崴经西伯利亚铁路至库伦，转乘汽车经戈壁沙漠前去。二人历尽辛苦，费时六月，耗款数千元始到达。余带去之文件运到之日，全军奉为至宝，盖“国民军”之宣传及政治工作资料正缺乏也。

先是，我于十五年（一九二六）暮冬经沪先到汉口，与孙科、徐谦等中央委员在一起，等候铁路交通便利然后北上。中间，我曾协助孙科、宋子文、陈友仁诸先生办理接收汉口英租界事宜及其他事务。我又得诸委员多方训示到“西北军”工作之方针，再与国民革命军总政治部主任邓演达联系，取得其全部标语、印刷品及中央重要文件多种。此外，另从军事机关及北方中委王法勤处取得他种函件，以为通过豫省各军防地之助。十六年（一九二七）三月初，余由汉口乘火车北上，有共产党籍之陈适怀同行，带齐各种文件、标语、印刷品等，初不知其为危险物也。沿途经过五大关——信阳魏益三、偃师靳云鹗、郑州吴佩孚、洛阳张治公（刘镇华部）、陕州刘镇华各军防地，皆利用带来函件作护符，一一安然通过。走了十二天，卒于三月十六日抵达西安，径向冯总司令报到，面交各种文件等。沿途艰苦备尝，亦有相当危险，及得闻全军远征时之状况，乃噤口不敢言苦了。

冯氏一见了我，故旧重逢，不胜欣忭。寒暄了几句，他即下令侍从说：“简同志远道到此，来，拿些‘点心’来招待。”我之食指大动，以为跋涉旬余，而今可享受一些西北美味，或广东点心，叉烧包、虾饺、伊府面之类。不移时一大盆“点心”端上来，却是片片生切的青萝卜！冯氏殷勤劝食，还赞赏一句：“这是很有益的，食了可以泄气。”这是我初尝“西北军”中滋味。冯氏听了我报告南方的革命形势，接收了千里带来的文件、标语等，不禁大悦，登时饬令把所有标语张贴起来，五光十色，妙语如珠，一时革命气氛为之增浓了。冯氏对于革命政府之外交成就，如外交部之接收汉口、九江之英租界，交通部之接收两湖邮政局等特别称善，以为我国收回丧失的主权和取消不平等条约之先声，独对国民党内部当时已发生的裂痕（其时，蒋总司令已到南昌，武汉同志已开始反蒋了），引为憾事，但又不明真相，不能作左右袒。继而谈及我个人的工作问题。适其时甘肃教育厅长出缺，一时承乏无人，他问我肯去接任不。我答以千辛万苦不辞千里而来，只是为革命效劳，还负着重大任务，如一来即去做官，有负许多同志的期望，将有何面目以对广东父老呢？他也不强我，只说再商量吧。

辞别时，他说：“简同志，你得赶快剪发易服，换上军装。”我即时把首如飞蓬，长发茸茸，尽行推光了，只剩下军律所不禁的脸上唇上于思于思的胡须，又把沿途所穿的长袍马褂包藏起来，另换上一套军需处领得的土制灰布军服和绑腿布、武装带。全副武装已齐备，我揽镜自照，不禁惭愧起来，面为之赧，盖斯时镜中“倩影”，正如姜太公的坐骑——四不像了：“像学者而不是学者，像军人而不是军人，像官僚而不是官僚，像政客而不是政客”也。（此为当时在冯氏总部任机要处处长之教育家邓萃英与我闲谈时语。）

次日，我奉到委任状，被任为总司令部“外交处”处长，叙阶陆军中将（襟章红牌两颗星）。就任之后，觅地设办公处，即开始服务。此外，冯氏时有他事咨询，常为其传达要件于南方，兼任“政治部”事务（因我具有南方所任“政治工作委员”资格），又时为作撰述、编辑工作。而时刻所不忘之任务则为促进冯氏与中央之联络而拉紧他在国民革命军阵线上，常将西北军政治实情报告兼代冯氏转达需要与意见。未几，我连所带来中央颁给的“文密”电码本也给他，俾与武汉方面直接通电。

政治工作之次一困难则为宣传及政治训练之资料。其始不特参考书或现成宣传品都没有，即印刷工具器材亦不可得。直至到西安后乃稍有宣传机关之规模。在此筚路蓝缕之时，冯氏自己之贡献最大，他的工作方法可称为“宝塔式”——由他在最高尖顶上施教，逐层逐层往下推进，从军、旅、团、营、连、排长，以至最低层的兵士，如传达命令般。结果：致令连、排长均能讲解“总理遗嘱”，而小兵皆能背诵全文，在最短期间，有此成绩，确可观也。

其为“国民军”党化、政治化、革命化之最有效力的工具乃为其所自制之“不忘”问答及口号数条，此皆能将革命理论及党义简单书出来，令全军上下皆能通晓、深入心中者。他尝自述其制成“不忘”问答之历史如次：在由库伦归国途中，一夜露宿于冰天雪地，苦冷不能成寐，乃默想此行负有绝大使命回国，将如何入手工作？忽忆起吴越战争时，吴王夫差之父为越王勾践所杀，乃刻苦自励，以图报仇雪恨，并于每日晨兴时，以人击其首问曰：“夫差，夫差！尔忘勾践之杀尔父乎？”夫差则答：“不敢忘。”灵感顿生，冯乃得新观念，草成本军“不忘”问答数条，用作提撕警觉之资。其文曰：

一、问：我们国民军历年战争，为的是打倒侵略我们的帝国主义和卖国军阀，你们明白不明白？

答：明白。

二、问：侵略我国的帝国主义和卖国军阀，就是指那日本在民国四年强迫我国承认“二十一条”，英国在民国十四年“五卅惨案”，无故杀害我国的学生、工人这一类的事情。我军时时刻刻的反对他。那日本鬼就勾结张作霖，英国就勾结吴佩孚，作他们的走狗来打我们。我们和他们拚命打仗，是为救国家，救人民，不是为一二人，你们知道不？

答：知道。

三、问：我们的弟兄们，为救国家、救人民死了的还没有埋葬，伤了的也没有药治，不伤不死的现在又无衣无食，你们忘了没有？

答：不敢忘。

四、问：我们直隶、山东、河南、北京一带的同胞百姓们，被匪军奸淫掳掠，欺压得不能生活，我们应该救他们不？

答：应该救。

五、问：既是如此，我们应当怎样做法呢？

答：应当不怕死，不要钱，忍苦耐劳，明白主义，来救国家，救人民，誓雪此耻。（上录自李泰棻《国民军史稿》页三三四—三三五）

冯氏返国就职后，即以此颁发全军，于每晨朝会全体朗诵。在总部内每晨曙光微现（上午四时许），冯即召集全部人员及所有队伍于旷地，自己站在一张木桌上，先高声朗诵“不忘”之问，全体答“不敢忘”。悲壮沉痛，感动心弦。日日如是，影响当然不少。有一中央委员到冯处赴朝会，且听且下泪，谓生平未曾受过如此大刺激云。“国民军”之口号亦为冯氏所手定，多为问答式。每当检阅队伍，冯氏或主官则高声发问，士兵全体高声应之，精神亦为之勃发。（口号略）

此外为日常的政治训练，“政治部”又有“政治问答”标语、小册子、墙报、刊物等之编制，颁发全军。全军各级政治处亦相继成立，进行工作不遗余力，效果亦大而且速。全军兵士皆能诵“总理遗嘱”，中下级军官更须为士兵逐字逐句讲解，务使人人能了解其意义，而为奋斗中精神上之鼓动力。冯氏每检阅兵队则以此考问兵士军官，以故成绩之优，余信南军尚逊之。

当时，军中尚有两种稍有规模的刊物：一为总司令部派员自行编印之《革命军人朝报》；一为总政治部编印之《军人生活》月刊。对于政治军事大收宣传之效。其他宣传品尚多。

“国民军”党化之特色，在其随身佩戴之种种徽号。于每人右臂上，有青天白日在小方红布当中；胸前左旁则佩一长方形的小白布章，上刊有红字“我们为取消不平等条约誓死拚命”字样。军中名为“拚命章”，此足与南方革命军在战时系于颈上之三色“牺牲带”相媲美。军衣胸内则配一章曰“一粒子弹当如性命看”，盖了弹补充不易，必须万分节省，务期粒粒收实效也。“国民军”衣服补充不易，军帽尤为难得，冯氏乃参考苏俄练军之软帽式而自创灰布制之八角软帽，帽前有青天白日圆章。冯氏令全军须将帽往后一拉，青天白日高悬，顿呈壮观，亦“国民军”之特征也。余初到时，冯亲为我解释此帽形状及戴上方式而称为“侠士帽”。

政治工作之最有效力者，厥为冯氏之讲演。冯具有雄辩家之天资，讲话声音雄壮响亮，而能耐久，且庄谐并杂，手足头面，一一表情，引人入胜。发言又深入浅出，饶有意义，人人易懂易记。对部属讲话是其每日工作之一重要部分，且为其治军秘诀之一。以余观之，“国民军”政治工作举行半年，虽资料、经济、物资（印刷工具及纸墨等）之缺乏而发生困难，然成绩优异，其全军党化之程度，大足以媲美南方之国民革命军，则亦难能可贵矣。（按：国民革命军总政治部长邓演达，后到河南谒冯氏，对西北军政治工作人员之刻苦耐劳，成绩突出，大为称许。然此殆因环境关系使然，盖冯在军中工作者自然与全军官兵一同吃苦也。）

第十三章　国民革命

（四六岁至四七岁，一九二七—一九二八）

陕西预备时期

冯氏既抵西安，总司令部即设于“红城”内。“红城”者，旧名“皇城”，为满洲防兵驻地，冯前督陕时改建为督署，又名“新城”。于右任入陕后新城更名为“红城”，盖于氏在此时期“左”倾程度甚深也。冯氏回陕后，复驻节于此，曷胜今昔之感。部署既定，即赶速预备大举北伐，因其时南方国民革命军已克武昌，冯氏与国民政府电报往还，约定同时进兵也。惟出兵之先，必须布置后方，兹先述冯氏在此预备时期对于政治、财政、军事之种种措施。

在政治方面，冯氏第一件注重之事即为安抚百姓，盖甫经兵燹，民不聊生。他对于治安上先行整顿，使人民能安居乐业。又派兵士数千，拨马匹三千，帮助人民开耕。人民德之。至到处修桥筑路，服务社会，则作风一贯。

其次，对于党务及民众运动，冯氏极力提倡。以文化落后之陕西，一时妇女运动也、农民运动也、工人运动也、青年运动也，与国民党之各级各种组织，忽然纷纷成立，有如雨后春笋之勃发。他均以所得之新政治识见及一般的革命的新意识形态亲为提倡及指导。一向闭关自守、饶有古风之陕西，忽来此新潮激荡，人心振发及开通不少。

其三，对于国民军所管辖之区城，冯氏则制定军政时期行政大纲施行之，但交通梗阻，未得直接与南方国民政府联络（按：国民政府于十四年七月在广州成立），故暂以国民军联军总司令部，为各地军民财政之最高统治机关，即是代行国民政府职权之军政府，亦因时制宜之举也。一俟与国民革命军沟通联络一体，即改弦易辙，奉还其最高统治权矣。余到西安后，献议于冯，即以总司令名义代表国民政府接收陕西邮政局，但仍委其原有之局长英人留任。冯氏后以刘郁芬任驻甘总司令，于右任任驻陕总司令（于去后以石敬亭代），在冯统辖下，分管两省军民两政。

斯时，经费支绌实为最大的困难问题。缘陕甘两省，本是贫瘠之区。连年用兵，土匪遍地。西安又经长围，民力已尽。加以此时大军云集，粮饷所需多，财政拮据之状可以想见。冯氏入陕后，特调甘肃省长薛笃弼来陕，筹划财物。犹记其就任之后一连数月，全省收入每日仅得千元。筹措军饷简直束手无策，甚至有时军队买面钱也不敷用。当时国民政府经徐谦、刘骥等磋商，虽允接济饷项，但交通阻隔，汇兑不通，亦等于无。甘肃稍为丰裕，略有军饷缴交总部，但仍不过杯水车薪。余适于此时抵陕工作，目睹其困难状况。市面上不特无现洋，即铜元亦不多见。当时军费，只靠“西北银行”纸币（系由张垣西退时带来者），即作现洋不兑换通用。不久，带来纸币用完了，没法续印，乃借陕西省立之“富秦钱局”所存的印就未发之银纸，加盖总司令部印通用，是为“加字票”。及至此项“加字票”亦用完，于是司农仰屋矣。而北伐大军陆续出发，势不能停止，如何措置？当时真是笑话，理财者手里只存五百现洋，即以此为“北伐本钱”，临时拿来购买纸张，印刷一种军用的“金融流通券”分发各军，随地应用，共发出千余万元。起初陕豫人民大起反感，后来迫于军令，只好折扣通用。至入豫后数月，冯氏下令收回此项“流通券”改换公债票，而以某种实业作抵押。他声言大军实行国民革命而借人民血汗之资，将来有生之日必一一清还。其后北伐成功，彼确屡次请求国民政府代发公债以还此旧债，惟因大局屡变，其素愿与应许，多年以后仍未得尽偿也。又忆起大军入陕后，没收烟土一大批。各军出发时，除“流通券”外，则搭发烟土若干，亦异闻欤！在陕豫期间，士兵每月只借伙食费五元，官长则无分上、中、下级，每月一律借十元。旋更减为三元、六元。全军生活之困苦万状，可以概见。（余当时每月所得均不敷用，幸去时多带自备的现金，囊有余款，足以自给。）

关于军事上之布置，冯氏自然至为着力。是时，奉军势力已沿京汉路达许昌、郾城。长江方面，吴佩孚虽垮台，而直鲁军及孙传芳军与南方北伐军激战于苏皖。吴之残部于学忠（犹有兵五万，联合其他灰色军队亦有二三万）经吴放为湖北督办。吴又勾结杨森，放为四川督办，联合鄂北驻军张联升等共数万人，希图乘虚直扑武汉。陇海路方面，吴佩孚先驻巩县，后移郑州。（余于三月北上过郑，幸有吴部师长孙某竭诚照拂，故得安然通过西行，盖其已暗与武汉方面王法勤等通款矣。）另有张治公部驻洛阳（原属刘镇华“镇嵩军”）；豫西则有刘镇华数万人驻防，西至阌乡，与国民军潼关最先头部队接近。刘之态度未有明确表示，而冯氏亦不为已甚，对其留有余地，不作骤攻之计。至晋阎方面，亦未明显表示态度。此则中原之军事形势也。

冯氏计划：第一，令全军陆续入陕。其次，则实施援鄂攻豫，会师中原之策略。当时军队之配置，分为五路：（一）中央军由其自行统率，以孙良诚为总指挥，约八万人，集中豫西，沿陇海路向东进展。（二）右路军以孙连仲为总司令，率其本部二万人，续派冯治安、韩德元两师与张耀枢一旅共约四万人，由陕南出荆紫关，向鄂豫边境进发，沿途修理电线，剿办土匪；此右路军之特别任务在于打通陕鄂之交通线，保护武汉接济国民军之物资，兼以防御盘据鄂北、豫西一带之逆军。此路军后来屡建大功，有利于北伐军事不少。（三）左路军以徐永昌任总司令，率其全部（原国民军三军），由陕西过河，假道山西，直趋石家庄。（四）南路军，以新由晋脱险归来之岳维峻为总司令，率原有之国民军二军各部五万人，如杨虎臣、李虎臣、邓宝珊等，集中于汉中，东向入豫西。（按：岳前被晋军俘获，但阎锡山殊机巧，拘禁而厚待之，根本不承认其为岳维峻，以免惹起冯等恶感，并为自己留后路。冯回陕后，得无条件释放。及归，奋勇请缨，冯准之，乃委任如上言。）（五）北路军以宋哲元为总司令，集中后防各部队于宁夏，东联绥远南部待命出发，东趋察哈尔、热河。以上五路大军合共约卅余万人（连吴新田部在内）。因左路军徐部须假道山西，行军困难，而南路陕军又眷恋家乡，均未能依时行动。所能直接作战，指挥如意者，惟冯之本部中央军与右路军而已。

时在十六年（一九二七）四月，河南军事形势，略有变化。（上月中，余抵西安报到，以后战事，多为目击或身历者。）直系旧部靳云鹗既叛吴而与国民政府秘密联络，但又不正式加入革命阵线，屯兵于郾城一带。（余北上时路过其地，因代表国民政府与其参谋长密商合作北伐事，靳仍含糊不作露骨表示，但不阻扰余之北行，且派火车送余北上郑州。）及奉军南下节节进攻，以浙军阻路，先图解决之。靳不得不起而单独抗战。武汉革命军未能赴援，遂大败于郑州之南。靳由是一蹶不振，退守原地。此其态度暧昧、不肯切实联络革命军之结果也。会奉方探悉国民军与南军联合北伐，行将东出，深惧后防受威胁，不敢以孤军南下深入，转分派三旅，由万福麟统率，沿陇海路西进，协同张治公扼守洛阳、新安，以御国民军。在形势紧张之下，吴佩孚迫得离郑南行，经南阳而至鄂边，倚于学忠为护符。在豫西刘镇华方面，因冯迭派员前往联络，亦允就国民军联军东路军总司令职，一致讨奉，然仍无明确之表示。（至少亦未易帜。余过陕州时，向其明白表露身份及使命，刘极表欢迎，坚留余在其军任政治部长，并向国民政府致电请命。余以原有重要使命必须到冯军总部，故力辞。然所可慰者，刘果加入革命战线矣。刘之部将出身土匪之姜明玉，早已单独秘密向武汉输诚，原拟对刘倒戈，我政府给以某军名义，将印信交余带去。余离陕州，过灵宝，乃面交之。）至于山西方面，则阎亦经冯氏派员联络，得其允于国民军出动后，至相当时期，出兵石家庄，以断奉军归路。有此协定，故前奉命假道之徐永昌左路军遂得通过东出，且改隶晋军，受阎指挥，殆为军事便利计也。

会师中原

斯时，国民政府电令冯为国民革命军第二集团军总司令。（第一集团军总司令为蒋公中正，时方由江西进攻华东。）冯派刘骥驻汉为全权代表。双方电商结果，决联合北伐，分路出兵。汉方于四月十九日誓师，翌日出发，以唐生智全部及张发奎全部沿京汉路北上，而冯氏则以所部之中央军沿陇海路东出，夹击入豫之奉军，共谋会师于郑州及开封。

军事计划既定，种种布置亦经就绪，两年来含辛茹苦，艰难奋斗始得复兴之国民军，如今回头来打倒奉军之大机会临头了。十六年（一九二七）五月一日，冯氏在西安“红城”集合军民数万人，宣誓就第二集团军总司令职，其誓词申明革命出师之大宗旨，有云：

> 以为大多数被压迫民众谋最大幸福之决心，联合革命民众，将全力贡献于党，拥护党之主义及政策，与国际帝国主义及国内一切反革命势力作最后决斗，完成国民革命，生死赴之。

宣誓毕，冯复高站台上，对军民全体作长篇的演讲，申明革命的旨趣，至最慷慨激烈之时，高举双手向众大声疾呼：“如果我冯玉祥不是为救国救民，而只是为自己争权利、抢地盘，你们哪一位弟兄都可以开枪打死我。”当下全场数万雄师肃静无声，一种庄严、悲壮、忠义浩然的气象，似乎充塞天地。余当时也站在台下，亲听此言，亲睹此状，心里大受感动，不禁掉下泪来。冯氏言行之感动我个人，以此一次为最深刻，而据个人所知、所闻、所见，其公开表现自己的至善，亦以此一次为最显著。演讲毕，复有一饶有意义的民众联合仪式，以农、工、商、学及妇女各界代表各一人，在台上联手围成一大圆圈，表示联合，共向冯氏致致敬词，同时，台下则军乐大作。仪式既毕，冯氏率党、政、军及民众团体领袖，举行大规模的阅兵。所到之处，由冯氏领众高声慰问："同志们，辛苦了！"军士则同声答："为革命服务。"

总司令部之组织如下：总参谋长石敬亭、副参谋长曹浩森；建设部长兼法制委员长刘治洲，代理政治部长刘伯坚、副部长郭春涛，秘书处长何其巩，军务处长徐廷瑗；军需处长魏宗晋，参谋处长吴锡祺，交通处长王以智，军械处长舒双全，外交处长简又文，军法处长张吉墉，军政处长虞典书，军医处长杨懋，副官处长许骧云，前敌政治工作团主任邓飞黄、副主任简又文兼。

向东出发之中央军，以孙良诚为前敌总指挥，方振武、马鸿逵二人为副指挥。全部布置事宜既备，冯氏五月五日下总动员令，并于是日亲自赴潼关指挥。是时南方革命军已开始集中于郾城一带矣。大军出发时，每人背负干粮一小袋，仅备三日之用。时当盛暑，急行军半日，全袋馒头已为大汗浸透，次日发霉发臭，兵官们不能不勉强泡水下咽。因无火车行驶，后力运输粮食不继，干粮既尽则挨饥续行，仍要克期进兵，真苦不堪言了。

先是，刘镇华余部数万人分驻陕州、灵宝一带，虽接受冯氏任命，允一致参加革命，惟以奉军自东压迫，身当其冲而不知冯果否出兵，故左顾右虑，未敢有明显表示。及冯下令出动，对刘部积极"推进"（命令原语）。孙、方两部即迅速东发，刘始仓皇悬挂青天白日满地红旗节节东退。孙部遂于五月六日克灵宝，七日下陕州，沿途毫无阻碍，分路向东进展。卢氏、洛宁、渑池等县相继占领。刘部被迫往南退避嵩山。张治公部则顽强抵抗，退守铁门、新安一带，构筑坚固阵地。

廿一日，大军达渑池之东，随即大举进攻，包围新安。激战之后于翌日克之，缴械者六千余人，得枪炮军需不少，而俘获品之最有价值者有铁路机车一，车辆百余，盖大军初抵灵宝、陕州，机车尽为刘镇华夺去，以故行军运输，全靠步行，极感不便。有时粮运不继而购买无地，士兵须挨饿进行。及在新安得此车辆，即以此机车往返运送子弹、粮食，有助于军事进行不少。闻新安守将于危急之时乘车东去，乃为铁路工人所诒，谓敌人已拔去铁路轨道，奉将乃退还新安，而机车遂得落国民军手云。此则联合工人民众革命之好果也。

廿三日，方振武部复进攻至磁涧，奉军万福麟率三旅之众，合张治公残部共计不下四万人设三道阵地，以剧烈炮火抗御；孙、方军各部并石友三师加以郑大章骑兵师，连日猛烈进攻，至廿六日，敌始不支，退走洛阳。万福麟乘车东逃，张治公则南窜入山。是役俘获四千余人，枪炮数千，机车数辆，车辆数十，所获奉遗下之炮弹尤多。

洛阳既下，冯氏令孙部沿铁路东进，方部向东南由登封、禹州趋许昌，以援助南方北伐军，而以马鸿逵警备洛阳，骑兵集团则由巩县、荥阳、汜水活动，以断敌人后方交通。廿七日，占领孟津；廿八日，过偃师；廿九日，敌援兵至，在黑石关凭险抗拒，以图拆运孝义兵工厂机件及施以破坏。迨大军赶至，激战终日，敌不支，乃向孝义逃窜。其破坏兵工厂之计未及施行。追军随至，卅日，克孝义。同日，骑兵集团已进至巩县以东，向汜水、郑州方面进击。第一路军已由登封小道抄至密县夹击敌军。奉军在三面受敌之下，情势危急，乃仓皇向东、北两路溃退；骑兵乘机截击，夺获枪炮甚多。奉军过黄河后，又为当地“红枪会”众缴械不少。五月卅日下午，国民军占领郑州。翌日，南军唐生智部亦继至。

国民军骑兵师郑大章继续追击至黄河南岸，又分由张华堂骑兵旅东追至开封，于三十一日晚上至开封郊外，而奉军全部败将残兵，遂狼狈弃城东退（见“世”日报捷电）。翌晨——六月一日，南军右翼张发奎部赶至，占领全城，全城已无奉军踪迹矣（见“东”日报捷电）。其最先入城者查系国民军三军孙岳旧部梁寿恺师也。历年首鼠两端，先降吴后降奉之国民军第二军旧将田维勤在郑州被捕，即解往洛阳正法。至是全豫遂告肃清，而一南一北之国民革命军会师中原之计划完全成功。

胜利原素

河南之役，实为革命史中最光荣而最沉痛的一章，足与其前攻鄂、赣诸役之战功血迹先后相辉映。原来奉军是役之作战方略，系以全力直扑南军，拟在最短期间沿京汉线驱之出武胜关以南，然后回陇海路攻西北军。故张学良只遣万福麟率其卫队三旅扼守洛阳，以阻西北军之东出，而尽挥三、四方面军团精锐之师六七万人迎击南军。但因其看不起“南方之强”，又料不到东出之西北军如是之多及如是之速，以致一败涂地。攻豫之役之胜利，原素有二：一为精神的胜利；次为战略的胜利。

曷为精神的胜利？国民军之作战精神，已见上文，毋庸赘述。至于南方国民革命军饱受政治训练，人人肯为主义牺牲，简直不知有生死。每遇大敌当前，无论敌人炮火如何猛烈，充当下级干部之黄埔健儿，及指导政治工作之党代表，以至上中级军官，振臂一呼，口号齐喊（广东兵将更以“××妈”三字经为最有效的作战口号），即率队奋勇向前冲锋，前仆后继，有进无退，以故无坚不克。其中，以张发奎所率之第四军、十一军，号称“铁军”者，尤为锐不可当。敌人至一闻其名，而胆战心惊。南军是次战术，一与敌人接触，放弹不到三四粒，即行冲锋，血肉相搏。这是北方军人所不常用的战术，以不肯轻于冒险牺牲也。小商河之战，牺牲尤大。我革命军人喑呜叱咤，一往直前，整排整排的战士，血肉横飞，倒在河里，后队几至踏尸而过。奉军气馁，不得不败退。此种悲壮沉痛的战术，足为革命史上之无上光荣焉。

是役也，南军与奉军相比，人不及其众，械不及其精，弹不及其多，粮不及其足，而奉军更有重炮多种，炮弹堆积如山，又有骑兵及坦克战车等，均南军所无者。惟南军作战之妙术，惟靠冲锋；作战之工具惟凭主义，卒以制胜。尤可笑者，奉军虽有重炮掩护前线之步兵，然而后来简直不敢放一炮。何则？因炮声一响，南军大喊几声“三字经”即有数百人向着炮烟起处，拚命越过炮火线，蜂拥前进，夺其大炮。奉军上了几回大当，于是连炮也不敢再放了。至于奉军如张学良、韩麟春的第三、四方面军团，是奉军之精锐，甚有军事训练，然素乏精神训练，士兵不知主义，不知为甚么而战。战时军士所倚靠者，惟在器械。及一遇不怕枪械大炮，并不知生死的革命军人，自然不是敌手。每遇南军一冲到前面，惟有喊“弟兄莫打”，即便双手缴械，或跪下投降，否则弃械逃散。奉军散兵，及部分撤退之兵，多为河南各寨村民缴械，以故河南民众势力极强，为日后“红枪会”众滋事张本。而且军心不振，兵无斗志。更有甚焉者：前敌的奉军在火线拚命打仗，而其将领辈在后方日夜拚命打麻将，打茶围，狂赌狂嫖。如此之军队，与万众一心，甘为主义牺牲之革命军作战，而仍能取胜者，真是千古怪事了。

综上观之，则谓攻豫之胜利为精神之胜利，岂不宜乎？然而此役在京汉线大战两星期，南军牺牲之人数，连伤亡共达一万四千（见汪兆铭《报告》），政治工作人员及党代表等阵亡者亦四五十名。伤亡之数，占全军四分之一。牺牲之巨，比例尤甚于攻鄂、攻赣两役。革命史最光荣的一章，是用我们武装同志的宝血写出的（政治工作人员一体武装，故云）。我们后死者，其勿忘诸！（按：以上南军战迹，系余到郑州后，向南军同乡战友调查、采访所得。）

是役胜利之第二原素，即是战略之成功。国民军兼程东出，夹击敌军，致使其首尾不能兼顾，卒至仓皇北遁。如其退兵稍迟，则前后受敌，在包围圈内必致全军尽墨。当时南军虽屡挫奉军于京汉线，然而精锐损失过重，补充全无，饷械子弹及一应军用品俱乏。南军由武汉北伐，真是倾国之兵，孤注一掷，策略极为冒险，亦极为勇敢，非战略有万分把握，不轻易出此。（关于此冒险战略，闻系鲍罗廷献出，预计一个月内可以赶回解敌军到汉之危。）奉军则后方补充及接济尚源源而来。苟南军再独力战斗，则汉之为汉，尚未可知也。而且当时湖北后方，夏斗寅变于肘腋，杨森东下之师及于沙市，武汉危急万分。北方战事苟再延长，结果实不堪设想。幸而国民军依时赶到，遂奏肤功。而且国民军由陕南经荆紫关而入豫之孙连仲所部数万人，此时正含辛茹苦，挺进于崎岖山路间，在后方牵制于学忠之逆军及鄂北之灰色军队，使其不致乘虚而拊南军之背，及与一切反革命的吴佩孚残部相联合，因此南军得免后顾之忧。计此一路孙连仲军，阵亡二千余人。而由潼关东出之师亦伤亡数百人。今日我们追述河南战迹，当不能忽略国民军的功劳。

至于战略上之胜利，则是南北国民革命军全部的胜利。张发奎率其军队由广东极南之琼崖北上，经广东，下湖南，取湖北，克江西，一直打到河南而入开封，转战数千里路，没有打过败仗。同时，孙良诚、方振武等，亦率西北军，或由南口、或由甘肃，经察哈尔，过绥远，进甘肃，定陕西，出潼关，一直打到河南而克郑州，亦转战数千里路，也没有打过败仗。两军皆号称“铁军”。一南一北，丰功伟绩，遥遥相对，无独有偶。卒之，南北二铁军，夹击顽敌，会师中原，使“胡人不敢南下而牧马”（奉军部分将领绰号“胡子”本马贼出身），猗欤盛哉！此岂非革命史中足耀千秋之佳话乎？

尚有一趣事。张学良北撤时，留下一封亲笔函与南军，略云：此次因“政见不同”，以致南北交兵，但因训练无方，威令不行，以致不敌，“见笑见笑”。但有三件事请南军注意：一、巩县兵工厂及黄河铁桥，本来退兵时可以破坏，但不毁之，以“为国家保全一点元气，请为见谅”（按：奉军于国民军东进逼近时，原欲炸毁兵工厂，不过急于东退不及施行。至黄河铁桥则确已被破坏一部分，不能通车。未几，余被任为前敌政治部主任，躬率工作人员北上，至铁桥上停车不能前进。犹记是夜为农历七月初六日——乞巧之夕）；次则请好为照料奉军俘虏（但奉军则惨杀革命军俘虏）；三则河南人民，久受兵灾，困苦之极，其本人（张）已捐五万元赈济之，望南军尽力抚恤云云。（其实分文未尝捐出。）这一封信，恰好视为攻豫之悲壮沉痛的战史之小小点缀，故并及之。

郑州之会

郑州将下未下时，南军总政治部主任邓演达绕道至洛阳，由余招待及陪伴，同至豫西陕州谒冯氏，共商今后革命进行计划。事后邓对于我们在国民军的全体政治工作人员之刻苦耐劳，努力工作，嘉许备至，多方鼓励。郑州下后，邓与冯氏同至郑与南方各位同志多人相会。冯氏乘车兼程东行，于十日抵郑。时，武汉方面之党、政、军领袖谭延闿、汪兆铭（四月初由俄回国）、孙科、徐谦、顾孟余、唐生智等，已于三日前抵郑。冯专车一列到达时，群赴车站欢迎。冯衣灰色土布军服军帽，背土制雨伞及馒头袋，一如全军士兵装束，满脸胡发，从一辆篷车下来，行至各位面前，众始惊讶，拱手相见。（于右任亦随来。）由翌晨起至十二日，大众开联席会议，议决军、政、党务要案多件，皆与以后革命大计有关者，大致如下：（一）军事方面，河南全省及陕甘两省并归第二集团军防地；豫东、豫北之余敌由其肃清，而唐、张各部即回武汉，盖时夏斗寅部变起肘腋，杨森东侵之师亦迫近汉口，不得不迅速回师。（二）军制方面，第二集团军改编为八个方面军，各总指挥如下：第一，孙良诚，第二，靳云鹗（以其此次协助北伐有功），第三，方振武，第四，宋哲元，第五，岳维峻，第六，于右任（统率驻陕各部，后以于不就，改委石敬亭），第七，刘郁芬（统驻甘各部），第八，刘镇华。另有河南旧军如梁寿恺等部，亦拨归冯统辖改编。全军在冯总司令麾下，嫡系廿余万人连新编各部不下四五十万。此为冯氏毕生统兵最多时期。（三）政治方面，以冯兼任河南省政府主席，刘郁芬兼任甘肃省政府主席，于右任兼任陕西省政府主席（于不就，亦由石敬亭兼代）。（四）党务方面，设开封政治分会，以督导豫、陕、甘三省党务政治，并以冯氏兼任主席。

徐州之会

方郑州之会犹未散时，南方诸公忽接共产党首领陈独秀自南方拍来紧急密电，报告冯氏已归顺南京方面，促他们急返。会议甫毕，诸人即行返汉，而留顾、徐二人在汴助理党政。（二人旋亦南归，但以后徐仍常来往。）是时，蒋总司令自克闽、赣、浙、皖、苏后，以不满于左派之在武汉把持中央，与武汉方面同志分流。四月中旬，召集中央执监委胡汉民、吴敬恒、张人杰等，在南京组织中央党部及国民政府。然而汉口与南京双方在党政方面虽分化为两局面，而彼此对于北伐之举却能顾全大局，一致行动。方唐、冯两军沿京汉、陇海两线攻奉之际，蒋总司令亦提师沿津浦线进攻孙传芳余部，直至徐州。十七日，蒋氏电约冯氏往徐商洽军、政、党务。

时，汉方诸委员已南下，冯氏即乘车东往，自己所坐的是铁篷车，随员何其巩、熊斌等数人则坐头等花车。十九日抵徐，与蒋、胡（汉民）、吴（敬恒）、李（煜瀛）、李（烈钧）、张（人杰）、钮（永建）、蔡（元培）、黄（郛）各要员暨李（宗仁）、白（崇禧）、黄（绍竑）三总指挥等相晤。冯氏驻京代表李鸣钟亦随到。冯氏此次徐州之行，极端秘密及慎重，我们在总司令部各人员鲜知之者。事前，他令铁路局备车往西去，及车头机器发动，忽下令东趋。铁路人员甚以为苦，卒费了许多时间始克遵令东行。讵料动不久，即遇炸弹爆发。冯氏幸得免丧生，亦云险矣。乃即下令严行查办，终不能破获谁是主谋也。据李宗仁述初见冯氏的情形：“冯氏穿一套极粗的河南土布制的军服，腰束布带，足穿土布鞋，和我们这批革履佩剑、光彩辉耀的欢迎人员形成一尖锐的对照，颇觉滑稽可笑。”（见黄旭初述：《李宗仁冯玉祥两人的关系》，载香港《春秋》半月刊，黄氏汇编所撰各篇，未列举各期日期及号数。）

上次郑州之会，冯氏为主而汉方诸委员为宾，至是次会议，则冯氏反而为宾。至徐时备受主方同志极热烈之欢迎。从前，他曾屡与国民党人物接触及相交，但只是个人的交情。在这两次的会议，他初次与全党的领导集团作官式的相叙，并与党的最高机构作正式的接洽。一切所历所见的实际情况，与他一向的生活经验大为不同，所得的印象并不完全如他理想所期望的。是时，强敌甫败退而宁汉双方意见愈深。据李宗仁言：冯氏到徐州之夕，宁方先与其谈论对付武汉问题，要其一致行动，进攻武汉。冯氏即婉却之，一力主张调解。翌日开会，遂不提出此问题，而只谈共同北伐事云（见黄旭初文，同上）。试想：冯氏以新进之党员，对于双方分流之背景，毫不了了，而且与汉方同志在郑州会后无几时，政治军事之新地位由此而来，无异互订联合共进的新盟约。此时，墨瀋未干，言犹在耳，何能忽尔反唇相稽，反戈相向耶？顾冯氏拥有雄师（嫡系军队共约廿四五万人，全部约四五十万，为宁汉双方所不及），介于两者之间，双方均欲拉拢为助，借以自重。他最初的感觉即是左右做人难，更不欲介入兄弟阋墙之争，故一到徐州即有上言之表示。乃舍此不谈而言他，以抵徐未久复饫闻宁方诸同志对于鲍罗廷及共产党之厌恶，与汉方如出一辙。于是在联席会议中一致决定清党去鲍及贯彻北伐两大计。而冯氏个人及西北各省之军事政治之新局面仍照郑州会议所决定，一无改变也。会议散后，各人亦感结果满意。蒋、冯两公会衔发出联合北伐通电，冯氏并单独去电汉方请去鲍罗廷。电文有云：“鲍罗廷顾问，鼓动政潮，已失助成国民革命之本意，应送其回国。而国民党及国民政府必须统一，万不可分离，以为国民革命之障碍。”发电后，冯氏遄返豫省，进行第二步军政工作，积极准备第二次北伐。

清党驱鲍

回到郑州，冯氏即实行徐州会议所共同决议之清党运动。七月间，首先将军中所有共产党驱逐。清党章程，系由徐谦手订，由冯氏核准施行者。是时，冯军中共有共产党五六十人，几全在政治部工作。冯氏下令：全军各级政治工作人员，一体到开封受训及甄别，并订定对付共产党三种办法：一、自己报告是否共产党；二、凡是共产党，一概脱离政治部；三、如有共产党仍欲继续国民革命工作者，须宣布脱离共产党而誓忠于国民党。此大概是上言徐谦所拟之章程之一部分也。令既下，首先解职者为把持全军政治部之共产党首领刘伯坚。另有四十余共产党党员被查出。冯氏派兵以专车押送赴汉口。其余少数或自行离开军队，自觅去路，或则宣布脱离共产党。尚有一二人，因言行过于激烈，干犯军纪，致被监禁者。全军清共运动，至为彻底。

是时，武汉各委员，自郑州回来后，即厉行清党运动。先是，苏俄史太林[①]把持之“第三国际”，为巩固及伸张中国共产党势力计，密令鲍罗廷等，施行下列各条：一、排去国民党诸领袖，而代以共产党；二、编练农军数万人为共产党亲信军队；三、准农民直接占有田地。鲍素持稳进缓进政策，以为此数种办法如一旦施行，适足以引起国民党全体之反感，必致令共产党及俄人无立足之地，遂不赞成，且力主不宣布。不意有第三国际代表印度人罗易（M.N.Roy或译“鲁依”），坚决主张服从“第三国际”命令，自行宣布此密令。其原文摘要如下：

> 无土地革命，胜利是不可能的。无土地革命，国民党和国民政府将变成不可靠将领的玩物。我们很坚决的赞助从下级没收土地。（按：意谓不经上级机关——国民政府，下令没收土地。）

---

① 现通译为斯大林。

少数老国民党中央委员，在现在的情况下，发生恐慌了。他们态度动摇，想妥协。目下，在中央委员中，增加工农的领袖，已有必要。他们的勇敢声音，可以使老中央委员增加坚决的性质，或者将老委员代替了。国民党的构造，必须改变了；应当从土地革命中所产生的领袖，纳入国民党的上级机关。

依靠不可靠的将领之现状，应消灭之；应当武装两万共产党员，加上从两湖挑选五万工农，组织新军队，以军校的学生担任指挥之责。这样子，在时机未晚之前，组织我们可靠的军队。否则不能保障胜利。（上文录自徐谦：《鲍罗廷罪恶之罪恶》小册，页四—五，民十七年二月私印。）

密令一宣布，武汉方面国民党诸委员如闻晴天迅雷，霹雳一声，大受震动，勃然愤怒，深信不能继续施行联俄容共政策，乃决议驱逐鲍氏及所有俄顾问，并厉行清党运动。此实事出意外，鲍氏竟被牺牲。假如罗易不宣布密令，鲍氏不致被驱逐，而国、共两党之关系与此后时局之变化，又不知成为如何局面了。

鲍罗廷过郑州

鲍既被逐，不敢沿长江，经南京，赴上海，只得取道豫、陕、甘，经外蒙古库伦一途而回国。遂由汉口乘专车一列，挈所有俄人及共产党与亲共死党若干人以俱行，随带汽车数十辆及大量粮食。（闻汽车多辆系在上海定购，皆美国货，故美领事得事先忖测其行踪。）七月廿八日过郑州时，冯氏仍以礼待之。（余当时在西北军为中央党部特派政治工作委员，兼任总司令部外交处处长，是总部内唯一操英语者，故被任招待及传译之责。）

冯氏于两日间与鲍会谈数次（均由余任双方传译）。所谈诸问题，极有趣味，且饶有史料价值，兹以当时个人记录摘要叙述如下。

次日（廿九）第一次会晤之下，寒暄既毕，鲍先发言：“苏俄用了三千余万巨款，我个人费了多少心血精神，国民革命才有今日之成功，而今则人人皆迫我去。我失望之极，伤心之极了。”

冯答：“我国所需要的是国民革命，不是共产革命。”

鲍言：“连您也通电驱逐我，尤令我大大的失望。大约是环境迫您，旁人劝您，说我坏话，故尔如此。”

冯答：“武汉诸同志，汪、顾、徐、孙等来此，均说您不是。我所以发电请您回国。”

鲍言：“起初，我们对您有很大的希望，期待您入豫之后，出兵由徐州攻南京，一举而打倒蒋介石，即推您为全国总司令。可惜我当时因病未能来郑州晤见而劝您。而今则机会已去。但您何故要去徐州与蒋联合呢？”

冯答以理由甚多，请其猜猜。

鲍谓：“第一，因饷械之补充，须仰仗宁方；第二，因杂牌队伍及山西阎锡山之牵制，使您不敢助汉攻宁。是否即此理由？”

冯答：“您所猜的都对，不过尚有一要点，您所不知。蒋已联络岳维峻（旧国民军二军），使其攻陕，袭吾后路。我举动稍一不慎，全军即被截为数段。蒋已叉着我的咽喉（言下，以手作势，自扼喉部）。我怎能不到徐州呢？”鲍乃表示了解。

翌日，鲍又谒冯，仍由余传译。是次谈话范围，多关于革命方法之讨论——不，其实是辩论。鲍明白表示意见，主张民众——农、工——直接行动，认为这才是彻底的革命方略。冯谓不然，驳之曰：“如果在军阀或专制政府之下，实行秘密革命工作，则此类行动，很为合理，借以推翻他们。然而在革命政府之下，此事可以按轨道，而且必须按轨道，否则不特社会秩序破坏，兼是自己革自己的命了。”

鲍质问其有何具体例证。冯氏乃一一数出陕西党部及民众运动之过激行为。

鲍乃强辩，谓："在革命时期，过火举动，在所难免。"

冯氏听了，有些儿焦急，亦有些儿忿恨，力驳云："那是另一问题。目前最要的问题乃是：我们承认此类行动是对抑或不对——是非问题。"

鲍又问："党怎样说？"

冯氏答："最可痛的就是：党以为是对的。"

鲍欣然答曰："既然党以为是对的，那末，一定是对的了。'党权高于一切！'我们还有什么可说呢？"

冯氏高声云："然而并不是全党，或大多数都说是对的，不过那是少数几个执行委员的主张罢了。"

鲍即为之开解说："那末，不成问题；少数应当服从多数啊，多数应惩罚那少数啊。"

冯氏辗然而笑，面现得了全胜的颜色，答道："对了，对了！那大多数都是国民党员，那少数就是共产党员啊。"

鲍既无可答辩，乃转问冯："然则依您的看法，便应该怎做呢？"

冯氏很高兴地答道："依国民党的办法，即是我所主张的办法。土豪、劣绅、贪官、污吏应由革命政府依法惩治。社会种种的腐化、恶化，或农工之不平等待遇，应由革命政府订立法律制裁、改善或创新。如是，革命乃有进步和成功之可言，而三民主义乃可实现。例如：兵工厂如何改良？农田怎样改革？只是立几条法律便可施行。"

鲍驳复谓："如此，只是上层工作。要革命之成功，非从下层工作入手不可。"

冯氏则莞尔而笑，反驳曰："中国还有宣统皇帝吗？还有贵族吗？还有专权独裁的总统吗？那真是上层阶级了。我们革命党人都是下层人物。我是泥工之子，无产阶级出身。我们执掌了革命政权，订定和厉行革命法律，以为大多数同胞谋幸福。哪种不是下层工作？”

冯氏再以谦虚态度，请教今后革命进行方略。

鲍谓：“前两月，我很希望您攻宁倒蒋，今则没用了。为今之计，您当急攻武汉。一得两湖之地，即可养兵十万，又有汉阳兵工厂以补充军械，则国民军（即冯军）势力尚可保持长久些儿。”冯闻而咋舌，支吾不答，但私谓余曰：“老鲍真凶啊！真凶啊！”（我当然不为其翻译此话。）冯自有充分理由，决不作南攻武汉之想，惟付之一笑而已。

鲍又对冯曰：“今后中国国民革命已走入歧途。结果：全国将变成新旧、大小、南北军阀混战的局面。您如练有十万精兵，加以政治训练，而趋向正确的政治目标，必可统一中国。”

最后，鲍尚劝冯与新派革命同志，如宋庆龄、邓演达等合作，另树一帜。又谓彼今虽怏怏回俄，但如有需要，可随时再请其来相助云云。冯氏均不置答。会谈遂告终止。

鲍原欲在郑州多住几天。但卅日黄昏，冯忽召我入总部，面谕转知鲍限其两小时内离郑西去，他担任沿途保护。随再令副官处长许骧云会同我办理此事。冯氏突然令其速去，不知究因何故。我想，也许他极力避免宁汉两方的疑忌，所以不欲他停留多日吧。

奉命之后，我初时不知如何是好。为冯设想，明知必须用外交手段，婉转措辞，不出恶声，免伤和气方能合意。苦思一会，忽然眉头一皱，计上心来。我与许氏会商后，即同上车站，登上鲍的专车。我对他说：“适接铁路局来电，陇海、京汉两铁路（东西、南北行，郑州为交通叉点），均有列车到郑州，而你们的列车横亘站上，障碍交通，不便久停，可否通融？”老鲍究竟是个聪明人，闻而会意，即点头问我：“你们要我几时走呢？”我说：“当然愈快愈好，以便路局调度路轨。”鲍干脆再问：“那末，一点钟内，可以吗？”我毫不着急地答：“不要忙，两点钟内吧。”鲍首肯，我完成任务。

当下，许先告辞，赶急准备鲍离郑事，如关照路局，备办礼物，报告冯氏，安排送别节目等。而我呢，则鲍似乎依依不舍，留我长谈。鲍对着我大发牢骚，愤愤而言："中国人个性太强，中国所最需要者乃是不自私自利，悉心为公，而肯牺牲一切的领袖。"当时，他指名谩骂，我在外交立场不便正面答复，只是摆出学者研究的面孔和态度，含笑而当面质问他："你如此注重精神与道德，你们的唯物主义哪里去了？"他面露苦笑而不答，却顾左右而言他。

少顷，他转把一顶高帽戴在我头上，用甜言蜜语引诱我说："你年方少壮，有学问，有大志，又能干，大有可为，前程无限！可随我到苏俄去。我将造成你为中国革命领袖。"我答道："多谢盛意！不过我现受军职，不能自由行动，必须请示于冯总司令，得其核准，乃能奉陪。"遂暂告别。随向冯氏详细报告经过，兼及鲍之邀请赴俄事。冯氏答："好呀！你就同他一齐去，沿途留心他的言论与行动，随时给我报告；到俄后考察几个月再回来吧！"我答以如果一定要我去，因我父母年老，身为独子，当先回粤省亲，然后再由海道赴海参崴，转乘火车去。他说："那又何必多此一举呢？"乃作罢论。我做"中国革命领袖"的机会遂断送了，呵啊！

入夜后，鲍的列车升火待发。冯前在苏俄聘来的军事顾问，如乌斯曼诺夫、谢福林等，均随鲍回国，预先上车。（闻邓演达及共产党数辈均同车而去，惟未见露面。）

我随冯氏及高级军官亲到车站"欢送"。冯双手递给他一个公文大封套，内有聘请鲍为"高等顾问"的聘任书，还口口声声请他以后不遗在远，多多指教。随由许骧云送上大红绉纱一匹，算是冯的薄礼。一时，军乐大作，各人一一与鲍握手道别，机车汽笛呜呜，铁轮轧轧，列车缓缓开动。鲍罗廷果然走了。

在结束本篇之前，还应把一个重要消息报道——这是事后冯氏告我的。当鲍氏由汉赴郑时，汪兆铭有密电与冯，请冯就地杀之。但冯不上当，不肯下手，并指出这是曹操假手刘表以杀祢衡，而刘表又假手黄祖杀之之手法。（此事已载冯著《我的生活》页七〇四。）反而特派高级军官二人随车保护鲍，直送到库伦。

鲍氏列车向西行，至陇海铁路终点，乃转乘汽车入陕西，经甘肃，而穿过大沙漠，直到外蒙古库伦，转乘西伯利亚火车回俄。事后，闻于途间有一辆汽车失事翻车，乘客与物资有损失否，则不知矣。于是，国民军联俄容共史之最后一页告结束了。

河南之党务政治

冯氏自徐州回豫，即注意于党务政治方面。由开封政治分会主持各级党务，以邓飞黄任秘书长。邓尝与左派分子等，响应汪兆铭之反宗教运动。但才一发动，即被冯立刻禁止，当面严厉申斥云："本军干部士兵多人一向笃信基督教，而今则有信奉伊斯兰教之马鸿逵、马鸿宾等数万人加入，共同从事革命。本党根本主张信教自由。难道你们必要本军信基督教者一律背教，又必要信伊斯兰教的人吃猪肉，才许可他们革命吗？真胡说八道，荒谬之极了。"反宗教进行乃停止。凡此皆幼稚与过火之病。

又有一趣而怪的事发生。薛笃弼掌民政，忽严令全开封商店大门，一律要髹蓝色，以示党治。一时外国颜料价格飞涨，商民苦之。冯氏方出巡他处，闻而急电制止，前令乃取消。在清党分共以前，浓厚之红色标语随处可见，但标语政策，收效实微，而且乡村愚民智识程度过低，究不知标语意义是什么，有时且闹出大笑话。例如：豫西有一村妇偶然听到人家读出"打倒投机分子"一语，即吃吃不绝地笑说："冯玉祥真好，连'偷鸡'的毛贼也要打倒！"诸如此类的笑话太多了。

尚忆起两趣事，可反映正当联俄容共时冯氏对俄人的态度。其一，他对于俄军事顾问乌斯曼诺夫等，只作礼貌的优待，实则并不信任，尤其不肯告以本军秘密。一次，乌公然询问西北军某种内容，冯大为不怿，反问曰："乌同志，你知道中国文字'顾问'二字是何意义吗？那是，凡我'顾'而'问'你之时，你就说话。"意指，如不问则不必说。乌面有赧色。他恐其难过，再补说一句："但是如果我一有所问，你必须尽所知以答啊！"两人乃一笑而散。其次，当武汉诸公到郑州开会时，军事顾问俄人加伦将军（加伦原名Blucherov，见李应林译文《加伦将军之出身》，《逸经》九期）亦随往。加伦欲与冯氏会晤，冯氏约其明晨六时。届时，加伦犹高卧未起。（时，加伦与余同寄寓中国银行寓所。）及托人向冯氏道歉再约时间，冯指定明日五时；两人终至缘悭一面。

尚有一事足述者，有一基督教牧师名浦化人者，在冯军中任传教工作多年，为人忠直诚笃。冯氏自苏俄回陕后，谓其头脑陈旧、思想顽固，尝命其随鹿钟麟往俄学习。数月后回豫，冯氏派其任劳工福利事务，尝拨款三千元为事业费。及清共后浦忽遁去，留下别函反指冯"头脑陈旧、思想顽固"，不堪共事，并谓所拨款已尽分给工人云。冯氏命我们彻查，确实证明其有派款之事。原来浦氏在俄已加入共产党，由至陈旧顽固一变成为至激烈分子，可谓两极端会合了。所可异者检查其遗物乃发现共产党所发命令一件，着其照常继续传教云。盖借此外衣以掩护其工作也。冯氏循例下令通缉，但令文却写"蒲化人"名字，则根本无蒲姓其人，亦幽默之甚矣。此案遂以不了了之。（浦后来在南京为国民政府拘捕，冯氏一力保释之。又：当时另有一与浦志同道合相与合作的董健吾牧师，国学甚优，亦离军回沪。我主办《逸经》时屡以"幽谷"笔名撰考证文章投稿。）

其在政治方面，新的省政尽力整顿财政，提倡党化教育，改良民政、司法等项。当时，冯极力罗致人才，厉行新建设。教育家凌冰、查良钊、邓萃英、陶行知等，及唐悦良、黄少谷、孟宪章、马伯援、王瑚、谷钟秀、焦易堂、马福祥（马鸿逵父）等均在军中或政府中服务，或任顾问。王正廷来豫一度任陇海铁路督办。（王氏后来在国民政府任显职，时以军政重要秘密消息告冯氏，故冯氏每遇紧要关头，得事前筹划应付方法。尝话余：“他是我们驻京的高级侦探。”）孔祥熙其时犹未得势，亦常来联络。洛阳、郑州、开封三地，冠盖甚盛。一时，政治焕然刷新。所可记者，则在开封办一政治训练班，有男女学员千余人，是为三省行政、党务、民众运动及政治工作等之储才馆。又设立“农村组织训练处”“改良工人生活委员会”“放足处”等机关，以施行新政。

前敌政治工作

自清共后，全军政治部改组；以郭春涛任代理部长（薛笃弼仍兼任部长），“前敌政治工作团”之组织为委员制，成绩不大。到郑州后，团长邓飞黄尽向冯报告经过。冯一怒解散之，另设“前敌政治部”，以我为主任。（时，唐悦良到郑，接任外交处长。）我即积极进行编组，就地征得年富力强、具革命精神而有高等学历之青年数十人为工作人员。有余前在北京创办之今是学校教职员数人远道来投；全体人员，除总部数人之外，分为两大队。八月间赴河北工作，驻黄河北岸之新乡。时吉鸿昌师亦驻此。曾联合开“军民大会”一次，以打倒日本帝国主义及奉鲁军阀为宣传目标，赴会者二万余人。随令第一大队赴最前线彰德，第二大队赴豫西焦作，分头展开工作。

第一大队出发后数日，得闻彰德地方不靖，工作进行为难，余即乘车前往亲自督导。至则知该队正在筹开“军民大会”，而环城遍地之“红枪会”众蠢蠢欲动，险象环生。“红枪会”者，为当地愚民之一种迷信组织，另有“扇子会”等名目，皆白莲教之余孽也。迷信符咒仙佛，咸自信刀枪不能伤。前月奉军败时，各地村民蜂起为难，缴械甚多，其势愈张。浸假杂有流氓土匪于其间，于是居然有首领，有组织，到处滋事。彼等不知主义，不讲道理，惟事恃强凌弱，抢劫财货，横行霸道，为害地方，愈聚愈众，日肆嚣张。其时，又受了靳云鹗运动起事响应，专与冯军为难，情形更复杂困难了。

冯军驻防彰德者，为吉鸿昌师之吴金堂团，约千人。吴与我曾邀约会众首领会议于城内，尽力劝导，晓以大义，但终无效。迨吴团奉令调防，城内交由民团马晓军营长驻守，有众五百人。是夜，吴金堂团开赴车站，邀余同行。中夜机车发动之际，“红枪会”众包围车站，放枪示威，寻而我全队工作同志均奔至车站会合，有一人被会众杀死。整夜时间四面土炮声响，即召集各处会众之讯号也。由是，愈聚愈多，宣言非我军全体缴械不放行，亦步武前月对付奉军残部之举动也。吴团长沉着应付，苦战两日不得脱。幸仍有电报与师部通消息。冯氏已知其事，但不欲派大兵接应，免民众伤亡。吉无奈，连夜与旅长张印湘亲督数十人肩抬机关枪四挺，赶至现场；再战一日，亦无法解围。即于下午派队四出进攻，追奔逐北。乘夜间冒大雨突围，沿铁路南撤。我政治部员均随行。全军辎重均为劫夺。留守之五百民团复被杀毙不少。于是彰德一带，落在匪手，杀人越货，人民备受蹂躏。此处为北伐必经之路，万不能失。冯氏乃派大兵往剿，所派为吉鸿昌及马鸿逵两师。两日内悉平之，杀会匪约千人，恢复城池，维持地方。派重兵紧守此最前线，以防奉军。

是役，我前敌政治部人员全体幸得生还。我个人因中途遇伏，与全军冲散，危险万分。乃孑身回车站，避匿工程师同乡梁绮涛君家中，即“割须弃袍”，化装铁路人员，多日后始得回新乡、郑州。时，冯氏及南方诸友均相信余已遇难矣。自经是役之后，冯氏以大战时期前敌工作人员常与军队脱节，而且收效亦微，即表示改组之意。同时政治部代部长郭春涛亦因某种政治关系素不欲余自树一帜，乘机建议解散。冯氏即决定遣散我部人员，另留余担任他种工作焉。（是役经过《我的生活》页七一二，对我个人颇有奖语，但记事不尽确实。）以上所述概况，多限于河南一省，以其为冯当时驻节亲自治理之地，亦多为著者亲历目击之事。其关于西北陕、甘以及河南等省之施政详情，备载李泰棻《史稿》，兹弗及。

第十四章　北伐成功

（四六岁至四七岁，一九二七—一九二八）

介于汉宁之间

十六年（一九二七）夏，国民革命军已肃清黄河以南，此正是乘胜大举北伐，以竟国民革命全功、统一中国之千载一时的绝好机会。可惜国民党内部纠纷愈甚，进行受阻。冯氏处境困难，应付不易。盖以是时，宁、汉裂痕愈深，浸浸乎有敌对行为。冯氏自始即表示绝对不加入党内私争，并力劝双方诸领袖顾全大局，不要决裂。其在徐州之主张与前在郑州之主张正相同。缘冯一向率军远处西北一隅，与南方隔膜不相接近，故于南中政治党务未明真相。其初，以为一到豫省即可合全党之力一致北伐，以完成国民革命。斯时党势军威，均盛极一时，胡虏震慑，张学良派人携亲笔函至冯处求和，愿将直隶及塞北三特别区（热河、察哈尔、绥远）让出，而自动地退出关外。其他奉系将领，亦纷纷遣人通款。以故，六月入京之梦，当时确有实现之把握。然自宁、汉分家，各称中央，各欲拉冯卷入旋涡；汉则令其攻宁，宁又令其攻汉。冯氏身处其中，困难可想。冯氏本军人，政治头脑简单，在同一时期，只会怀一种概念，走一条路线，而不能应付复杂的政治环境与多元的局面。而且又为新进的党员，故对党义上与法统上之事，颇不了了，甚至莫名其妙。况主持宁、汉两方者，多为其最友善及最相信的友人，更有左右做人难之感觉。再因其本身是军人，对于政治上与理论上之是非不大注意。所斤斤注意者，惟在军事上之利害。当时，西北军虽得有豫省，然而身处四战之地，顽敌当前（奉鲁军阀），且心腹之患，处处皆是，更觉种种掣肘之苦，不能尽说。故自不能轻举妄动。有此多种原因，他遂决定在消极上对于党内私争，决不参预何方。而在积极上，则更发最诚恳之电文及派遣代表，分赴两方，力行促进宁、汉合一之运动。盖苟两方一旦开战，以西北军当时势力及地位计，不特不能出兵北伐，而且势不得不放弃河南，复退入潼关，而宁、汉两方恐亦保不得矣。或以为冯氏当时背汉投宁者，非也。此实未明当时形势与冯氏处境及经过真相之错误的猜疑。时，余在军中，参预其事，可以亲历之事为证。

是时，派赴汉口任调解者，即是著者（赴宁方代表未详，大概是李鸣钟）。南行之前，冯氏为我详述其意见及解释当前之局势，略如上文所述。他最重视军事形势，以西北军当奉鲁军之正面，如宁、汉一旦开战，奉军必卷土重来。西北军适当其冲，孤立无援，力量不足，非失败不可。说到这里，他忽表现至严厉的态度高声说："到那时，如果我不退兵入陕，真是个'忘八蛋'。"但西北军一退，宁、汉不难复被奉鲁各个击破，所谓"鹬蚌相持，渔人得利"者是。他于是提议召集"开封会议"，请双方委员齐到，推心布腹，商讨大计，以期化除成见，解决难题，复合为一，以对付共同敌人。所有各人的安全问题，由彼负责云云。余奉命至汉，分谒各委员，详为代述意见。徐谦、孙科等均赞成。（徐在洛阳与孔祥熙及冯氏共商，一致同意，见七、十二，徐致汪电。）但因汪兆铭、唐生智二人，极力作梗，反对合一，余乃无功而还。冯聆余报告后，大感失望，登时变色，摇头无语，沮丧至极。（七、十七，汪致徐、孔、冯电仍主张维持武汉中央而称宁方为"伪中央"，不能开"对等和议"，文末更有"移师东防（攻宁），事非获已"之语。）冯氏因其不肯加入内战，且于双方意见最深之时，倡言合一，双方均不能讨好，双方均为之失望，乃责骂交至。而其对两方仍尽力调解，函电盈尺也。后来大局危急，两方均感悟，合一之新局面卒以成功。冯氏自己也通电认罪，愿受党之裁判云。平情而论，最初在粤的中央委员等确曾正式通过迁移中央党部、国民政府于武汉。但如今既经宁、汉各委员等公决再迁南京，则中央法统、正统当然在南京无疑。

军政变化

十六年（一九二七）下半年，全局军事、政治又起大变化。因宁、汉争执愈烈，双方调兵在长江上游备战，徐州防务为之松弛。奉方以“安国军”名义乘势反攻，由旧直系之孙传芳统大军南下。七月廿四日，复占徐州。蒋总司令再行北上督师，约同冯军会攻。惟第一集团军兵力仍苦不足。冯氏以前方兵力亦有限，豫省驻军受灰色军队之牵制（如靳云鹗，详后），陕、甘后方又以运输困难调集迟缓。八月初，先令鹿钟麟任东路总司令，竭力进攻。所统之“国民军”旧二军及新编之师，与奉军及张敬尧等作战，均不得力。方期所派入鲁图攻济宁之郑大章部骑兵及另派往截断徐州、兖州间铁路之一部，特奏切断敌军后路之效，而津浦线第一集团军已退，奉军又大举进援，冯军不得不退回豫境，坚守陇海路线。（上见李泰棻：《国民军史稿》页三六二—三六三）。由是，冯氏益努力于促进全党合一，共同北伐，盖明知非如是断不能竟全功也。

在宁方，则党中要人亦深知非与武汉复合不可。其至有决定性之动力则以第四集团军李宗仁、白崇禧等一致主张蒋氏下野，以促进统一之局面而挽救全党于危亡。面遇党国危机，蒋氏果当机立断，于八月十二日飘然辞职，去宁赴日。于是，时局急转直下。九月间，汉、宁两方领袖，大会于南京，党部与政府复合为一，大局乃有转机矣。

秋间，长江以北之战事仍不停顿。孙传芳与张宗昌于八月中由徐州长驱直下，直至江南，由何应钦、李宗仁、白崇禧三位总指挥（并无总司令）率师大败之于镇江下游之龙潭。张宗昌之鲁军亦沿陇海路西进攻豫东，冯氏不得不尽力应付。然冯军此时心腹之患却在后方之靳云鹗。靳本隶吴佩孚麾下（为曾任北京内阁总理靳云鹏之弟），向驻豫中，在郾城设总司令部。吴倒后，无路可走，乃托庇于国民革命军。

因其于讨奉之役，不无微劳，国民政府乃委为第二集团军之第二方面总指挥、河南省政府委员，后又兼民政厅长等职。冯待之亦不薄，先后曾拨付现洋五十四万元，及军衣、子弹、粮食无数，比待自己军队为优。惟靳则原是军阀官僚，惟升官发财、占据地盘是务，屡曾要求政府升其为第五集团军总司令。时在武汉之政府不得已乃改调为中央直辖之第八方面军。靳仍不满，始终欲占河南地盘。乃密与孙（传芳）、张（作霖）结三角同盟。其条件则孙攫苏、浙，张（宗昌）占山东，出兵攻豫，而以靳为内应；约定共灭西北军后，则以豫归靳。故靳屡抗命，不肯攻徐。上次会攻徐州之役受其牵制（时，鹿已进至九里山，距徐州仅十里，而靳在后方不肯前进，且现变叛迹象），以致功败垂成。靳复假开拔之名，向武汉骗款三十万元，且运动“红枪会”众响应。又私在总部刻“安国军”关防，定期举事攻击冯军。唐生智亦与之有秘密联络，为其后盾；假刀杀人，殊可痛恨。冯见逆迹已彰，且为北伐之后患，乃以最敏捷之手段，于三日内调马步兵十余万，四面包围。九月七日，开始总攻击，靳所据之十一县防地，五日间全行克复，并解散其全军。其本人幸得逃去。靳前谎报军额十二万以骗饷械，而实不过二三万人。是役，除残部一二千人逃窜皖北，及秦德纯一部始终不变外，余悉解决。（秦氏此后正式编入第二集团军，任军长。其后效忠于国民政府，后在台北去世。）靳逆既平，内患尽去。（陕西田玉洁部后亦叛变，为留陕冯军削平。）

豫东大捷

十六年（一九二七）十二月，我回冯军销假，曾由南京中央党部第二次任命为政治工作委员。回豫后，得饫闻秋冬间冯军与奉鲁军在豫东大战的史迹。今补述如次。

内患既平，冯氏遂得以全力东御张宗昌攻豫之师。当时，战事形势至为严重。冯先与阎锡山协商，由晋军攻直隶，而由冯军攻苏北、山东。九月杪，晋军先发动与奉军作战于新乐、保定间。冯军则分三路——第一路鹿钟麟率五万余人由马牧集、砀山，攻徐州；第二路刘镇华、郑金声率五万余人由考城攻济宁；第三路孙连仲率四万余人由大名攻德州。韩复榘、石友三、孙良诚、郑大章（骑兵）等军九万余人集中开封、郑州一带为总预备队。十月九日，全军同时发动攻势。第一路军与徐源泉等十万众（前线五万余人）激战于马牧集之际，二路军以调集迟缓，未开战，而且刘部匪军姜明玉等忽相继叛变，执副总指挥郑金声降奉，随与刘志陆（粤人，陆荣廷旧部，由闽北上投奉）断一路军后路。鹿以前线兵力不敷，后方复受威胁，于激战五昼夜后，急由归德撤退。退师才毕，铁路即被切断。所以冯有"这一下，我便打了双料的败仗"之言（《我的生活》页二一二）。

十一月六日，郑金声在济南为张宗昌所杀。郑，山东历城人，性侠义忠烈，早年从戎。辛亥，与冯氏同任管带，驻海阳，相与密谋革命，共预滦州起义之役，事败。冯氏幸免罪，郑有助力焉。其后驻绥远。十三年（一九二四）"首都革命"之役，郑率其混成旅附义，遂加入"国民军"一军，历任师长、军长。十五年（一九二六）天津、南口诸役，战功甚著。至是遇害，冯与全军痛悼之。至廿一年（一九三二）九月初郑之嗣子继成在济南车站刺杀张宗昌，为公为私的不共戴天之仇乃得报了。

是时，奉方以全力分三面进攻：一、南面孙传芳在津浦路与第一集团军何应钦部相持于明光以北。二、奉军与第三集团军阎锡山部相持于五台娘子关一带。三、直鲁军则分三路猛攻河南：褚玉璞、徐源泉、姜明玉等八万余人任中路，沿陇海路西进；刘志陆、潘鸿钧等四万余人任左路，进攻太康、陈留等处。别以孙殿英等三万余人由大名进豫北。奉军主力在黄河之南者不下十五六万。幸而奉军不协同进攻而集中于豫西北，否则战局不堪设想了。冯氏之应付军略：先令孙连仲、韩复榘两军赶急冲击豫西北彰德方面的奉军张学良。奉军受了重大的打击，后退百余里；韩随即赶到豫东，与石友三等加入前线，而孙连仲则留防豫北。布置既妥，冯乃倾全力击破南岸之直鲁军以保卫豫省。因敌军经马牧集之战后，占据归德，沿陇海路猛进，于是施“诱敌深入”之计，电令前线各部节节退后，伏兵铁路两旁成长袋形。其时勇将前敌总指挥孙良诚不明战略，拚死进攻，不肯后退。冯严令催迫，至不惜以军法从事威胁之，始得完成计划。据记录，直鲁军之优越武器为钢甲车及迫击炮，其精锐皆在铁路两旁；破敌妙计，端在诱其深入，在铁路正面以沉着雄师与其作持久战；然后急出精兵突击其两翼背后，但得破其一翼即可败其全军矣。直鲁军果然中计，沿铁路中路挺进，由兰封逼近开封。自十月廿三日起，铁路正面战事发生。廿六日，黄河南岸至杞县，全面剧战，昼夜不停，双方肉搏冲杀。孙良诚、马鸿逵等部日夜迎战，疲惫不堪。俟敌军主力已深入重地，孙即急令右翼埋伏的精兵分六路由杞县出击。廿七日，总预备队韩复榘三师由开封开至前线杞县。廿八、廿九两日，配合右翼石友三等军并力冲杀出来，纷向敌军后方抄袭，大破其铁路迤南的阵线。三十日，直鲁军全线大败东溃。孙、韩、石等亦全面猛追。十一月二日，左翼孙良诚部吉鸿昌师占领兰封。而铁路正面之敌首尾不相应，亦败溃。鹿钟麟部与郑大章骑兵再进，包围敌军。吉、石、韩各军亦各向东追杀残敌，分占沿铁路各城邑。围攻刘镇华军于考城之敌亦退。五日，韩军庞炳勋师（“国民军”旧三军）复克归德，俘获甚多。次日，石、郑两军更追过马牧集、砀山。鹿钟麟乃进驻归德。是役军略成功，获全胜。总计俘奉军三万余人，获枪二万余支，大炮四十余尊，另钢甲车六列，实为冯军前所未有之大捷也。

时，前方将领，均欲乘胜直取徐州；惟冯氏取稳健步骤。以津浦路方面，第一集团军何应钦正谋攻蚌埠，在军事形势上与己军未能衔接；且奉鲁军力量强大，未可轻视；孤军深入，策非万全，故即下令退师，各部遵令。其间，独有韩复榘一将，恃勇倔强，抗命前进，欲乘胜夺取徐州。冯氏无法制止，但不放心，即令刘汝明随进备援。刘仍未忘曩年韩之投晋事，初不愿行，经冯氏勉以大义，始率部东趋。韩复榘逼近徐州，果被重兵包围。不得脱。幸刘部赶至，复大败敌军，韩方得解围退却。（见《我的生活》页七一六—七一七）以后全军暂屯归德一带，紧守前线，以待南方革命军在蚌埠之发展焉。由此可见冯氏用兵之稳健。

第二次大捷

凡战事发展，每有出人意表者。是役全胜后，冯军作战略的撤退，却于无意中成为第二次"诱敌深入"之妙计。盖在前线各军转进新阵地间，直鲁军已另行编配，卷土重来，由济南开十八列车运强大援军，再赴陇海线。缘其统帅部见冯军忽而撤退，误以为其内部有变，后方不稳，故乘机大举反攻也。其阵容仍分三路：右路以刘志陆指挥潘鸿钧、姜明玉等五万余人由考城直指开封；中路以前敌总指挥褚玉璞及徐源泉统五万余人由陇海路西进；左路以张敬尧指挥二三万人向太康、杞县前进。冯军各部分路迎击。十一月十九日，直鲁军右路先击败刘镇华军，占考城，西侵之势甚凶猛。惟其左路张敬尧各部力薄势弱，屡败不敢进。中路褚、徐等鉴于前役深入中计大败，此次不敢冒险轻进。惟其右路刘、潘等未尝受创，乘胜突进。是时，全部国民革命军已居有利形势；在南面何应钦大部已攻蚌埠，与冯军渐能呼应，此一利也。在陇海线各路敌军，因内部复杂，各将领互相欺瞒，侈言进军，不肯互报确实军情，故无联络共进之效，此二利也。冯氏于是急定应敌军略，取"各个击破"之计，立调韩复榘、石友三两部任中路，鹿钟麟任右路，孙良诚、马鸿逵任左路，与刘镇华部会合。廿四日，左路开始攻击，先解决考城全部敌军，击毙其军长潘鸿钧，俘二万余人，枪万余支，后奉命乘胜急进。刘志陆部消灭，粤、桂籍残兵被送至武汉，给资遣散。在这一役中，吉鸿昌初露头角，战功卓著，自后以骁勇善战名。

吉鸿昌那时正当师长，因前在河北新乡、彰德一带，我任“前敌政治部”主任时，遇“红枪会”之役，与他同患难，成至交，深识其人。于此不能不附笔细述。他是冯军中一员“怪将”，不特廿六史中所看不到，就是历朝的稗史、野史、小说也见不到同样的战将。他头大眼细，眉粗鼻尖，长得满脸浓黑的胡须一如剧场上张飞、王彦章的脸谱，身高六英尺以上，体重二百余磅。他打仗习惯，一到开战，便赤条条地裸体上阵，胸前现出一大堆茸茸长毛，几乎掩盖了他便便大腹。全身肌肉横生，条条突出如虬龙盘旋于胸前两臂间。这还不算奇怪，尤甚者，不知道他从哪里物色得两名特别高长的大汉，各高逾七英尺，也赤膊紧随他左右上阵作战。一执大刀（关刀），一挥大旗。开战时，他本人，左手握短枪，右手持大刀。每冲锋陷阵，三人同进，呜咽叱咤，真是神威凛凛，有如三个怪物煞星下凡督战，不徒敌军望见胆寒披靡，就连本军官兵也为之胆壮力生，倍增勇气。以智勇兼备，深得军心，所以无往而不胜。前在西安时，他因事被撤职，罚在总司令部内任苦役。未几冯氏见他刻苦悔改，立志自新，乃再委他任师长。在这大战中，他所以特别努力奋战，大显身手，连立殊功，遂得升级。（按：吉鸿昌与张自忠、冯治安、赵登禹、郑大章为冯军后起的五虎将，足媲美中期的孙良诚、孙连仲、刘汝明、韩复榘、石友三五虎将。前期的五虎上将是张之江、李鸣钟、鹿钟麟、刘郁芬、宋哲元。其他骁勇善战、功绩卓著的将领尚多，不可胜数，以上是其表表者。）

十二月二日，全军围姜明玉于曹县，连下数邑。围城至十七年（一九二八）一月卅日，以坑道爆炸曹县城墙，乃克之。叛贼姜明玉被生擒后自戕。鲁西肃清，左路军事乃结束。中路韩、石两军配合左路前进，于十一月下旬连败徐源泉、褚玉璞等军。右路鹿钟麟等亦由杞县进军，连占睢城、归德、夏邑。十一月下旬，不及三日，三路连捷，击破直鲁军十余万人，残部东溃，无能再举矣。于是豫东又告肃清。

尚有足资谈柄者。鲁军张宗昌雇有白俄兵五六百乘车作战，全军尽墨。白俄均饱受军事训练，不畏枪炮，强悍勇敢，甘愿战死，惟最畏冯军之“大刀队”。每念及白刃相加，血肉横飞，身首异处，甚或头半断而不能脱离，却不寒而栗。此次作战，常遇“大刀队”袭击，每每战斗力丧，故大败云。冯氏派人以理晓谕，皆愿投降，随军服务。又：全胜后，韩复榘一军俘获新式犀利武器手提机关枪三千余挺，冯氏尽以配给卫队旅。韩颇悻悻有怨，终亦无奈总司令何也。

再克徐州

当豫东大战时，北方奉军以阎锡山坚拒加入其阵线，遂于十月三日对晋宣战，猛攻山西，全省岌岌可危；而在南方则孙传芳、张宗昌大军，尚与何应钦军酣战于徐州之南。冯氏决定乘胜直攻徐州，如是乃可杀奉军之势以救山西，并以威胁南面津浦线孙、张之师，迫其撤退。韩复榘、郑大章等奉令东进，于十二月三日至徐州城下，占车站，开始攻城。一时，张宗昌、孙传芳、褚玉璞，均被困城内，急调后方部队来援。冯军石友三、鹿钟麟等部进兵较难，于七日始至徐会齐，而各军苦战经旬，疲惫已甚，难当数倍之敌；且有溃兵、土匪扰乱后方。冯氏急令前线各军暂且后撤，专俟南方革命军北上，再行夹攻徐州；并调刘汝明师肃清后方，维持交通。旋接何应钦电：南军进展顺利，约于十四日会攻徐州。冯氏于是复令各军分路东趋；韩由正面，石由北面，鹿由西南面进攻，包围徐州，共击破敌军二万余人。但直鲁军先于十三日反攻津浦线；冯军复败之，再由陇海线蹑其后。敌不能支，卒于十五日放弃徐州，分路北遁。十六日，徐州克复，第一、二集团军会师。

豫东之战，冯军伤亡甚多，每日运回伤兵至开封者，数以千计。一时，医院无地方安置，无医生看护诊理，更无药物医治，为状甚惨。尤可哀者，死亡过多，无棺殓葬，临时只有用布裹尸，埋之黄土，称为“革命棺”，尚比不上古之“马革裹尸”也。这亦可留为革命史中之壮烈的不朽佳话。

豫东既平，冯氏于是倾全力肃清豫北。先是，方冯军集中精锐作战于马牧集、兰封及徐州等地时，豫北防军力薄，直鲁军孙殿英等数万人，遂得大肆活动，连占多城。时有梁寿恺（“国民军”三军旧部）违令擅攻大名，败退至新乡。冯氏以其违令有误戎机，又以其染有洋烟癖，即解除其兵权，以韩复榘兼领其众，而令其离军休养。此所以顾全孙岳面子故不以军法从事也。（《我的生活》页七一八—七一九）

由十六年（一九二七）十月中旬至十一月初，彰德、卫辉各邑均为敌占领。兰封初捷后，韩复榘尝一度赴援，虽获胜仗，但不旋踵又须赶回豫东应战。冯军乃于豫北取守势，由秦德纯（靳云鹗旧部）等与敌军相持。至十二月徐州克复后，遂调刘镇华、鹿钟麟、石友三、郑大章、孙连仲各部过河，大举进攻。韩复榘则在豫中京汉线以防御樊钟秀叛军（樊声言以廿万之众北袭）。十七年（一九二八）一月，各军捷报纷至，迭克各邑。至二月初，豫北直鲁军尽退。其防线在彰德以北。各军毙敌及俘获无算。至三月中，最后将林县之“天门会”匪巢攻破，焚其伪宫，于是豫北肃清。其后，大军北伐，再无后顾之忧，而晋方危难亦得缓和了。（以上各役战况，参考李泰棻《史稿》五十七章。）

在以上几场大战中，身为总司令的冯氏，真是艰苦备尝。由他的自述，可见战时的主帅生活，确不足羡慕的。倘不是他身体健康，得天独厚，曷克当此！冯自谓：

> 在这悠长的激战期间，我除调度部队，指挥作战外，更要筹办救慰伤兵，掩埋阵亡官兵，奖赏有功各部，以及人马、枪弹、粮秣、

被服、补充等等的事。每天随身带着二三十副电话机，与前方各部不断联络……此外还要各处奔走，一会儿要去开封，一会儿又到郑州，一会儿察看东路，一会儿又察看北路。在各城各地，一方面与各级长官接头，一方面须对士兵讲话；同时还得对民众宣传。一天到晚，黑天白日，生活老是如此忙迫，神经老是如此紧张，一直继续了数月之久。（《我的生活》页七二一—七二二）

拥蒋复职与继续北伐

自十六年（一九二七）八月中，蒋总司令下野去国后，宁、汉党部与政府虽复合，实际上党内个人派系之争仍未已，而在军事上则似群龙无首，北伐之功，难以完成。冯氏在河南，身当奉鲁前线，甚以为苦。顾以声望及地位言，他又未能领导群伦，共同联合北伐，即以实力言亦无能独当其冲，歼灭顽敌。于是，首先于八月间发电请蒋氏复职。继于九月廿五日再行电请。至十一、十二月，复屡电南北军政要人及蒋氏促其再起东山，又邀同阎锡山联名数电中央及蒋氏竭诚拥护，皆以领导国民革命、完成北伐陈辞（电文见李著页三八四—三八八）。中间，南京党、政、军领袖亦纷纷拥戴。十一月，蒋总司令由日回国。十二月中央通过，复任其为中央党部执行委员会主席、国民政府军事委员会主席、国民革命军总司令各职。同月，共产党在粤垣起事失败，左派益失势，汪兆铭因而去国。十七年（一九二八）一月，蒋氏正式复任党、政、军领袖，名位实力比前尤强。虽党内及南中仍有困难问题，幸无碍北伐大计之进行。盖自十六年（一九二七）十月至十七年（一九二八）一月，冯氏屡电请中央各方联同北伐（见李著页三八九—三九五）。至是，时机成熟，计划迅即实现矣。

二月中，蒋氏亲到郑州与冯氏会晤。由随行的马福祥（马鸿逵之父，甘肃老将）献议，两人共订金兰之好，蒋氏将兰谱送去，冯氏亦具帖还报如仪。由是结拜成为兄弟之亲，矢誓一心一德，完成国民革命。（按：此事余亲闻马氏言，系由他“做媒”的。）蒋总司令颁发犒赏金大洋百万元（余领得十元）。

十六日，蒋、冯两总司令联袂到开封，复详商北伐大计，此即二人曩年在徐州时之决议也。作战方略亦商定，原则上即“声西击东”之计也。其计：第二、三集团军在京汉线取守势，但由冯军佯作进攻，以诱奉军调其精锐部队于西方，而第一、二集团军则集中精锐，沿津浦线疾攻山东，直取天津、北京。双方作战部队，其用于山东方面者，有一集之刘峙、陈调元、贺耀祖、方振武（早已改隶一集）等，及二集之孙良诚、马鸿逵、石友三、吕秀文与骑兵席液池等。其用于河北方面者，有二集之孙连仲、韩复榘、刘镇华、鹿钟麟及韩占元、刘汝明、张维玺、刘骧（已升军长），与骑兵一军郑大章等。当双方调集军队之际，奉军猛攻晋方，深入绥远、山西，盖欲先行击破晋军后而应付南面敌军也。冯氏为实行佯攻之计，于三月七日移驻豫北新乡，并故作种种进兵表示，如沿京汉铁路多设兵站等，且日间则运兵北上，夜间运回，张扬其事，伪装大规模进兵样子，一则以分奉军攻晋之势，次则以诱奉军主力集中彰德方面而利东面之进攻军也。结果：其计生效，然奉命死守西线之队伍苦矣。

部署既妥，蒋总司令于三月卅一日亲赴徐州设国民革命军总司令部，主持全面北伐军事。旋而冯氏亦由河北突至兰封督师。双方阵容，大致如下：奉、直、鲁联军方面——统称“安国军”，以张作霖为“大元帅”。其下，张学良与杨宇霆亲率奉军精锐进攻京汉线。直军褚玉璞在直南大名一带，后并赴鲁。山东方面，鲁军张宗昌屡经大败，能力削弱，改由孙传芳负责，并力作战，集中军力于鲁南及西南方济宁一带，共有九万余人。统计：“安国军”全部兵力共约四十万。革命军方面，全面布置：一、二集分攻津浦线；二、三集分攻京汉线；四集全军留京汉线后方作总预备队。全军兵力共约七十万人。

其在东战场津浦线方面，以微山湖（在苏沛县与鲁临城之间）为分界：湖以东由蒋氏指挥，其西则归冯氏指挥。四月十日，全线总攻击（先下令八日，旋延期两日）。前一日，冯军已开始作战。十日以后，全军进攻。东路迭获胜。十二日，刘峙由台儿庄进至滕县。吕秀文于十一日由郓城进向汶上。惟西路贺耀祖于十二、十三日败退。孙传芳乘胜急进，率主力五万人，连下丰、沛二县，直逼徐州，守军已准备退却矣。在至危急时，蒋氏急去电问冯氏还有预备队在后方否。冯答以仍有约万五千人，可即全数开上救援，力请其千万不要退后。这确表示他兄弟俩鹡鸰急难之革命精神了。

冯氏于是立刻令其时留在兰封之预备队石友三全部，赶急开赴前线救援徐州。于是，兰封冯氏总部只有卫兵三百留守，虚空之极；但冯氏志切救助友军，故不惮躬冒此大险焉。斯时，全军最为剽悍的石友三一军，有如飞将军忽然出现于砀山以东，大出敌意料之外。孙受此压迫，不得不后退。徐州乃得转危为安。

十七日，石军进攻丰县，击毙孙之军长袁家骥，复大败孙军于鱼台。孙良诚则早于两日前（十五日）克嘉祥，进攻济宁。孙传芳在鱼台闻警，立调大军回援，包围孙良诚于安居镇。旋而石友三由鱼台与贺耀祖进向济宁。方振武亦由金乡前进，与石、贺军大破孙传芳于嘉祥、巨野间。十九日合围安居镇。同时，孙良诚亦击退敌军。时，席液池之骑兵已于十八日占领兖州。滕县敌军于十九日退走。石友三进军将次济宁，奉令又赶急回豫攻樊钟秀叛军（详后）。廿一日，孙良诚、马鸿逵克济宁。孙传芳军乃溃退。二集各军，四面兜击，俘获甚多。全部敌军损失三分之一以上，残部凌乱不成军，不堪再战。

济宁既下，已据要点。蒋、冯两帅，会商于野鸡岗。共决乘胜直取济南。复由一、二集各军分路北进。廿六日，开始攻击。一集之陈调元、贺耀祖、方振武，二集之孙良诚、马鸿逵、吕秀文、席液池，各军分路猛进，奋勇追击，连克要隘。敌军望风披靡，于四月卅日退出济南。五月一日，国民革命军克服全城，敌军尽退黄河以北。

五月初，革命军与济南日本军发生冲突。北伐计划为之一阻。其后卒绕道北上，继续前进。（详下文）

西战场血战

在西战场京汉线方面，战况益为复杂，益为艰苦。豫北、河北全面皆由二集团军负责。方四月初东战场战事将爆发时，奉方已以全力猛攻山西。冯氏即令豫北孙连仲、郑大章，由彰德攻磁州，又令刘镇华攻大名，以分奉军之势而解山西之围。刘镇华与韩德元部，因兵少不得力。后来，冯调张维玺部增援，乃有利。奉军既逼晋军西退，即封锁山西而以全力南攻。时，鹿钟麟任北路军总司令，指挥河北各军应战。五日，奉方以重兵由彰德进攻。同时，其第三方面军主力在磁州作战，战况剧烈，对冯军有压倒之优势。鹿急调刘骥、刘汝明等军上前，增强彰德防线，仍以众寡悬殊居下风。当此路军吃紧时，冯氏急电武汉方面之四集李宗仁派队来援。至是李令叶琪先来豫中接防。于是，驻漯河、许昌之韩复榘军始得星夜北上。北伐之役，四集团军一体参加，以全力巩固鄂湘后方，此次复派兵应援，使二集团军得倾全力应敌，乃竟全功，至足证其鹡鸰急难团结革命之精神，其功有足多者。

十七日，韩复榘猛扑右翼，进攻得利。奉军复从后方增加大量兵力。韩军激战至烈，终须暂退原阵地。奉军援军又增。二集全线各军乃取守势，深沟高垒，务阻其前进，以待良机。此正是东战场在济南一带大战之时也。奉军乃集中力量，猛攻彰德方面，施用大炮、飞机，攻势空前猛烈。守军堡垒房舍尽毁，惟有据壕死守，沉着应战，不进亦不退，白挨炮弹，盖奉冯氏严令，“退一步者杀，进一步者杀”故也。韩复榘全军至为英勇壮烈无匹，伤师长三人，旅长二人，寻而韩本人亦受伤，仍遵令不稍退。至廿八日，全线各军乃奉命进攻，盖东战场各军已逼近济南，预料即可克其城。如是，双方一齐北进，夹攻奉军于东西两面，其全师非尽覆没不可也。西战场自廿九日始，中路、左翼、右翼各军同时进攻，复以便衣队扰敌后方。时已有钢甲车、坦克车、重炮等利器（皆前在豫东之捷获得者），兵力亦足，士气尤旺，战斗力之强猛，沛然莫御。奉军初仍猛烈抵抗，延至五月一日夜间，全线总退却。盖以济南失守，东战场惨败，如西战场各军不及时撤退，将陷于东西夹攻形势而西面全军将不能东出山海关也。二集各军当夜奉令，全线追击。三日，克顺德，五日，克大名，仍继续北进。（按：或有误会冯氏下令在彰河死守，毋进毋退为不进援晋军使其消灭之谲计者，非也。实则为牵制奉军精锐于西线而利东线进军，即吾所谓“声西击东”计之实行也。）

方漳河战事吃紧之际，驻军豫南之樊钟秀，前因对冯氏产生小误会，转趋反动，受奉方运动，以五万余众窃发叛变，乘虚突击二集后方。先陷郏县，进围禹州、登封，随分两路袭洛阳，陷巩县，及围攻孝义兵工厂。别遣一部陷偃师、巩县、密县。时，二集大军多调赴前方，后防薄弱，势颇危急。守孝义者仅得赵廷选师四千余人。守洛阳者，为训练总监石敬亭，亦仅有各级教导团五千余人及张维玺军之一部。石乃多制旗帜以作疑兵。然众寡悬殊，危险万状。幸冯氏早料到有此变，先调宋哲元移驻潼关，至是奉令任剿樊总司令，率驻陕各部急行东开。四月廿日，及时赶到洛阳，即日南赴前线。廿八日，击破樊部约二万人，旋克复偃师。时，石友三在东战场进至济宁，即奉调西返援孝义。廿九日，克复巩县并解孝义之围。冯氏电令宋、石两军南进，克复各邑，并解登封、禹县之围。樊不支，遁鲁山、襄城一带。樊本约李云龙同时攻西安，徒因交通梗阻，交通失灵，故李未能同时发动。其攻潼关之部，先被留守之马鸿宾部（仅得五六百人）所击溃，而西安仍被围。当时，宋哲元因急于援陕，故未穷追樊之残部。大军一返，立解西安围城，消灭李部。（当时著者在洛阳西工任二集团军官佐子弟学校——亦名“今是”——校长，有教员学生共约四百人，已准备全体牺牲。及捷报传来，群庆更生。又：“国民军”旧二军之岳维峻，前亦因小事误会离去，幸未至影响全局军事，后为中央收编。此亦为冯氏对中央发生怨望之一远因。）

当北伐军由山东顺利进展时，日本意图阻止，出兵山东。及济南既下，日军于五月三日在城内与我军冲突。五日，蒋、冯两帅再会于党家庄，商议对付日本方略及继续北伐大计。决议：对付日军采取外交手法，北伐军事则迂回北进；东战场各军在长清以西渡河，西战场京汉线加重兵力，双方积极前进。于是，蒋氏回南京主政，交冯氏全权指挥两战场前线军事。十日，冯氏移节豫北新乡，注重京汉路军事。因晋阎锡山前曾有关照，彰德以北由其负责，故即令韩复榘停兵于石家庄，亦所以配合东战场方面形势，双方并进免孤军深入也。迨晋军与奉军相持于保定、新乐间，阎深恐不敌，急电求援。冯乃令钢甲车队开动，在正面助战，郑大章骑兵及韩复榘两军出动策应其右翼。

维时，东战场已渡河各军，因地狭人众，交通不便，粮秣供给为难，进则生，退则死，冯仍令积极前进。五月十三日，二集之席液池骑兵突占德州，形势乃好转。冯因重新布置阵容，分令一集之陈调元、方振武，及二集之孙良诚、刘镇华各部分路前进。十九日，蒋氏复赴郑州与冯氏商定北进战略，决于二十五日以前两战场各部须在庆云、南皮、交河、武强、晋县以至正定，全线集中主力，准备进攻。同时，京汉线上四集之白崇禧部亦北上至正定任后路准备，于是韩复榘开至晋县前线集中。廿八日前，双方各军须各赶至指定地点前进。东西两战场军事分由朱培德、鹿钟麟部署。廿九日，蒋、冯两帅会发命令，各军进至指定地点暂止。卅一日，北路克高阳，晋军克保定。六月一日，孙良诚克河间。

二日夜间，“安国军”大元帅张作霖仓皇乘车东走，至皇姑屯被日军炸毙。六日，急先锋韩复榘二万余人急行军，于三昼夜走八百里，直薄北京。东战场方面，天津敌军亦尽东遁。徐源泉乘时反正，以后归一集团军直辖。京津于是平定（以后，白崇禧军再北上驻河北）。

当时，韩复榘虽率先到北京，只屯南苑，而不得入城，盖在政治方面，政府早决心以京津予晋方，而在外交方面，外交团不欲冯军入北京，故韩奉令之后不得不恪遵，意殊怏怏焉。至八日，三集张荫梧入城，受任北京警备司令。

初，奉军撤退时，地方中外人士与约，留鲍毓麟旅以维持北京秩序，至是回奉。经通州时，韩复榘尽缴其械，收容其千余人于南苑，并无死伤。于是，公使团严行抗议。此举本非奉令行事，惟冯氏以其为全军安全计，措置合理，负责交涉，去电解释，斥责使团备至。随将鲍旅人械尽行放回，其事乃寝，此北伐成功后之余波也。同月，国民政府明定国都南迁，改以北平为特别市，于是旧京乃定。

冯氏一闻奉军溃退，及张作霖被炸死之讯，顿觉生平第二大仇已去（第一次是吴佩孚，已被打倒），仇恨既平，北伐成功，快慰何如！但忽然发生大病，至不醒人事。据其自述病倒的原因是可信的：

> 这长期以来，我是不分日夜，无时无刻不在紧张与繁忙之中，生活又过于没秩序。有时整日不吃饭，有时一顿吃八九个馒头。身体精神，早已到了疲敝不堪的地步。但因责任在身，大事未了，精神有所贯注，我仍然能够一天一天照常工作，而不觉其疲殆。现在张作霖一死，奉军溃退，关内宣告统一，我这方面的任务已大半达成，千头万绪的心愿都化为乌有，于是紧张的身心立刻松弛，长时期日积月累下来的疲劳病困，一时发作起来了。（见《我的生活》页七五三）

这可算是冯氏为国民革命，赢得胜利个人所付之代价了。卧病六日，健康尚未完全恢复，即又仆仆长途，乘车北上。（冯氏之盟兄兼生死交之孙岳约在此时下世，又令冯氏不胜伤感。）

北平群英会

冯氏之北上事，当中也发生些少波折。先于六月中旬，北平克复以后，蒋总司令发电分邀冯、阎、李三位集团军总司令同到北平举行“善后会议”，冯氏即复电托病不能参加。时，李宗仁在汉口，亟派代表赴豫问病并力劝其参加会议。冯氏感其诚意，答允参加。蒋氏亦派员请李担任调处中央与冯氏之隔膜。旋得李复电报告，冯氏已允参加，遂由南京经汉口乘车北上，拟偕同其他三总司令联袂入北平也。不料蒋氏于七月三日到新乡时，冯氏不来迎，盖已赴道口养病去矣。临走时，嘱秘书黄少谷发电中央请病假。据黄谓其这两天不大高兴，在闹脾气，乃劝其勿发此电（刘著页九四）。究竟这时冯氏所闹的是什么“脾气”呢？大概是因此次北伐成功，北京克复后，他对于中央酬功颁赏愤愤不平，以为中央把北平、天津两市和察、直两省的政权完全分给晋方，而战功最著、牺牲最大的冯军只分得北平崇文门税局一所，是不公平的，乃怀怨望。想不到这一问题就是以后冯氏与中央发生裂痕之开始。其后，冯氏卒忍气赴会，于六日扶病乘专车抵北京。未几，孙良诚被任为山东省政府主席，何其巩为北平特别市市长。这一着也许缓和了冯氏愤激不平的情绪不少。

七月六日，蒋、冯、阎、李四总司令齐集北平。同日，四帅联同到西山恭祭孙中山先生。蒋总司令抚棺痛哭，盖至是终有以告慰孙先生也。九日，在南口开会追悼“国民军”三千余名阵亡将士。蒋、冯、李、阎（代表），及鹿、白、方等将领与各界代表，各集团军士兵等共数万人齐集，挽联多至万余副，由冯氏主祭。继而宣读祭文及演说，均能表出各战士英勇牺牲之精神与功绩，如蒋总司令之演辞有云：

当革命军自粤出发，未几下桂趋湘。彼时，正西北革命同志，与反革命者激战南口。赖诸烈士之牺牲，直军不能南下守鄂。北伐军遂长驱北上，冲破长岳。日后，西北同志虽退甘、绥，而北伐大军，已

以破竹之势，消灭反动势力，建立政府于武汉。是北伐成功，多赖南口死难烈士。革命同志，幸勿忘之也。（见李著页四九）

此褒功语郑重出自国民革命军蒋总司令之口，则冯军牺牲价值之重大，可确定矣。此实国民革命北伐完成之尾声也。然亦为冯参加革命事业之最高潮。

第十五章　兄弟阋于墙，外御其侮

（四七岁至四九岁，一九二八—一九三〇）

冯的革命事业，在军事上虽告成功，而以后三年在政治上又失败了。其败也，比之以前的经验尤为惨痛。简直至“一败涂地”，全军瓦解，连以前军事的胜利也一概抵消了。兹复据事直书，分节缕述。

军政局面

民国十七年（一九二八）夏北伐成功之后，全国军事形势，大概如下：国民革命军第一集团军总司令蒋中正，统兵共约五十万，驻军区域在苏、皖、赣、浙、闽、粤（广东军事由李济深主持，自成军区，仍属一集）。第二集团军总司令冯玉祥，统兵共约四十二万，分驻甘、陕、豫、鲁（山东一部由青岛至济南仍为日军占领）。第三集团军总司令阎锡山，统兵共约十五万，分驻晋、绥、察及河北。第四集团军总司令李宗仁，统兵共约二十万，分驻桂、湘、鄂（一部分留在河北）。此外，奉军张学良全部仍驻东三省（人数未详）。其他蜀、滇、黔诸省区虽在国民政府治下，惟各由本地军人统率，人数、系统及防地，均未详。

是年八月，冯氏赴南京出席国民党第三届执行委员会第五次大会。在会中提出关于民食、民衣、民居三大建议。语虽合理，且悉符党义，然措辞激烈，已招忌矣。加以初与南方同志多人接触，共处与同事，因在生活习惯、背景、思想上多所不同，落落难合，而其修养功夫又未能使其容忍缄默适应新环境，而对异己者了解、同情及合作，对他人生活标准与方式之不如己者，辄以语言、文字、行为予以讥刺，使人难堪，是故彼此不能相安。（例如：前时初与武汉各委员会议于郑州后，充耳听到南方同志生活之不严肃，尝亲自撰书一副讽刺联送去，文曰："三点钟开会，五点钟到齐，是否真正革命精神？半桌子饼干，一桌子水果，忘记前敌饥寒将士！"上衬以四字横额曰："官僚旧样"，真令人难堪。）其在南京，则出入乘坐大货车，对各同志之住华屋、衣美服、抽洋纸烟等私生活，多方讽刺，不可胜录了。他怀着"我比你较为圣洁"（holier—than—thou）的态度和言行对待异己者。这是许多人很容易染得的普通病，而是精神界（宗教的）与道德界的"贵族主义"，最讨人厌，乞人憎（粤谚）的。所以有好些政坛人物每与他同在一处，便有"芒刺在背"之感。有一次，余到南京，在私人谈话中，考试院院长戴传贤（季陶）于无意中吐露了一句心腹话，说："没有一个人能与老冯相处和合作的。"虽然冯氏在中央有不少同情同道，了解他、原谅他，而仍然合作得来的朋友、同志，戴氏这句评语差可代表党部和政府中大多数人——至少当权执政的一派一系人物——的意见、态度、情愫和反感了。这是重要的个人背景，应加以注意，然后可以明了，日后冯氏与中央人物，隔膜日厚，芥蒂日深，驯至公开破裂，演成"兄弟阋于墙"的大悲剧、大惨剧之因果关系。冯氏居南京，亦怏怏不欢。会豫、陕间樊钟秀与岳维峻各有蠢动之虞，危及冯军后方，冯氏即于是月下旬遄返河南镇压及处理一切。随以鹿钟麟负责剿匪，解决樊部于南阳。岳不自安，离军远去，后被任为第一集团军师长；此亦冯所引为憾事者（见上文）。

编遣会议的纠纷

十七年（一九二八）十月三日，国民政府改组，蒋介石被选任国民政府主席，为享有实权之国家元首。冯氏被选任国民政府委员、行政院副院长兼军政部部长。这可算是“一人之下，万人之上”的荣耀。平心而论，中央酬庸报功，待之可称不薄。然而舍这些个人显位不提，冯氏所斤斤争持者则是要带兵——多带兵可以实现自己救国救民的理想。其所最不满者则为“编遣会议”之决定。此则以后大局变化、内讧频起之症结所在也。先是，有阴谋政客杨永泰者，自“首都革命”及北伐成功之后，在北京潦倒不堪，乃到南京多方夤缘，得某旧日政友介绍，渗入中央，乘着当局表示减缩各集团军力“以树立中央的权威，消灭割据的遗风，求全国真正的统一。缩军节饷，从事建设”，乃呈献“削藩论”为进身干禄之阶梯。其大要是：“以经济方法瓦解二集（第二集团军），以政治方法解决三集，以军事方法解决四集，以外交方法对付奉张。”（以上引语见黄旭初之《北伐完成后的第一幕悲剧》，原载香港《春秋》月刊，后经黄汇编所著各篇，未举列原刊时期及号数。但“削藩论”之作，则余早有所闻。）是为日后兄弟阋墙、引起弥天大祸之动力。于是终招日本之入寇。

（按：杨永泰，字畅卿，广东高州茂名人。毕业北京法政学校，回粤活动于政坛。原籍国民党。民七年任粤财政厅长。以权利心重，勾结桂系督军莫荣新等，推翻孙中山先生所主持之军政府，迫其去粤，复助纣为虐，怂恿莫枪毙国民党记者华侨陈耿夫。所以民二十粤方与中央分流，即列举重用孙先生仇敌之杨为口实之一。其后杨北上任参议院议员，依附曹锟，久已见弃于国民党。见冯自由《革命逸史》。后来任两广监察使之刘成禺尤鄙恶其人，尝对余詈其为“落花时节的人物”。余问何解？则答曰：“落花时节又逢君”；“逢君之恶其罪大”。杨后来得任湖北省主席，为人暗杀而死。）

此论，居然视党内孙先生的信徒、共同服膺三民主义的同志、一家同体的手足兄弟、北伐成功的元勋、支持中央的台柱、南北御侮的屏藩，为昔时转朝割据的“群雄”，为唐代与日本之“藩镇”，与近年争权夺利、互争地盘、祸国殃民的“军阀”，而务要一一消除而后已。卒至引起几次内战，祸延中央、危害全国，固不特干城被毁，屏藩被撤，而且削弱己力，动摇国本，可谓罪大恶极。这个挑拨离间、煽动唆怂内讧之元恶罪魁，如其不死，吾恐其殃党祸国，更有甚焉者。语云：“国之将亡，必有妖孽”，岂其人欤！又云：“一言丧邦”，岂其论欤！

十八年（一九二九）一月一日，“编遣会议”开始。会中，由冯氏于报告二集团军中内容时，坦白率直，开诚布公，将自己手下的实力，一一公开出来。如有兵几十万人，枪几十万支，大炮几百门，重机关枪与手提机关枪各几千支，力量之强，他军莫及，令人惊愕。开会后，提出裁兵案，大致根据第五次中央执监委员大会所通过之议案，以四个集团军兵额平均为原则，计每集团军留二十万人。照此办法，实际上，四集团军原有兵额约符此数，不增不减。三集团军则照额还须增补数万人方足二十万人之数。惟冯氏之二集团军则须裁去兵额之大半。冯氏深感人增我减之方案极不公平。当会内首先提出编遣二集团军案时，即表示反对，特别提出两大原则（异于中委之四集平均原则）：（一）裁弱留强，（二）裁无功留有功。更明显地指出中央一集团军收编南北残败之兵十余万人应首先裁去；如今则先裁有功，是为不公。蒋主席答以一集团军也有编遣计划（上见黄旭初：《李宗仁与冯玉祥两人的关系》，同上）。冯氏自然悻悻不怿。“编遣会议”由是拖下去。

最初，冯氏亦尽力遵行编遣计划，很热心裁并，今日一电令，明日一电令，裁了八九师。但有一天，忽然中止再裁说：“人的十个指头不是一般齐，削长补短，削足就履，总不是办法。”（见秦《回忆录》页一五四）此意指裁并他较多的兵力，而增补他人的为不公平，可以明喻。从此他便持消极态度了。

详考二集团军是时内容，自北伐成功之后，共有九个方面军：（一）孙良诚，（二）孙连仲，（三）韩复榘，（四）宋哲元，（五）岳维峻，（六）石敬亭，（七）刘郁芬，（八）刘镇华，（九）鹿钟麟。（原有十方面军。另有方振武一方面军，已归一集团军。）每方面军总指挥下各有若干军；全数共三十余军，兵员合共至少五十万余人。自岳维峻、刘镇华两部相继脱离后，尚余四十多万。冯氏亦曾实行编遣计划，缩编全军为暂编十二个师：（一）韩复榘，（二）梁冠英，（三）吉鸿昌，（四）冯治安，（五）石友三，（六）童玉振，（七）程希贤，（八）张维玺，（九）宋哲元，（十）刘汝明，（十一）佟麟阁，（十二）孙连仲。全体皆"国民军"一军嫡系将领也。然因编遣费无着，且其他诸将士出生入死、奋战经年、劳苦功高，若再行裁减，骤行编遣原案，未免难于下手。是故虽有编遣之名，虽下缩编之令，从未能彻底实行也。"编遣会议"为期一月，草草结束，效果不大，只就原先通过之议案，成立南京、武汉、太原、开封、沈阳五个编遣区，徐图实行而已。然日后之阋墙巨祸已种因于此矣。

自此之后，冯氏即称病，不到军政部办公，只由鹿钟麟代理部务。未几，素工心计之阎锡山先脱身回山西。一日，冯氏忽然秘密离京渡江，直登早为之备的铁甲车，遄程回豫，留书与蒋主席道别。这一去无异"猛虎归山"，天下从此更多事矣。冯氏去后，蒋主席非常懊恼，不安于心。

然自是之后，冯氏对中央人物，便似怀了戴天之仇，不共两立。一次，冯氏方在京汉铁路某一车站之一辆篷车内（冯氏每出必乘此等车），马伯援由南京来，似衔有使命为中央说话而劝冯氏不要操之过急（但也许是个人自动为国为友尽力的而不是代表哪一方面的，不敢武断）。讵料冯氏不俟其辞毕即怒火上腾，睁目厉声，破唇大骂，甚至露出其"老粗"出身的本色，用最猥亵、最下流的秽语。"×他的奶奶！×他的祖宗！"马当时吓至面如土色，噤若寒蝉，立刻住口不敢再说下去。（当时适同在车中的我，亲眼得见亲耳得闻，但未注意他们对话的上文，究不知他毒骂的是谁；大概是指首倡“削藩论”的政客吧，我想。）在他盛怒之下，我也不敢赞一词。我阅世已久，但向未曾见过有人痛恨其政敌至如此之甚者，而冯氏之怒态如斯，也是历年所见之独一次。我始终不明白，究竟为甚么血海仇恨有如是其深。冯以后与中央隔膜愈甚，无法调处，终至“兄弟阋于墙”之大祸，一发再发。

鄂鲁豫陕之变动

溯自十六年（一九二七）秋宁汉合一而后，汉方之唐生智独自抗命；中央遂临以大兵。唐不堪一击，迅即败逃。湘、鄂两省尽落四集团军（桂系）手中。“武汉政治分会”即以李宗仁任主席。旋而中央派湘人鲁涤平任湖南主席。十七年（一九二八）二月，四集团军逼鲁去职而以亲桂之湘人何键继任。由是又引起中央与四集团军之冲突。中央方面所虑者为虎踞河南之二集团军；苟其与四集团军联合一致行动，则南京危矣。斯时，双方各派代表赴豫与冯氏商洽，各欲拉拢为助。当下，冯氏坚决表示不参加党内阋墙之争，且表示忠于中央，但又令韩复榘部由平汉路直下武汉。这一着，动机不明，双方不讨好。中央疑其乘机攫取渔人之利，而四集团军则疑其前来夹攻。结果：四集团军因内有叛将，于十八年（一九二九）四月四日不战而撤退回桂。中央军急进，先韩复榘军到武汉两日，韩部随亦北撤。武汉自然全归中央直辖。（按：黄旭初谓三月廿九、卅日，阎、冯通电讨桂，中央派冯部韩复榘为第三路总指挥，由豫南下，见《第一幕悲剧》文，然冯氏早有不参加党内战争之决定，何忽有此？个中实情，未明真相，不敢妄下论断。）四集团军是第一个被“削”之“藩”。长江上游之争甫结束，而中央与二集团直接接触，争端又起，其触发争端之尖点乃在山东问题。

十七、十八年之间，北方政局之全貌如下：韩复榘继冯氏任河南主席，孙良诚任山东主席，宋哲元任陕西主席，刘郁芬任甘肃主席，孙连仲任青海主席（新置省治），门致中任宁夏主席（新置省治），何其巩任北平特别市市长（中央某人力谋此职不遂，乃多方挑拨，浸成祸根之一；阎以不得此地盘亦不满）。二集团军各部分散于各省区，防线东西横亘长数千里。

表面上，二集团军得有六省一市，“地盘”不可谓不辽阔。然究其实则西北之宁、青、甘、陕，以及豫省皆贫瘠之区，收入短绌，无法养数十万大军及施行新政。本来山东富庶之区，又有海岸交通之利，冯氏原亦乐有此省；先命石敬亭代理主席，后于十月间由孙良诚亲到履任。（未几，孙与财政部长宋子文因小事误会，大发脾气，彼此断绝公文来往。国民政府斯时任命余为山东盐运使，冯氏亦劝余就职。双方付以调解孙、宋任务，二人摩擦乃泯。）是时，青岛至济南沿胶济铁路一带仍在日军占据下，省治暂设泰安，省政府所治不过卅余县（约全省三分之一），收入支绌（我曾以盐税支持）。必俟中央与日军交涉退兵成功后，全省始可收复。至十八年（一九二九）三月，中央与日本交涉就绪。（其间，余屡代表孙良诚入京与外交部长王正廷磋商接收济南事。）同时，日方与我方约定于四月十六日退出济南，由孙军接收，日军于五月初可完全离鲁回日。不料中央与四集团军力争武汉之役，解决迅速。中央既得完全胜利，忽于四月十五日电令孙良诚勿进入济南，同时与日本商定改期接收。

四月廿二日，中央复电令孙准备接收济南省城，但同时另派他军接收鲁东青岛沿海一带。方振武一军亦奉令准备入鲁。其他鲁省他地之杂牌队伍又准备发难与孙军为难，且孙良诚本军某师亦露出不稳迹象。当时，孙军只有四万人，而其可能为敌之各军不下六万。如其不遵命令，妄事抵抗，爆发战事，无异使二集团军全军与中央开战。但冯氏并未有在鲁作战之准备，且全军防线太长，首尾难顾，容易中断，驻鲁之兵力既苦感不足，而中央则已有大兵北上，集中点在鲁，且尚可续派。鹿钟麟在南京，密令孙良诚多派侦探以侦察中央军行动，可见双方疑忌之深。况模棱两可之三集团军阎锡山在后方河北、山西牵制着；苟其服从中央，则二集团军将处南北夹攻中部截断之极不利的形势中。不特此也，其时日军在鲁犹未撤退，大可借口与中央协议而不移交防地与孙良诚。于是，在军事、政治、外交三方面，均大不利于二集团军；无论如何，冯氏将无法可得山东全省。结果：冯氏于四月下旬以万急密电与孙良诚，告以本军被拆散及包围，陷于绝大危机中；全体面临生死关头，当以团体之生存为重，个人之地位为轻，务立即撤退全军离鲁。孙是冯氏爱将之尤而最忠于冯氏之一人，即于廿五日通电辞鲁主席，职务交由省政府委员吕秀文（亦二集团军将领，但所部非属嫡系）署理，由吕所统率之少数民兵警卫地方。次日，孙军全部由兖州退入豫、陕。同时，在南京之鹿钟麟、唐悦良（外交次长）第二集团军要员，亦匆匆离京。（当时，余为中央命官，于事前一无所知，留在泰安，莫名其妙，当即北上北平，调查真相。比知冯氏与中央公开决裂，自维位微言轻，且已无职责，不能为力斡旋，乃辞去盐运使之职。）未几，方振武奉中央命率部接收济南，山东全省复归中央治下。

斯时，不独山东的孙良诚部，连河南的韩复榘、石友三、马鸿逵、庞炳勋等部亦一律奉命撤退至潼关以西。沿途且将洛阳以东之陇海路轨破坏，以防阻中央军之进攻。大部鲁、豫军队陆续退至豫西且深入陕西。冯氏本人则驻节潼关以西之华阴。这是消极的反抗中央之表示，但初时中央以及全国都不知其作用为何。五月间，战事迄未发生，只用电报交换异见而已。据冯氏所指摘者，为国民党第三届代表大会所选出之中央委员之不公，与分发军饷之不平。中央方面亦数电冯氏及二集团军将领，并要冯氏再入京共商大计。他当然不去。二集团军将领二十八人则联名致电中央请蒋主席下野，催冯氏挥兵进攻。同月十五日，冯氏成立“护党救国军西北路军总司令部”。廿日，通电北平各国公使馆，请各国中立，宣言保护外人生命财产，并请勿借款与南京政府。这是内战之正式爆发。越数日，中央执委会

罢免冯氏本兼各职，且发兵进攻。（参考薛著页二五二—二六〇）

是时，北方三集团军之阎锡山毫无表示。粤方之陈济棠则效顺中央。（当时，陈铭枢因在香港大酒店遇火灾，跳楼伤足，不能治军。）惟前由武汉败回广西之四集团军李宗仁，重整残部，跃跃欲试。中央派四集团军叛将会同粤陈攻桂。李等乃于五月五日，打出“护党救国军总司令”旗号，出兵图粤。但中央早已定计，令粤军对抗。大战结果：李军不敌，败退回桂。于是，冯氏在陕孤立无援。（上见黄旭初：《广西集团势力遭到倾覆厄运》篇，载同上。）

今续述二集团军方面之军事发展。原来当时冯氏与其总参谋长刘骥等所定是役之大军略，是尽撤鲁西、豫东之兵，集中于陕西，以全力压迫阎锡山，使其合作；苟阎一致行动则四集团军与二集团军双方亦将联合而成一强大阵线，莫之能御。这是“不战而屈人之兵”之妙计。（以上是事后余由冯氏之高级干部所探得的。）

初时，冯氏确无反党叛国、兴师开战，以打谁倒谁之意，只是不满于功高赏薄，编遣不公，心怀怨望，气愤不平，犹且怀疑中央对己军不利，故行此策，造成联合三个集团军，一致行动，以威胁中央，使改变政策，俾得保存多些实力，以实行其救国救民的大志愿而已。这可说是“兵谏”。斯时，阎之处境既尴尬而又危险，中央方面亦因鞭长莫及，用兵为难，几乎要软化了。然而天下事往往有出人意料之外者，尤其军事发展，分子复杂，因果综错，变化莫测。在这僵局之下，忽然霹雳一声，冯氏遭受有生以来最大的打击，致使其一生革命事业几为之全部摧毁，而自己陷于身败名裂的悲惨收场——这就是韩复榘、石友三等之叛变。

冯军初次分裂

初，韩复榘既遵令率全部自开封撤至豫西陕州，即孑身赴华阴谒冯氏，犹未了解此次军事大行动之作用，但感到全军尽退入陕、甘贫瘠之地，给养不足，奚能生存？况且全军将士刚由西北饥寒贫困之环境下打出中原，心理上无人愿意再退入那苦地死守着。如为政治新环境所迫，则人人皆甘愿拼命再干，上前打出生路，有进无退，死里求生。从前迫不得已而在西北挨尽诸般苦，如今断不能再试了。于是，他即以进攻之计献出，拍起胸膛，包打下武汉，请缨自将十万兵沿平汉铁路南下，并愿立军令状：如不成功，则受死刑；另主张以孙良诚将十万人，沿津浦铁路直攻浦口、南京；复以石友三统十万精锐之师分驻郑州至徐州陇海铁路一带，为孙、韩东西两路之总预备队；最后则留宋哲元、刘郁芬之后方大军在豫、陕，严行监视阎锡山；如此，必获全部胜利。

冯闻而睁目咋舌，以为冒险性太大，他自有成竹在胸，仍坚持不战而屈人之奇计，不从之，犹且疾言厉色，严令其顾念团体，服从命令。韩不服气，反问："前者由苏俄回五原之时，经南口新败之余，绥远、甘肃只剩下残部数万人，而且装备不全，军实不足，何以当时肯冒险死拚，勇猛前进，卒成大功？而今则拥兵数十万，十倍于昔，枪炮军械，均全国无匹，何以却不进攻而退守？"冯答："从前我是个穷光蛋，只剩些少本钱，故不得不孤注一掷以博大利；如今我已赢了许多本钱，不能不慎重将事，稳健进行，岂能再作倾囊的赌博？只有实行计策万全、万分稳健之军略而已。"韩无话可说。甚至欲驻兵平汉路郑州以西，由洛阳至南阳一带而不再入陕西也不许，乃知不能挽回成命，怅然返陕州。（以上所述系数年后，余过济南访韩时，叙及旧事，他亲口对我斤斤申说的，并毫不自讳地承认当年的行动，殊非受了南京方面运动而背叛冯氏，只因为环境所迫，无路可走，为自求生路计，不得不归顺中央而已。）是役也，冯氏本不要打中央，而韩却要打中央，但因冯氏始终不肯打中央，韩反对不成而叛冯转投归中央。假使当时冯氏肯将他的策略与韩商量或告以机密，韩一了解，自然服从而不叛去了。岂知冯氏缜密过甚，连自己的心腹爱将也不令知，只要盲从，遂生巨变。军事发展有如此奇诡叵测者，这固非冯氏始料所及，外人所不知，恐怕就是连中央领袖们也不知道的内幕。（另据刘汝明说，当日西退至陕西，适遇见韩，而韩问他："你说，把整个河南省放弃，部队全撤到潼关以西，这不是自取灭亡吗？以后我们还吃什么？穿什么？……"见刘著页九八。此与上述相印证，可信韩之脱离冯部，主要因素确为经济问题。）

冯军挨了多年无衣、无食、无饷，而常须苦战的生活，自然对陕、甘旧地，望而生畏。况自打出中原之后，与南军比肩作战，眼见其人人丰衣足食、囊有余饷，不禁相形见绌，曷胜羡慕？即冯氏本人亦尝言南北待遇不平，并举例来说，下雨时南方将领有雨衣，而北军则只撑破伞是也。处此新环境下，冯氏兵将心理多已起变化，不能像从前之吃苦耐劳了。冯氏不了解此真正的"军心"，仍以旧方法应付新环境，虽云稳健，究行不通，此其失败之真因要因也。或谓韩等曾受中央重赂故叛冯而去者（见薛著页二六一），实绝无可能。盖此役变起仓促，微特中央，即二集团军干部亦不能前知；苟韩事前曾受贿赂，则何以先则遵令西撤？及退至陕州、华阴，旋即叛变，更无与中央接洽之时间与机会矣。惟其与石、马归顺中央后，各受重赏则诚有可能。

是夜，韩在陕州，即矫令开车，尽将原带来之全军出发东向，部将与他军犹以为奉令开动出战也。比冯氏闻讯，知其叛去，急电令孙良诚以全力追击。孙最忠于冯氏，且素鄙韩从前之降晋，急遵令乘火车后追。会庞炳勋由郑州西撤至巩县，亦奉令拦截韩之去路，于是与孙部东西夹攻之。韩之列车不能开动，亦不及准备应战，全军乃溃逃。孙即收纳其残部并得获军械不少。韩于匆匆间仅带得数千人南入嵩山，迂回而返开封，仍行使省主席职权而输诚中央，并加紧招募新兵，以恢复实力。当其过郑州时，发出通电，并不指责冯氏，但大骂其亲信数人一顿而已（刘著页九九）。其后，溃散之队伍，有复归韩者，而韩部中亦有复投冯麾下者。

当时，石友三全军尚在豫南之南阳，奉冯氏令退至郑州，而马鸿逵亦由鲁西退豫。韩约二人一致行动，石、马允焉。于是，冯骤失去不下十万人，约占全军嫡系三分之一，比作战大败损失尤重。原来，孙良诚、韩复榘、石友三等三部实为二集团军最精锐之师；战时，孙常任前敌，逢攻必克，夙有“铁军”之称（此冯所特别颁给之荣誉）。韩、石二部则为全军最剽悍、最骁勇善战之师，常留在后方作预备队，一遇前线各方有困难，冯氏即指挥这两个犀利无匹的铁锥向前敌凶猛冲击，几战无不胜者。惟马鸿逵则原非嫡系，所部不多亦不强，且其父马福祥素矢忠中央，故对于冯氏损失不大。今回与韩、石二人相将叛去，是冯氏练兵成军以来之第一次大厄，不独精锐丧失，而且全军第一次发生分化，团体破裂，纪律尽隳，军心摇动，影响全军前途之重大诚不可以言喻，而冯氏一生事业之大崩溃亦肇端于此，固不特是役之“大策略”完全为之粉碎而已，亦无怪冯氏一闻此噩耗，如遇天崩地裂，不禁脑裂心碎了。（多年后，冯氏老干部某言：如无此次之叛变，冯氏必能取胜云。见薛著页二六一。）

一日清早，天犹未破晓，冯氏挈数卫兵，乘汽车离华阴，至潼关风陵渡口，渡河赴晋，留下命令，全部军事交宋哲元主持。时，宋哲元、刘郁芬尚未起床，闻讯立行追去，不及穿衣履也。迨赶至渡口，则冯氏已过河去了。既抵山西，阎款待之于太原北晋祠小村，遂在此暂作寓公。（按：当时，我原拟于得悉真相后，亲赴京请孙科、孔祥熙、宋子文诸大员共同努力，谋和解方法，以防止战祸而安定大局，适遇此巨变，再无机会，怅然北归。）

当韩变后，冯、阎来往函电，原有相约下野、携手出国旅行之举，盖大势已去，兵不罢而自罢了。据说，在七月初，中央与冯氏已达到协议，和平解决：中央进攻之行动停止，允拨所欠军费，先发三百万元，另给冯出国旅费廿万元；二集团军余部仍旧转归鹿钟麟统率；陕、甘、宁、青四省主席仍旧不动，惟冯则白白失掉鲁、豫两省（察、绥早已放弃）及十万精锐之师耳。七月五日，中央取消通缉冯氏之前令。八月间，鹿钟麟、唐悦良均到京复职，薛笃弼且膺任卫生部长。昙花一现之“护党救国运动”，似烟消云散，告结束矣。是役也，冯氏之“大策略”本以“不战而屈人之兵”为原则，结果则因内部叛变，却不战而屈了自己，宁非天下之大滑稽耶！

“国民军”复活

冯氏寄居晋祠，行动自由，并非囚禁，但亦不外出。阎待之不薄。冯氏自有无线电台可与外方联络通消息。宾客来看他也不禁阻，手下仍有多少随从人。太原设有办事处。于此，闭门思过（用兵错误欤），韬光养晦，且努力自修求学。冯氏每于失败后，进修益力，拚命读书、写字，且习丹青，态度于消极中至为积极。此其人格可取之处。余于华阴北归时，尝到晋祠谒之；见其方踞桌读书，左手持《陆宣公奏议》，右手持梁启超一本学术讲演集。寒暄完毕，他问我这两本书如何？我心里思想，在军政界我是他下属，但在学术界那就不同了。当下我毫不客气地用“教授”辞语和态度，指出他虽然好学不倦，手不释卷，而求学不得正当方法，不循正当轨道，将上下千余年两家的著作同时并读，纵是读书万卷，也是无济于事的。他甚为惊愕，问我要用什么方法、循什么轨道才是正当的和有益的。我答科学的求学方法，最重要的是循次序、有系统，并须有专门学者名师指导，方得实益。我再补上一句，以他的好学苦心，加以个人政治、社会以及人生的种种经验，配合中国的经书，如得有教授指导研究专门书籍，凡习一科，有如初学英文一般，必从ABC开首循序而进，由浅入深，则一二年的工夫可抵得大学里三四年的课程。他似乎恍然觉悟，对我说：这是头一次有大学教授指导他求学的方法；对我的劝导完全接受，十分感谢。次日，即去电北平，采购政治、社会、经济各种大学教科书。未几，专聘某某学者前去授课。这是冯氏研究大学课程之开始。行之未几即有大效。此后继续聘人讲学，努力自修。不移时，居然给他学上了那几门学问——甚至“社会主义”历史与内容，“工团主义”的意义与利弊，也懂得了。

然而冯氏雄心未尝稍息，只是静以待动，不断地与各方接洽通电以图再次大举，更时与阎酌商大计。秋间，运动成熟，又发生一次大军事行动。其时，汪兆铭所领导之“改组派”公开与中央破裂。九月十七日，张发奎举兵于南方，进图广州。中央急调兵对付。冯氏即乘机发动。先于十月十日，由“国民军”将领二十七人联名通电，推戴冯、阎二人领导全军反抗中央。中央于是再下明令进攻。下半月，河南发生剧烈战事，不在陇海铁路线，而却在洛阳之东方及南方一半圆形中。当中央军战事不大顺利之际，蒋公曾亲赴前线督师。正在两军相持未分胜负的僵局中，战场忽发生莫名其妙的变化：十一月下旬，“国民军”全部退师，再西入陕境。双方军事行动，遂告结束。（或谓中央因粤方“改组派”之捣乱，急于以全力应付，故亟亟以政治手腕及经济厚酬拉拢“国民军”诸将领云。说见薛著页二六四，有待证实，不足入信。）

是役也，一始一终，亦同前役之充满神秘性，宜乎外间之不能了解其真相。事后，余复细细调查，乃得洞明。原来此次冯之异举，完全是上了阎锡山的大当。缘其自上次“护党救国”之役失败，退引山西之后，虽屡与阎酌商大计，阎只虚与委蛇，依违两可，久无效果。盖阎当时处境自有困难，其本心对于中央之措施原亦多所不满，亦久遭疑忌。一向赖有冯军在鲁、豫居中缓冲，故尚不至直接受到中央之裁制与冲击。但倘冯军一旦消灭，则彼将无力抵抗，复无援助，成为孤军独当其冲，其亡当可立待。是故其惧怕冯氏之心理，远不如惧怕中央之甚。所以乘冯氏失败西退，亟挟其余军以自重。当时迁冯氏于建安村，优待更甚，无异蓄着一头猛虎以威胁中央。一俟迫不得已，时机成熟之际，即实行放虎出笼，使其出面出手打击中央，而自居幕后要手段操纵一切。会九月中“改组派”在粤称兵，中央忙于应付，这正是北方响应同时夹攻之无上机会，于是乘时策动，乃有此役之发生。（以下据冯氏自述大略，看下文。）

十八年（一九二九）九月十七日，正是农历中秋之夜，阎忽访冯，相与长谈，大骂中央之不是，极力怂恿其兴兵再举，自愿衷诚合作，负责一切供应。冯氏上次之不南向进攻，多因顾虑阎之牵制后方，今骤闻此坚决的具体的表示，正中其怀，真是梦寐以求，以为畴昔所定的大策略此时卒成功了。大计既定，继又商及举兵之军号问题。是时汪兆铭“改组派”向主张用“护党救国军”名号。但两人意见则以为这只是一派一系少数人所主张，而彼两人则惟以集合全党全国人物以从事救国救民大业为目的，并无左右新旧某系某派之分，故均不赞成用之。冯氏乃提议用“保民军”。阎以为亦未尽善，乃谓吾人既有国民党、国民政府，即用“国民军”名号可也。况且昔年“国民军”之传统名号，声威犹在，号召有力；此次毋须另行巧立名目，索性恢复旧名可矣。冯氏素重实轻名，又即允焉。因一时不察，遂中了阎的计谋（另参看《石敬亭年谱》选自《传记文学》一二二期页十李云汉之《宋哲元与七七抗战》篇）。

当下，冯氏以智珠在握，剑及履及，立令石敬亭回陕，详授宋、刘等机宜，克期举事，乃先有十月十日联名通电之“哀的美敦书”发出，并在陕、豫各处张贴布告均有“总司令阎”“副总司令冯”（名下有“宋哲元代”）字样。事实上，两人已就职矣。预定计划：“国民军”出重兵分路取郑州、南阳。一俟两城攻下，阎、冯二人即联袂至北平，组织新政府。同时，豫、鲁、鄂、湘、赣、苏、皖、粤、桂、蜀、宁、奉各处早有协议之军政领袖即行响应。（按：另据余当时采访原稿：连月各方使者分别北来与阎、冯接洽者有何键代表黄一欧，鲁涤平代表易某，张发奎代表李某等。奉方张学良亦派秘书长王树常到晋，表示愿一致加入。阎乃劝冯氏派前河南省政府代主席邓哲熙往沈阳报聘。旋得邓来电，谓张极力赞成三人一致联合，并建议联名通电请蒋公下野。）

殊不知阎真是一条“两头蛇”，摆下这条计策，使冯氏懵懵然上了他的圈套，而自己则实收渔人之利。他一方面暗中接受中央任命之“陆海空军副总司令”，他方面又教唆煽动冯氏兴兵，给予接济，假其手以打击中央。同时，他却以“国民军”之军事机密时向中央报告，以故“国民军”在豫作战为难，终归失败。以上所述，正是此次冯氏再举之真实原因及经过也。

是役再败后，冯乃知悉内幕，愤恨至极，但又无法向全国全世界申诉。时，余仍居北平，冯氏乃辗转托我设法将此役经过详情公布于世。余以未明真相，无法可施，计惟有假外人调查及报道。于是邀约英美记者如英人田伯烈（Timperley）、伦敦《泰晤士报》代表麦登纳（Mac Donald）及其他数人，由我亲自陪住山西河边村（阎迁冯于此）采访新闻。行时并有美国公使馆军事参赞丹尼少校（Major Denny）加入。至则冯氏亲自招待，将是役发动经过，原原本本，对众缕述，由我与冯氏之秘书陈国梁二人分任两方翻译。回北平后，各记者将当时速记稿写成专栏报道长篇，在北平、天津英文报及拍电往英、美各报发表。其秘密乃暴露于天下，此十八年（一九二九）暮冬事也。阎知内幕戳穿，其煽动计划已尽披露，大大不怿，顾人证俱在，又不容否认，只有缄默忍受，同时加紧约束冯氏在河边村之活动，如取消其自由收发无线电报之权利是，然亦不敢为难过甚，盖冯氏仍大有余力，足以供其利用于将来，故仍如前之挟以自重，加紧对付中央也。

至于是役失败之原因，则不在军事战败，而却在内部不和，再次分裂。此亦有类于前役之变者。当战事展开时，中央军紧守陇海路前线而取攻势，但另派徐源泉（原属鲁直军，北伐时战败投降者）等军在左翼猛攻洛阳东南之禹州、登封等县。在北伐时期则要冯军去打他，如今却要他去打冯军，军事、政治变幻离奇至此，真莫测高深矣。时，宋哲元任“国民军”总司令，坐镇洛阳，指挥战事，而南路前线则由孙良诚在登封力战。据说，前在西北军任参谋长之曹浩森，是时已在中央军任参谋，尽将冯军之强点及弱点，一一暴露，而开列具体办法，避强攻弱，故中央军于是役颇占上风。例如：冯军之特效战术是于夜间“摸营”，兵士右手执大刀，左手提短枪，偷劫敌营，当者披靡，但是役由曹献计，中央军扎营处，于夜间遍树火把，彻夜遍地光明，大刀队一前进则被射死，无所施其技了。孙良诚在登封前线，遭遇强敌，作战吃力，不易取胜，但仍相持不下。不料宋哲元在全军资望尚浅，非主帅才，措置失宜，故尔偾事。在剧战中，他忽对孙良诚大起疑心，误信其叛变，深恐洛阳不稳，急遽西退，而孙在前方骤失去后方总部的联络及接济，莫明其故，亦不得不引退，以免孤军陷敌。因此，前方后方之“国民军”一律尽退，复入潼关。而中央则由于亟须赶急应付南方汪兆铭所领导之“改组派”，亦不事穷追，任其入陕。于是，这场大战，过了无几时，突然间又在出人意料的神秘气氛中结束了。一说谓宋哲元当日实误中了反间之计，一时失察，仓卒急退，遂影响全局云，此亦大有可能者。（以上系余于事后得闻诸冯军干部者，其中经过，或较为复杂，但可信是失败的主因。）

关于此役，尚有些少余波足述者。十九年（一九三〇）一月余以丁父忧由北平奔丧回粤。冯氏在晋闻讣，特派员到平致函吊唁，并再托余南经沪、宁时，将是役之真实原因（如上文所述），仍以前任中央特派“政治工作委员”资格，向中央尽情报告，使真相得明。（其实，我在冯军之工作早已完成，去职已久。此次因受所托，故作友谊的义务的帮忙。）余南下时，分谒孙科、孔祥熙等中央大员。他们都非常关心北方情形，无一不先行开口叩问是役经过之实况。余遂很自然地乘势将一切所知奉告，众乃恍然，无不痛恨阎煽动内战，“借刀杀人”之阴谋，转而怜惜冯氏之天真愚憨，致上大当。这一报告当然辗转传播于中央当局。其后，在另一场合阎与中央公开决裂时，中央明令通缉之，所宣布之罪状有谓北方内战皆由其蓄意酝酿、幕后煽动，实为罪之魁云。

“扩大会议”

“国民军”既失败，“改组派”在粤亦一事无成。中央因此得倾全力以收拾北方瘫痪之局。于是阎氏首当其冲。彼其取巧奸诈之术既穷，骑墙“放虎”之举亦不容再演，乃返而作政治运动，极力拉拢国民党各派各系，谋大团结以与中央对抗，务成旗鼓相当的新局面。一时，河北、山西道上，太原、晋祠之间，冠盖云集，各方使者络绎不绝。凡历年以来，全国全党之不满于中央者，非亲自命驾北上，则纷纷派代表来与阎氏接洽。如“改组派”之汪兆铭、陈公博，与“西山会议派”之邹鲁，及其他失意分子等均是当时寓晋之上宾也。当时南方之广东仍拥护中央，惟败退广西之四集团军李宗仁等亦遥为响应，派代表北上参加。阎居然成为全国军政主动的中心人物——“盟主”，执反动派之牛耳，而冯氏则退居被动的配角而已。然其潜力具在，陕、甘仍有殊不可侮之重兵，故各方亦如常看重之。阎与其虽仍不无芥蒂于心，至三月间，宋哲元、孙良诚痛恨被阎出卖，至欲挥戈渡河攻晋，不过事过情迁，此刻同仇敌忾，患难与共，甘愿合作奋斗以图共存。此则各派、各系、各军大有联合共进之趋势也。

冯所念念不忘，比之生命还重要的，端在保存及整理尚在陕、甘的旧部。在冯军方面，自退兵后，宋哲元、孙良诚等，虽彼此谅解前此之误会，尽释前嫌，再事团结，共赴患难，然全军竟如群龙无首，领导乏人。其时，老干部之“五虎上将”，张之江与李鸣钟已退役，鹿钟麟蛰居天津，惟宋哲元、刘郁芬二氏尚在军中；但资望才干不足以掌帅印。他如蒋鸿遇早已物故，刘骥殊非统帅之才，以下孙良诚、孙连仲、刘汝明、佟麟阁等分属后辈，更无统帅资格了。冯决以鹿代统全军。鹿奉密令后，乃假装勤务兵，随同某要人秘密乘火车由天津至大同，复转乘汽车往谒冯氏。俟某人下车后，冯氏面授机宜毕，即不动声息，乘原车南开，过河直抵潼关。至则实行主持全军，着实整理。宋、刘等拱手相让，惟命是听。不移时，原日“国民军”之雄姿威势，再次恢复，士气提高，静待后命矣。

在晋方，军事政治运动既酝酿成熟，阎乃于十九年（一九三〇）二月十日，发出通电，反对武力统一全国之政策而请蒋主席下野。随而中央与晋方屡屡互发函电作文字之战。阎竟公开指摘中央之种种不是，愿与蒋公同时引退。二月廿一日，汪兆铭（上年十二月已被中央党部开除党籍），亦出名通电，攻击中央。廿八日，阎迎蛰居建安村之冯氏入太原。三月，阎先取行动，接收山西、北平各中央机关，缴中央各军军械，封闭党报。三月十五日，晋军与冯军各将领联合通电，请阎、冯领导全国攻击南京国民政府。拥阎锡山为“中华民国陆海空军总司令”，冯玉祥、李宗仁、张学良副之。孙良诚、吉鸿昌等随即挥军东出，直指开封。四月一日，阎、冯、李就联军总司令职，惟张学良无表示。晋军开入山东，冯军则仍在河南，双管齐下，分路作战。五日，中央下令讨伐，纷纷调兵应付，但前线初仍取守势，其后乃交战。于是所谓“中原大战”——民国以来最大的惨剧爆发。

其时，北方的军事组织及计划以李宗仁为“第一方面军总司令”，由桂攻湘、鄂；冯氏为“第二方面军总司令”，由陕攻豫；阎自兼“第三方面军总司令”，指挥河北军事，挥兵攻鲁；石友三（前曾一度与唐生智反中央，失败后北退）为“第四方面军总司令”，由豫攻鲁。广西李宗仁、黄绍竑等联同留桂之粤军张发奎部，倾全省之兵，由李亲自统率，冒险北上，与北方阎、冯等相呼应，并自求生路。计划：经湘入鄂，与冯军会师中原。倘此南北军事计划得实现，则中央危矣。讵料李军北进，前锋已过岳州入鄂境，而粤方忽以陈铭枢、蒋光鼐、蔡廷锴两师北上占领湘南衡阳，切断李军后方之联络补充线。李宗仁不得不撤退南归以应付危局。于是阎、冯等会师中原计划失败，影响“中原大战”全局之胜负不少。（以上参考黄旭初《李宗仁出任反蒋第一方面军》篇，载同前。）

“中原大战”

延至七月中，“扩大会议”在北平开会。八月下旬，各派共同组织“国民政府”，拥阎为主席，冯、汪、邹、陈等为委员。十九年（一九三〇）九月九日上午九时，阎就主席职。时则冯氏赴豫亲自指挥战事矣。主席登坛后，忽有南京飞机翱翔空际，向清故宫三海投下炸弹，有一枚正中“中海”之“怀仁堂”前湖中，立即震醒“阎主席”的好梦。未几，他即急急离平回晋。（说者谓阎就职时日不吉，四九三十六着，非走不可，此当时流行的幽默，姑并录于此，以博一粲。）

七、八月间，鲁、豫两战场均有剧战。三方各集中精锐作殊死战，故伤亡甚多。至八月初，晋军一败涂地，山东尽失，不堪再战。中央军于是得倾陆军、空军全力集中豫省以对付冯军。其总攻郑州者为陈铭枢之第四军，最为得力。

时，中央军蒋总司令之总部设在开封东兰封车站。离站不远为飞机场，航空司令为张惠长。一夜，飞机场突受冯军骑兵千人袭击，盖以中央飞机每投掷炸弹，惊散马群，故最恨之。是夜，因谋报复，突袭机场，毫无抵抗，毁去所停之机。张急匿避，始得幸免。骑兵得手后，转驰往兰封猛攻车站。时，站上防守虚空，总司令部只得卫兵百人而已。蒋总司令驻列车上，势极危险，仍镇静处之。平常军队，凡遇夜袭者，多不还火，免露虚实，但是时侍于总部内之高级参谋陈调元，却主张还火，以免坐以待毙。此兵法虚虚实实之妙算也。乃下令全部卫兵分布车站，密密射击。攻军皆骑兵，果以为车站有大部军力，防备周密，否则不至还火；又在夜间不便大举进攻，即行退却。总部遂获安全。（此事，于多年后余由双方友人之躬预其役者口述中得之，两相符合，可信为真实。）

然而此次“中原大战”之胜负，不决于疆场，却决于政坛上外交手腕之间。方豫省大战时，中央代表吴铁城等在沈阳与张学良磋商合作事。吴挈其擅长交际、善于辞令之爱妾及大量金钱与俱。二人施用阔绰的、机巧的外交手段，周旋于奉军“少帅”张学良夫妇与高级文武干部间，大奏奇效。闻有一次，张在一个公开的场合私对其妾作戏言：“您俩胆敢来这里作说客；假使我将吴铁城枪毙了，又怎么样？”她因面不改容、从容镇静地含笑答道：“少帅，别跟我开玩笑！像少帅这样英雄人物，哪会干出这卑鄙狠毒的事呢！”张听了，哈哈大笑答：“果然说得妙！来！干一杯！”另一日，吴大摆山珍海错最贵最盛的筵席，遍请张总司令高级人员与军官赴宴。其妾周旋其间，恭敬招待。堂前设了十几桌麻将，请各人就席娱乐一下。每人面前抽屉内各置钞票大洋二万元，输赢不计，胜者尽入私囊，负者也无所损失。于是人人乐不可支，与他都成为朋友了。（以上故事系后来从吴之随员著者同乡处听到的。）

同时对方阎、冯二人亦派代表薛笃弼与贾景德两个“老实头”到沈极力运动。无如囊悭术钝，与吴比较，在在相形见绌，居于下风（即送礼三千元也要去电请示汇款方济）。双方均予张学良以特高位置、优异条件，拉其加入阵线。一向，张学良站在中立立场，无露骨表示左袒哪方，然以其时形势论，奉军势力充实，地利得宜，在北方实居举足轻重之地位，吴氏来后，不久即获得好感。其间尤有决定性作用者，则张对中央虽仍有不惬意之处，然对冯氏却有不共戴天之世仇，而绝对不能与其携手合作者。况堂堂国民政府，名正言顺，所给条件与地位价值比较上当然引人入胜。其决定归顺中央实自然之理。其实，早于十八年五月间，张已与奉军将领有公开反对冯氏政策之表示。至是年，更于九月十八日发出通电，主张国家问题，当由中央政府依合法程序解决之。是无异正式加入中央阵线以反对阎、冯之表示也。发电未几，随即派大军入关。晋军无能抵抗，遂由其连占天津、北平以及河北全省。阎见大势已去，于奉军开到之前，通电辞职，复由北平退回太原。九月廿二日，北平晋军撤退。前二年，晋军以“国民政府”名义克复旧都，今则奉军亦以“国民政府”名义入据焉。“扩大会议”及其所组织之“国民政府”自然瓦解。各员与中央协议，汪出国，阎赴大连，而冯氏则居山西。

大战结束

至于豫方军事之结束，亦不决于疆场上之战争，而决于冯氏麾下另一部之叛变。一日，冯氏在总部忽接在前线作战之军长吉鸿昌电话，说："总司令，对不住，我走了。"缘中央知冯旧部李鸣钟与吉感情素洽，乃着其往豫运动吉来归，果然马到成功。其时，李对冯氏怀有怨望，已脱离其军。（张之江虽亦离军，但未致叛冯氏。）而吉之叛变则因全军为金钱所收买。（此后来吉到张家口再为冯氏效力时跪地痛哭而自承者，见金典戎：《基督将军冯玉祥外传》。此与余后来所访闻相参证，亦符合可信。）吉本冯部后起之骁将，战功卓著，惟性情暴戾难驯，因前在西安偶犯军规为冯氏革职严惩，后极力多方表现悔过，始得复任军职（此余在西安所亲见者），惟怀恨于心，而今复为巧言厚利所煽动，乃背冯氏而去，而且梁冠英、张印湘等部亦随焉。前线全军尽丧。当下，冯氏怒掷电话听筒，气愤之极，恍如昔年韩复榘、石友三等叛变剧之重演，全线崩溃在即，大势已去，束手无策以挽回大局矣。于是，悬崖勒马，即由郑州渡河，挈少数卫队，由新乡经焦作西行复入山西。郑州遂为陈铭枢攻下。冯氏余军则尽退陕西、山西。战事遂告结束，而冯氏全军整个崩溃了。

此次"中原大战"，实为历来内战之最剧烈者，犹甚于前年豫东与奉鲁军作战之役。中央军之最精锐部队，如冯轶裴军，及十九路军陈铭枢等部，皆参与。阎、冯两方亦尽以所余留之精兵出战。双方纪律均优，斗志均旺，屡作殊死战，以故伤亡皆极惨重。（确数未详，闻共达四十余万人，一说且云七十万，疑过夸张。）诚为民国以来最大最恶之内战，由绝大悲剧演成绝大惨剧。语其后果，两败俱伤，不特四个集团军一一瓦解，而中央实力亦减缩，肢体既残废，心脏亦受伤，全体——"党国"——当蒙祸害，抵抗外侮之力大为削弱，驯至日军侵略南北，致全国同胞有"其亡其亡”之痛焉。自民国成立以来，至悲至惨之大祸，孰有逾此？

方冯氏入晋时，有驻豫北之孙连仲、张维玺等部犹欲追随。冯却之，转令其投归中央，却嘱其以后务须服从蒋总司令的命令，为国效劳。孙等唯唯诺诺，遵令而退。其后，果然向中央报告：“奉冯总司令命前来投顺。”蒋公素知其忠勇可靠，即收编之。以后孙则矢忠中央，服从命令，始终不渝，方可纪也。（张部后事未详。）倘在曩日北伐成功后“编遣会议”前，冯氏对部下能下此“释兵权”之命令，则天下早无事矣。（后来孙在江西，不料其参谋长赵博生及旅长季振同乘孙连仲离军赴京期间，率部参加红军，使孙部实力大损；但至抗战时期，该部死守台儿庄，造成空前大捷，厥功尤伟。）其他诸部亦有受中央改编者，不过战余几部不到十万人而已，精锐尽失矣。

在入晋深山野岭之途间，忽有强徒拦路剪径。正遇冯氏在极端失意、十分沮丧之时，这些小贼未免有“打落水狗”之嫌。当下，冯大喝一声，随从卫士齐放手提机枪，小贼当场倒毙。冯氏乃继续行程。既抵太原，阎如前优待之。其陕、豫余郡宋哲元、刘汝明、过之纲等约四万人相率入晋，均由商震奉阎令善为安置，担负一切给养。阎能善待战友于患难之时，亦算忠厚难得，庶可稍赎前愆了。其后，中央改编驻晋冯部为廿九军，分两个师，以宋哲元、刘汝明为正副军长，冯治安、张自忠（由河南入晋）分任师长，由中央发饷。后来增编一师，以刘汝明任师长。此军在运城、阳原等处一住三年，乃奉令往北平应付日军之侵略，成为国家之干城焉。

冯氏复在山西寄居于汾阳（在太原西南），得中央宽厚待遇。当是体念其完成革命之前功也。他韬光养晦，生活安静。时或致力于本地教育工作之促进，及他项为社会、为民众之服务。其大部分的清闲时间则消磨于读书、写字、著作、绘画，尤喜欢作白话诗，自称“丘八诗”，吟咏内容类皆描写平民疾苦，痛贬恶风败俗，暴露贪官污吏，提倡俭朴生活，反对虚伪言行等等，是皆其一生之彻底主张也。

共赴国难

自“扩大会议”之役结束后，至二十年（一九三一）夏，党内又起纠纷，演成宁粤分裂之政潮（详下章）。九月十八日，日军侵占沈阳，人心愤激，团结抗日之口号，普遍全国，“党国”领袖亦一致联合共赴国难。是时，冯仍居山西，韬光养晦（廿一、廿二年粤之运动不参加，亦未派代表前往）。一日，忽接孔祥熙自京来电云：“国难严重，如何办法？请指教。”越二日，接蒋公电称“一切请以国事为重。请大家到南京赶紧商议救国大计。倘与国事有补，我准备随时下野”。冯氏深觉满意，即乘车经天津直下浦口。（其时，阎锡山已回太原，但未同行。）他即对各来迎的老同志言：“我们一定要抗日，以往的事，可以不究。”

到南京后，蒋、冯重会，前嫌涣然冰释。冯氏出席中央党部讲话时声言他来开会，是为共赴国难而来。若不如是，则抗日战争，何能联合南北诸军，全国人民，一心一德，卫护国家，抗战到底，至八年之久终获得最后的大胜利乎？

冯氏每出席中央会议，一贯主张“我们要抗日，要收复失地。谁要阻止抗日，谁就是卖国贼”。有人警告他：“你这样说话，恐有生命危险。”则答道：“我来即不怕，怕即不来。”其间，曾到上海小住，屡向各社团及民众讲演，极力鼓舞全国同胞抗日救国，激励人心，振发民气，至为有力。未几，国府决定迁都洛阳。蒋、冯、汪等要员皆到那里去开会议、组织军事委员会，公推蒋公任委员长。未几，众皆回京，独有冯氏由徐州北去到泰山住下。（以上蒋冯通电及入京资料采自金典戎《基督将军冯玉祥外传》。）

自二十年（一九三一）始，冯的生命又进入另一阶段——最末期。他直接统率一支庞大的军队，这一时期已告完毕了。经他一手训练，多年指挥的各部尚留有少数（最少十万，迄无确数），分驻各省，皆直接归中央改编、装补和指挥。“第十六混成旅”也、“第十一师”也、“国民军”也、“西北军”也、“第二集团军”也，一律成为历史的名号。冯氏一生的事业，告一段落，然而仍未结束。在以后最末的十八年间，他的生命时静时动，其与中央的关系也是时合时分，都随时局之变化与个人的反应而定，将于下章续述。

这一章的叙述，最令我头痛而且心痛，几乎难于下笔，所幸“党国”内虽屡起纠纷，时分时合，而仍可以对得住几千年国族的祖宗与稍慰孙中山先生在天之灵者，则一遇国步艰难，外患紧急，则全国精诚团结，同仇敌忾，合力应付。所以本章命题曰：“兄弟阋于墙，外御其侮。”

第十六章　最后十八年

（四九岁至六七岁，一九三〇—一九四八）

一再晋京

回溯民国二十年（一九三一）夏，国民党一部分执监委员，因胡汉民在南京被软禁于汤山事，提出抗议。与中央分流，召集党代表于广州开“非常会议”，另组织“国民政府”。汪兆铭亦率其“改组派”参加活动。冯氏远居北方，未加入是役。（他们有意要我代表他并列冯名，以壮声势，但我为着个人道德人格之完整，受着良心理性之驱策，坚辞说：“我前蒙中央派去当‘政治工作委员’，任务早已完结，与冯氏政治关系久已绝缘，此时未奉冯将军明文，哪敢‘冒充’他的代表以自贻伊戚呢？”乃作罢论。）后来，冯氏派唐悦良来粤，只是观察与接洽，仍未代表其正式加入此运动。未几，局面变化，唐亦北返。不过宁粤双方只拍发电文，未至有军事行动。胡氏旋被释归粤。南方同志之目的似已达到了。会九月十八日，日军侵占东三省，全党同志乃觉悟国难当前，非实行团结、共御外侮不可。于是，粤方派孙科、汪兆铭二委员为代表，赴沪与宁方代表会议。决议宁、粤党政改组，复合为一。全局即急转直下，蒋公下野离京。国民政府改组，一致推年高德劭的元老林森先生任主席，孙科任行政院院长。其间，陈铭枢斡旋甚力，其所统之十九路军分驻南京至上海一带，是为新政府独一可靠之军队。

廿一年（一九三二）一月一日，孙科在京就任行政院院长，嘱余致亲笔函于蛰居泰山之冯氏（由李炘亲送），请其命驾前来共谋国是。越二日，冯率属员数人抵京。孙院长命我馈赠大洋三万元，以供其费用。冯氏十分兴奋，感谢之余，他还以幽默口吻说："看啊！冯玉祥受贿了！不过，这是中山先生哲嗣哲生院长所赐，却不敢辞。"立刻将全数分给各随员及卫士。自己分文不取。于是，林、孙、冯、陈、汪、李（烈钧）等组成最高特别委员会，主持全国军政。其间，冯氏曾到上海一次，备受各界欢迎。这是他有生以来第二次到此华洋杂处的繁华商埠。他对于租界的耻辱、生活之奢华等"少见多怪"的现象，深表不满，盘桓不上几天，不欢而去，仍返南京。

这一回，冯氏再到南京，与新旧朋友聚首一堂，志同道合，衷诚合作，尽其所能，共谋国是，欢洽无间，人人都非常敬重他。因气氛、环境及人事，与前大不相同，彼此公平诚信相处，所以他也一反从前与人落落难合、格格不入、事事批评、人人讥刺的故态。可见他不是绝对不能与人和好合作的。他的希望无穷，他的心情愉快，大概过着自"首都革命"以来最开心的日子。

不图未几天，政局又突起变化。缘新政府成立未久，以不得上海财团的合作，财政困难（宋子文不肯合作）。孔祥熙初欲任财长，事前由其夫人致英文函与孙科表示，即蒙答应。但就职之日清晨孔夫人又来英文专函，声言孔不干，此余在孙公馆所亲见者。孙氏急切难以物色适当人物，乃临时以铁道部次长黄汉梁署理。黄辞，自知不胜任，甚至痛哭陈辞。迫于无奈勉强就职。后只筹得少数现金，杯水车薪，不能维持下去。此为孙阁不能支持之主因。未几日，驻江浙一带之各军将领，纷纷索饷，难以应付。继而各军公开表示反对，拥蒋公复职。新政府乃遇到绝大危机，摇摇欲坠。当是时，陈铭枢（在行政院自兼四个部长）忽然软化了，冷冷地轻轻地声言“究竟有兵力较多较强的，讲话较有力些”。如上文分析，陈铭枢的军队是新政府的“擎天一柱”。冯氏未尝不欲召集旧部一致拥护，奈各军分驻北方，鞭长莫及，集中不易，而况此时听命调动与否，是大问题。且时间短促，何能有济？是则大厦之支，全靠一木。如今即此一木已经动摇了，大厦不倾，其可得耶？当时，孙院长与其他一二人骤闻陈之声言，无异釜底抽薪，自行拆台，如冷水浇背，无能为力，新政府遂即解体，正所谓“一言丧邦”！孙氏于一月廿五日，离京赴沪（余随行），旋即辞职。抵沪后命余回京向冯氏解释一切，请其自决。冯氏初时似在闷葫芦中，莫名其妙，颇怪孙氏之突然不辞而去。及洞明真相，乃释然于心。既知狂澜莫挽，亦采取一致行动，渡江北上，回泰山去。他宛似做了春梦一场，又感失望。每念前路茫茫，罔知行止，益感凄凉苦闷了。（此时余随孙办事，以上经过，知之甚详。我即日乘夜车回沪。）

廿八日夜间上海日军袭击车站，十九路军奋起作英勇的抗战。沪战停后，国民政府又改组，主席林森先生留住，蒋先生复任军事委员会委员长，而汪兆铭转与新政府联络，得继任行政院院长，冯氏则被任内政部部长。冯再应召入京，一住两月，复不能合，不就职，乃挈眷径赴山东，仍隐居泰山。时，韩复榘已调任鲁主席。冯氏曾到济南，韩招待之于省政府。款待极恳挚，极优渥，每晨至亲为其盛水盥漱，悉如旧时在其麾下敬侍长官之崇礼焉。冯氏亦不念旧恶，勉其努力爱国为民，大概已了解其当年叛变之环境与苦衷也。在山中，冯益奋发，拚命求学，日夜读书。敦聘北京之大学教授数人前来教授社会学、政治学、经济学等科（适似曩在晋祠时余所献议者）。（以上资料得自冯氏干部）

“抗日同盟军”

是年十月，冯氏忽从泰山命驾北上，驻张家口，盖其静极思动，念念不忘兴兵抗日，再举行震惊全国之军事活动。一抵张垣，即发通电，对于中央之不抵抗多所指摘。未几，日军由东三省进逼热河。廿二年（一九三三）三月，陷热河全区。张学良之奉军引退。时，中央直接主持北方军政，但未能挽救颓局于一旦。冯氏向以激烈主张抗日著于全国，故声誉日隆，有不少人热望其再起东山，领导抗战救国，且有去电请求复出者。中央当时另有对付日本的计划，邀其入京共商国是，不应。五月初，日军由热河进占察哈尔之多伦，更深入沽源、宝昌、康保诸地。全国人民抗日热情愈为激烈。未几，中央与日方订立《塘沽协议》，使华北部分区域非军事化，凡此皆令人民爱国精神与民族主义万分愤激者，亦所以令冯氏有卷土重来、再握兵权之机会者。然而其时中央当局则以频年内战，国力削弱，际兹准备未周，不能轻举妄动而与敌国作全面战，以贻覆巢大祸，故宁忍辱负重，假樽俎折冲之外交手段，与日本周旋，拖延时间，以期有成。此其苦心亦有不得国人之谅解者。冯氏正是个中之突出的抗议人物，兼是自行采取抗日行动者。

五月廿六日，冯氏在张家口成立“察哈尔民众抗日同盟军”，自任总司令。廿八日，通电全国，振振有词，指摘中央政府不以真诚抗拒日本侵略，又不以军力及补给增援抗日军队。隶冯氏麾下者，号称三十万众，实则十二万人，有枪支者不过八万，其成员来源颇为复杂，有留察留晋之少数嫡系老“国民军”，有热河驻军之被日军击退者，有奉军残余部队流落察区者，有察哈尔之零星部队系统不明者。其中最完整之一部而具有正规军之规模者约二万人，系方振武所统率从前退入山西之军而今来投者（统第一方面军）。此外，亦有临时就地招募者。全军人多枪少，其有充分配备者不及三分之一，或仅四分之一而已。至重要将领则多为战后失意之旧部自来投效者，孙良诚、席液池及吉鸿昌（任前敌总指挥）是其著焉者也（参考薛著页二七一及其他）。又有邓文（统第十军）及军事家金典戎亦应冯氏约前来投效（统第一军）。王瑚老先生亦在焉。此外，尚有韩复榘、宋哲元与李宗仁等之代表北来联络，计划与两粤及北方取一致行动（上见金典戎著：《基督将军冯玉祥外传》，载香港《观察》月刊二十期）。其赞助最力者，为前广东省长朱庆澜（子桥）慨捐军费大洋十万元，军部赖以成立。

至于全国同胞，闻此救国义举，人心振奋，几于全国一致拥护。独有汪兆铭别有会心，在南京发表谈话，公开骂云："察哈尔的共产党，又在多伦闹出事来了。"妄指冯氏甚明显。此时，章炳麟（太炎）先生在苏州却发出与汪相反的说话："只要能收复失地，打出日本鬼子去，我们愿意赤化；我们民众愿意拥护老冯赤化。"九十四高龄的马相伯先生在上海欢迎马占山大会中说："我这第一杯酒是恭祝冯玉祥将军收复察东四县，并盼望他收复更多失地；第二杯酒才是欢迎抗日英雄马占山将军。"这两人的话，可代表全国爱国同胞的心理。（上见金著同上第廿二期）

其时，宋哲元为中央倚重，已调其驻晋之廿九路军移防华北，坐镇北平，秉承中央所授机宜，一面与日周旋，一面积极准备抗战。"忍辱负重"为中央缓冲，是其使命，实是代中央挨受爱国人士之唾骂也。当冯氏在张家口高树抗日大纛时，宋已被中央任为察哈尔主席。如其肯复隶冯氏麾下，则"抗日同盟军"之力量当大有可观。（宋之廿九军除原有冯治安、张自忠两师外，奉令另编一师，刘汝明任师长，全军当有五万人强。）无如，宋老早便去电中央，声言决不参加冯氏之运动了。但反过来，因已往多年与冯氏之密切关系，又不肯出兵向其进攻，也不前去就主席新职。至全国中亦不无响应冯氏者，如粤中之"西南政务委员会"（为昔年"非常会议"之余绪，以陈济棠之全军为主力，中央监委萧佛成、邓泽如等附之），虽表同意，惟天南地北，相距辽远，除了空言响应之外，无能以实力为助，其何有济？（或有些少经济援助未定。）金典戎言李宗仁汇款十万元小洋与冯氏（见上引文廿二期）。然北方中央直辖各军，多冯氏之旧部，无肯开动往攻者。独有庞炳勋（原属国民三军，非冯嫡系），欲乘时立功，自愿前往进攻张家口。讵料开至南口时，冯亲往应付，以抗日救国大义作宣传战，振臂一呼，即有三团自动脱离庞军，投奔冯氏麾下，可见其威望未堕，慑力仍存。庞无奈，急罢兵，盖恐时间延长，其全军难堪冯氏吸力，愈去愈多，将有“群马遂空”之叹也。（按：庞军进攻及三团投冯事，是后来冯氏亲对著者所说。但据金典戎上引文第廿、廿二期则谓当时在张垣冯氏部下有庞及其四十军，两相矛盾。不过冯氏举事后，北平军分会方与庞接洽令其往攻，可见初时庞不在张垣。金文所言未明来历。另据李云汉：《宋哲元与七七抗战》三，载《传记文学》一二四期，详记是役经过，并引用冯氏后来所著之《察哈尔抗日纪实》，亦未提及庞投冯事。）

六月下旬，日军自察区各地撤退，仅留下“满洲国”（日本在东三省新设之傀儡国，以废帝溥仪为执政，年号“大同”）军队驻守。冯氏乘势挥全军发动攻势，驱去孱弱之守军。七月中旬，下多伦，由是克复察北。捷报传遍全国，人心兴奋，冯氏之声誉大振。此举与中央政策益有径庭。然在事实上，中央调兵进攻已无可能，而在精神上，尤感困难，盖对方以“抗日救国”为口号，若公然攻之当有所顾忌，亦颇难自解。由是，僵局形成。同时，日本又准备再攻察哈尔。至于冯氏处境，更为困难，既苦感兵力不足，而所统之杂军，类似乌合之众，未必团结一致、肯听指挥；即肯矣，无奈战斗力薄，亦无济于事，即方振武、吉鸿昌亦各固执己见，不完全与冯同心同德。况且经济支绌，供养不足，军械尤缺乏，再难久持。而在军事上，则前有中央军之压迫，后有日军之进攻，益难支持。延至七月下旬，冯不得不亟筹脱身下台之善法。（以上为余采访所知之军政情势。）

七月间有一天，薛笃弼在上海忽驾临寒舍，示余冯氏致彼与我一封要紧密电。电文大意谓“抗日同盟军”拟告结束，特托我请孙哲生院长帮忙斡旋，务期和平了结云云。时，孙已膺任立法院长，中央各人倚畀甚殷。（孙于廿二年一月就职，余任立法委员。）余即晋谒，陈说冯氏来电请其调解大意，并力陈北方僵局真相，双方都很难收场；非其出任调人，鼎力斡旋，不易收拾；此举造福人民，切请考虑。孙院长沉吟一会，即答应负责调解，但必要冯氏先答允一个基本的先决的条件，即是：必要完全相信他，依照他与中央商决的办法而行；他必提出公平的主张，庶于国则忠，于友则义。薛得余回音，立刻拍急电至张垣请示。不移时，冯氏回电应允，完全信靠孙氏，并恳托我们玉成其事。孙院长再得余报告，也很高兴地去进行。翌日，乘轮赴江西庐山谒蒋委员长（按：七月廿五日蒋公邀集军政要员在庐山开会一周），提出和平解决至为简单的办法；双方罢兵，冯氏自动下野，中央不究既往，就算了事。蒋委员长也赞成。我一得此消息，即往告薛，由其转报冯氏。

八月六日，冯果通电，以抗日之举已完成一段落，即日结束军事，自动下野。寻而宋哲元来张垣，就任察省主席。冯亲自率领队伍到车站去接他，见面第一句话是："我是特别来欢迎抗日英雄宋将军的。"（见秦著页一六三）随将政权与军队全交其接收，复回泰山隐居。于是，中央与冯氏双方俱得光荣下场。此孙院长片言息兵，促成和平而世所鲜知之伟功也。（方振武、吉鸿昌，二人继续支撑片时，亦解体离察。吉蛰居天津法租界，于廿二年十一月十日，为人行刺受伤。法警将其押送中央机关，后于十二月一日被枪决。闻其趋向"左"倾，已加入共产党，其发生关系，系由前与我同在"西北军"任政治工作之共产党宣侠父所牵线的。至方氏则行踪未详。其后于抗战期间隐居香港，至民国三十年十二月日军陷九龙后，孑身过元朗，拟入大陆，不幸遇难。）（以上调和经过，向守秘密，人多未知，孙院长之《八十自述》也不提及，盖不自诩其功也。）

山居生活

在泰山时，冯氏继续读书、著作、吟诗、写字，生活安闲舒适。对于党政似乎不大过问。至廿三年（一九三四），李济深、陈铭枢、蒋光鼐、蔡廷锴，旧十九路军等在福州与共产党一起成立“人民政府”，政府委员名单上列有冯名。惟冯氏对于是役漠然不理，既不参加亦未派代表前往。其前在冯军任教育工作之余心清则独自前去参加——或自称冯氏代表；至少，李、陈等以其与冯氏之密切关系，任为“经济部长”。

冯氏在泰山得夫人李德全相偕为伴，不愁孤寂。不过，门前冷落车马稀，故旧来访者不多。比之从前在豫、陕煊赫一时之日，冠盖往来，络绎不绝之状况，真如隔世了。有些夙称为至友的，也避之若浼；这不是由于世态炎凉，当是怕惹是非，故避之则吉了。有一位素与其交好、从前在国民革命期间，常常仆仆于宁豫间的权贵，一次因事往北平，竟要迂回路程，绕道前去，不经泰安哩。独有孙科院长于廿四年（一九三五）一月，北上迎接其在北平养病之陈夫人南下时，专程到泰山访之。故友重逢，家眷相叙，欢乐气氛，弥罩东岳。两人畅谈国事多时，孙氏始下山。冯氏夫妇亲到车站欢送。别时珍重道别，相约在首都再见。（此次余夫妇亦陪行，故知其事。其间，也许另有别人曾上山访旧，为我所未知者。）

冯氏在泰山的生活，据其他曾经造访者的报告，略述如下：他挈眷幽居于山麓之“三贤祠”，仍有卫队百余人（另一说，一营）保护着。他在附近新建了一座“烈士祠”。其中，除为国牺牲的旧部多人的牌位外，还供奉了许多他所崇敬而未死的人的长生禄位，如上海抗日的蔡廷锴和前江苏省长王瑚（铁珊）。每早晨起，便率领卫士们高唱抗日歌曲。（上见邓初民文，载《纪念册》页一三四——一三五。）自黎明至晚上，他照着自定的功课表学习不稍停。他礼聘了好几位学者去助他研究，如陈豹隐、李达、范明枢、王谟、薛德育、宣斐如、吴组缃及陶宏（陶知行子，天文学家，年最轻不到廿岁）。课程有政治、经济、社会、自然科学、天文、地理、文学、历史、《春秋》、《左传》，以至辩证法唯物论，可谓古今中外，应有尽有的“文理学院”的课程。此外，每日他还要苦读英文。至于个人与家庭生活之简单与衣食之俭朴，则数十年如一日，无改常态，不必赘述了（上见刘思慕文，载《纪念册》页一〇〇—一〇一）。所以我常说，对于这个苦心学习、矻矻不倦的冯玉祥将军——尤其是当失意或下野时，是我所最敬佩的。

故军事学家金典戎（前在张家口抗日之役追随冯氏，后复同在泰山，一共相处有四年多）评论冯氏自修苦习之学识有言曰："不知道老冯的人，以为他是当兵出身，是一个十足的'大老粗'，殊不知，冯这个人从入伍那天起，就是一个好学不倦的人。等到后来他的地位逐渐高了，他每天都抽出一段时间来，请国内名流学者为他讲学。他的学问，据笔者所知，起码要顶两个大学毕业生。至于经验的丰富、人情的透彻，更远非一个大学教授可比。"（见同上文廿五期）此可与我屡在上文所述冯氏之学问成绩相印证。至于冯氏在泰山这时期的内心思想与情感，金氏又有心理的分析曰："老冯在表面上，看似非常淡泊名利；其实，在他内心方面，是非常痛苦的。"（同上文廿二期）可见他一日未尝忘救国抗日之志也。这一针见血的评语，非深知冯氏的金氏不能说出来。

再度入京共赴国难

一二年来，日本压迫我国愈甚，华北几于实际上为其势力所及。在全国精诚团结之感召下冯氏再度入京。先是蒋委员长于廿四年（一九三五）九月十九日电邀请冯氏入京出席中央第六次全体委员会议，措辞谦和诚恳，有"党国要计亟待商讨"之语。冯氏即复长电敷陈意见。关于党务者四点：（一）"开放党禁"，（二）"开放言论"，（三）"真正团结"，（四）"大赦政治犯"。关于政治者五点：（一）要"获得民心"，（二）"严明赏罚"，（三）"设立救灾部"，（四）"奖励抗日精神"，（五）"起用抗日将领"。关于外交者二点：（一）"确定国际敌友"，（二）"速派大员分赴（友国）苏、美连络"。关于军事者二点：（一）"立即发动准备抗日军事"，（二）"急谋充实陆空军备"。

蒋公复于卅日电复全部接受，有云："尊论诸端，皆先得我心者也。"一再敦促来京。（上见金典戎著廿二期，全文略。）彼此仍以兄弟相称，辞意亲切，无以复加，有令冯氏不能不应命下山者。

十一月一日冯氏抵京，充分表示共赴国难的精神，得人敬佩。廿五年（一九三六）一月六日，就任军事委员会副委员长。

那时，两广问题尚未完全解决，冯氏曾在庐山力谏蒋委员长不要用兵；两广的兄弟都是他的帮手。获得蒋公答允："这话很好，我一定不打内战。"他言出即行，派居正与程潜往桂。"两广的问题果然得到了和平解决"（见金著《观察》廿三期）。对于蒋委员长所提倡之"新生活运动"，以其诫条皆一向所主张，尤热烈赞助，极力推行。他时到各处演讲，鼓吹全国团结一体，抗日救国的精神和努力，有时不免措辞过于激烈至与中央外交政策稍有径庭者，然全国热诚爱国的人士咸得大鼓舞，足见国魂苏醒，国事可为。

在这危急期间，冯氏如此主张，在逻辑上必须民族团结，国家统一，而且为抗日救国大计之必然的要求，还须全国拥护抗日的领袖——蒋委员长。他非徒托虚言，徒事幻想，且见诸实行。当其年十二月，蒋公在西安被张学良、杨虎城等软禁时，他即去电营救，吁请克日释放蒋公而愿前往西安献身为质，以保张、杨等之安全，这是难得的表现。经过以前种种沧桑世变，他待人接物的态度已大为改善，能与同志们相处共事、合作无间了。不过，冯氏当时有位而无权。一次，他很坦白地告诉我："与蒋委员长共同办公时，他常将重要的军事文电或军情给我知道。但西安事变后，自己以副委员长资格照常到会办公，却一点消息不得而知，连一件电文也不得而看哩。"制度如此，难怪其忿闷了，但为顾全大局、精诚团结、同仇敌忾的大原因，他却能容忍下去，按捺脾气，安之若素。这岂不是充分证明他入山读书修养确有了进步了吗？

抗战初期

廿六年（一九三七）七月七日，卢沟桥事变发生，随引起中日大战。冯氏即通电各方旧部将领务须努力抗战，矢忠矢勇，拥护国民政府及服从蒋委员长，有“蒋先生成功，就是我们的成功”之沉痛恳切语（刘著页一三五）。其在卢沟桥最先奋起抵抗者为冯氏旧将宋哲元所统之团长吉星文。随而旧将副军长佟麟阁（先骑马受伤，不治而死）、师长赵登禹（中弹阵亡）相继在南苑力战殉国。

全面大战既展开，冯氏曾受命任津浦线第六战区司令长官。北上过了济南到桑园时，有旧部数人来见。在北平时素为宋哲元“智囊”之“九千岁”萧振瀛（仙阁）一开口便大骂政府这样不好，那样不好。冯氏即对各人说：“政府已决心抗日，什么话都不要再说了。我们看准了日本鬼子是我们真正的敌人。我们批评政府，就是减少抗日力量，这是不对的。”（以上见金著，《观察》廿四期。）寥寥数言可表出冯氏爱国真诚、明大义、识大体。

冯氏自然很高兴地再绾兵符，尤其躬自担任抗日战事，得偿夙愿。不过，在实际指挥作战上，冯氏失败了。原来他麾下本有旧部韩复榘等三个军团。无奈，各将领多不听命令，不受指挥，甚至有韩部及东北军万福麟部等两个军团的进退路线及驻扎地点，也不向他报告，冯氏须电向总司令部询问才得知道，可谓大战时怪闻。（以上是冯亲自告诉我的。）冯氏一向抱救国抗日之大志，是时机会虽来，本待再显身手以偿夙愿，奈时势大异，环境不利，人事已变，素志难偿，兵不服用，将不服调，亦惟有徒呼负负而已；卒至无功而还，此亦国家之不幸也。计此为其一生亲统大军之最末一次。

喜习文事

大抵一般军人都喜习文事，如写字、读书、吟诗或绘画，不甘被人讥笑为不通文墨的“武夫”，或“老粗”，而理想上最爱好的是得为一位文武双全的“儒将”。冯氏也不例外。上文曾叙述其努力学习文事，不时自写字画赠人。（我也得了他的隶书联、临华山碑、青绿及墨水画数品，并为新会乡间私立纪念先父的“寅初学校”题额。）他的发表欲甚强，所印行的书籍不下十余种。以他的出身“老粗”而论，能有此成绩，确是难能可贵，为许多军人所不及的了。

自十九年（一九三〇）冬起，冯即陆续印行其多年来之讲辞、书札、电文等。其爱国思想、民族精神与救民之主张，均有一贯的表示。综计所出版之书籍有：（一）《冯玉祥日记》二卷，由九年起至十六年（北平、廿一年印行）；（二）《冯玉祥军事要电汇编》（上海、廿二年）；（三）《冯玉祥训令汇编》（上海、廿三年）；（四）《冯玉祥读春秋札记》（上海、廿三年）；（五）《冯玉祥在南京演讲集》（廿五年）；（六）《冯玉祥在南京报告集》卷一（廿五年）、卷二（廿六年）；（七）《冯玉祥在南京第一年》（廿六年）；（八）《我的生活》，由出生至十七年（廿六年）；（九）《我的读书生活》（上海、廿六年）；（十）《冯玉祥在南京第二年》（廿七年）；（十一）《冯玉祥诗歌选集》；（十二）《我在南京》；（十三）《国府委员与猪》；（十四）《察哈尔抗日实录》；（十五）《反国联调查团》；（十六）《胶东游记》（后六本出版日期及地点未详）。以前尚印行“丘八”诗集小册，未列。在他的作品中，第二次入陕征途上口占富有诗情画意的两绝句“青山对我点头笑，好似欢迎故友来”，是我所最欣赏、最难忘的。他当时愉快的心情也可想见了。

他也有散文之作。民国廿四年，我在上海创办《逸经》文史半月刊，他非常高兴地力为赞助。除给我不少珍贵资料外（如郭坚伏法事、国民军首都革命之经过，见上文），尚投稿四次：一为《近代第一流廉吏王铁珊先生》（载廿四年五期、六期）。二为《王铁珊先生轶事补录》（廿五年第十期）。（作者按：王瑚，号铁珊，冯曾敦请其居军中为伴，待以师礼，素所钦敬，已见上文。）三为《奇丐武训先生的生平》（廿五年廿九、卅期）；冯以武训行乞兴学，适符其爱国爱民之宗旨，故极崇敬之。四为《乡居纪事诗》（廿九、卅期），足称为其“丘八”诗之代表作。另在某年曾撰书一联在杭州西湖岳王坟刻石。联语云：“还我河山，一片忠心惟报国。驱尔异族，百年奇耻不共天。”是其民族主义之具体的表示。以上所录的书籍、诗歌、散文及联语，都是研究冯氏中年之生活与思想之大好资料。

西退重庆

南京既撤退，国民政府西迁。冯氏亦往陪都——重庆，先借住巴县中学，后迁上清寺，有时远居乡下或北碚歌乐山上，一直至抗战胜利为止。他的抗战努力，在战场上不克发展，只有到处演讲，鼓舞人民抗战到底。又在各地发起救国献金运动，民众热烈响应，成绩卓著。也曾屡受政府命令，到各处巡阅军人生活与待遇及军事设备等事，以实地调查所得一一报告蒋委员长。他对于军中措施，有与他的理想不符的，自然很多不满之处，只有“知无不言，言无不尽”，以期改善而已。（见金著同上）

由南京以至重庆，冯氏抗日主张至为贯彻，务要“抗战到底”。其间，屡与汪兆铭之“和平救国”宗旨——结果实是叛国降日——发生冲突，不惮公开争辩，忠奸之辨早已显著，兹未及一一细述。（见金著，《观察》后数期，至廿七期停刊，全篇未完。）

在陪都无公事可办，他每日消磨大部分时间于学习、读书、写字、吟诗、绘画中。清晨起床，即集合卫队高唱自编的抗日歌。日间，上课七小时。他请了一位苏联将军讲战略学，一位王姓牧师讲《圣经》和教英文。

后又请翦伯赞讲中国史，几有一年。每日依时上课，讲员入室，必如小学生起立致敬。讲演时，必做笔记。他最熟识中国历史——由史前、上古以至近代史都有具体的知识和新颖的见解。所钦佩的是历代的民族英雄，而最痛恨的是出卖国族的汉奸。其次，对军事学也感浓厚的兴味。至于生活之简朴，一生不变，不必赘述了。（以上见翦伯赞文，载《纪念册》页一四〇——一四七。）有一短时间（民二九），曾组织了一个私人研究室，聘请李达、邓初民、黄松龄来讲演新人文科学经济等科。连他的副官、勤务兵，一齐听讲（见邓初民文，载《纪念册》页一三五）。是的，这时冯已失了叱咤风云人物的地位了。（在陪都，我曾介绍吾粤海军宿将陈策将军与其相识。他对陈在香港沦陷于日军时泅水脱险之英勇义行非常钦敬，倾心结交。）政府屡派他外出巡视阵地，检阅队伍，训练新军。他又随时向当局进言“打气”，及对民众演说鼓励及提倡献金献物运动。凡有可补助抗战之处，无不竭力从事，以尽其一份爱国责任。

在整个抗战期间，冯氏虽未得亲上战场立功“抗倭”（自题所居曰“抗倭楼”）似感失望，然仍令其称心快意稍得慰藉者则其所一手训练出来的许多将领及留下之部队，直接归中央指挥，均历在南北各地壮烈奋勇抗战，一如所期望，如鹿钟麟在初期奉令主持河北军政，督孙良诚等指挥民兵数十万与敌周旋；宋哲元（升任第一集团军总司令）督冯治安、张自忠、刘汝明三军，由张垣转战千里一直打到长江，战绩辉煌。（宋后在四川病逝。）刘升任第二集团军总司令，战功赫赫。余如孙连仲、秦德纯、田镇南、高树勋、葛金章、李文田（冯氏长子洪国在李部下任团长）等亦各立战功。（其他尚多，指不胜屈。）其间，奋战最多功、牺牲最壮烈、举国最崇敬，而冯氏所引为莫大光荣者，厥为第卅三集团军总司令张自忠。张自抗战军兴，转战于燕、鲁、苏、豫、皖、鄂六省区。其立功卓著者一在淝水，次在临沂，三在徐州，四在鄂北随枣，卒殉国于襄樊战场。综计作战以来，其军牺牲最大，尝补充兵员五次，而立功亦为全国诸军之冠，尝得中央奖状三十余次（一说五十余次）。洵民族大英雄，抑亦“国民军”之大贡献也。冯氏于暮年失意之时，得见其多年所建立之军、所训练之将，今竟结出如此佳果，不负所期，能无兴起“落红不是无情物，化作春泥更护花”之感慨欤！当张将军灵柩运回陪都后，冯氏于哀痛怛悼之下，亲为营葬，埋其忠骨于北碚之梅花山麓，并多次作诗文以表扬之。（冯氏在重庆赠余诗有“不作张子房，便作张自忠”句。）〔注一〕

出国生活

三十五年（一九四六）秋，抗战胜利而后，冯氏终得机会实现其多年来出国旅行考察之志愿。中央政府给予考察水利名义及丰裕旅费，使得如愿以偿。九月二日，他偕同李夫人儿女等乘轮赴美。既抵达加利福尼亚州，定居于三藩市附近之柏克莱（Berkeley），并购置房子一所（当然是用中央所发旅费）。其子与一女则分别投入本地的大学肄业。据多人传说，冯前在重庆时曾有桃色事件发生，致令夫妻感情破裂。后来，李夫人与冯氏部下将其爱人移往别处，纠纷乃寝，而夫妻仍不能和好如初。到美后，甚至彼此不交谈，而李夫人竟欲与其离婚，并扬其丑闻于某一美国妇人。或谓此不过是冯氏夫妇故弄玄虚，制造艳事，冀得中央准其出国云（上见薛著页二七七脚注）。夫英雄垂暮，向往温柔，纵此艳迹果为事实，适足以反映这一个“过气的英雄”此时烦闷焦躁、失望无聊之心理耳。不过此究是个人私事，姑置不论。

另据友人之曾到该处访冯者报告云，冯生活刻苦勤俭，无改故态，“还夜以继日地去学习英文，每天写一千字以上的日记”（见“枫叶”函，载《纪念集》页一二七）。另据他友个人报告，于民国三十六年（一九四七）五月十七日曾往访冯。“那正是星期日，冯先生到教堂做礼拜去了。他的小姐和夫人李德全女士把我们迎进去。夫人坚决留我们等候，一面着人去请冯先生，说他若知道国内有朋友来，礼拜也是可以不做的。”（见刘尊祺文，载《纪念集》页一〇八）由此片段生活可见他夫妻已和好如初，家庭谐洽，而且此时仍未尝改变其宗教信仰与宗教生活，或者是又经过一次“悔改”“重生”吧。

先是，美政府以冯为中国政府正式特派之考察专使，负有重大任务，乃郑重其事，曾特派专员为导，安排参观各处水利工程之行程。冯乃漫游各处，名为参观考察，实则其政治兴味殊不在水利之下。他念念不忘国事，仍忙于与人会议、联络、亲写书札、预备讲词等活动。不移时，终至停止考察工作而自往美东，大发牢骚，复萌故态，致力于反中央之举。（按：考察行程及日期未详。大概是到美不久即起程，后乃转回柏克莱家居。）记得他曩年统兵作战时，每兵臂上佩一标语式的战术云：“我们作战先用子弹；子弹完了，用刺刀；刺刀钝了，用枪头；枪头破了，用口咬。”如今呢，他年近古稀，而品性无改。他对党国人事、组织与种种措施，仍然不满，仍要革命，但无兵无将，无枪无刀，无权无力，不能再动武了，只可实行“用口咬”——用口舌和笔墨从事。此时自撰《我所认识的蒋介石》一书。

民国卅六年（一九四七）十月九日，冯氏应几位政治友人邀约，只身翩然到了纽约，先在一旅店住下。未几，嫌租值太破费，另租赁一所较廉的寓所。他反对美国援助中央的运动登时展开了。次日，双十节，他在旅馆中举行记者招待会。当晚，出席在哥伦比亚大学举行的“留美中国基督教学生会”恭祝国庆的晚会。在两个场合中，他公开发表他的“政见”。翌日，他与六位政友——一属中共，两属“民主同盟”，三属“国民党”革命派（其时，“国民党革命委员会”尚未成立，但在酝酿组织中）首倡组织“民主统一战线”于北美，先成立筹备会。参加者连后来加入者共十余人。至十一月九日，“旅美中国和平民主联盟”在纽约正式成立，一致推选冯氏任主席。据说，加盟者达二百余人，另在几处成立支部。以后，冯氏活动甚力，到处在团体或大学演讲——甚至在街头，公开发表意见，批评中央措施，尽力呼吁美政府勿予借款，无供军械，而支持反中央的新势力。他于是一再成为这新运动的中坚分子了。不过，手无寸铁，大异往年，但中央总不免多少受其影响。（参考薛著）

十二月，美国国会讨论援华案时，他亲到华盛顿，集中力量反对此举，对记者会、国会议员多人，以至众议院拨款委员会之一个调查小组发表意见逾两个小时。据说：“当时，美国会已通过了紧急援华款六千万美元，到了拨款委员会一个折扣打成一千八百万元。”该“联盟”中人都认为是冯氏“有相当的功劳”。

旋而中央正式开除冯氏的党籍，并取消其护照。十二月二十日电令返国。冯氏回纽约，即正式宣布与南京断绝关系，自以“政治难民”身份仍留居美国。会国内一辈不满中央的“国民党”离心分子，在李济深领导下，于三十七年（一九四八）元旦，在香港正式组织成立“国民党革命委员会”。冯氏被推为中央委员之一兼驻美代表。二月初，“国民党革命委员会驻美总分会”筹备会成立，冯氏致力活动如前。尝答复一美记者的询问云：“任潮将军（李济深）和我是一个人。我出国以前在南京已经和他约定了；他的一切都能代表我，我也能代表他。所以他的一切主张活动我都是百分之百的赞成而且支持的。”

冯氏在纽约的生活方式，刻苦俭朴，也一仍旧贯。初到时寓一中等旅馆，与女婿各居一房间，每天租值十元。他嫌太破费了，迁往公寓一小房间，每周十四元，可是两人共居一小屋子，太不方便，终于另行租赁寓所，月费九十元。原自备私家汽车一辆，也卖去，得款二千美元，出入惟坐地下火车，必要时乃临时雇用计程汽车。每天必散步一小时，读英文两小时，还常听留声机的英语会话唱片。英文程度，讲话仍不流利，但听懂甚多。在家吃饭，如前简单，常常吃“大锅菜”（或称“锅里挑”）——即将白菜、红萝卜、番茄，或他种蔬菜，和一些牛肉，连面条统放在一锅煮熟，大家分尝。有时也与友人外出在小馆子吃饭。他几十年的习惯是早睡早起的，不过在纽约主持各事务，因各友白天做工，到晚上九时后才能来开会，一直到中夜方完，他的生活习惯也不得不为工作而改变了。未几，冯妻李德全也东来，始再有家庭生活。有时，全家去看电影。据说，这是他惟一的娱乐。（以上在纽约生活，摘录刘尊祺、吴茂荪两文，载《纪念册》并参考薛著。）

自此以后，冯虽仍身在异国，实际上已成为“无党之人”了。冯非共产党人，不过，其妻李德全却是老共产党员，大概是多年前随冯氏游俄时正式入党的。不过，冯氏始终仍然笃信三民主义，只是不喜欢许多国民党领袖人物，也不赞成中央的许多政策措施，则却是事实。他不承认是共产主义者，而自许为三民主义实行者。质言之，他不过是国民党内的“革命分子”，一如好些反蒋的国民党员一般（上据余个人所知）。这不能称为“倒戈”，盖已无“戈”之可倒了。

然而冯此时的意识形态中，坚信“中山先生亲笔写的‘民生主义就是共产主义’。这是我们全同胞的宝典，哪能随便更改？更改了这个，便是叛徒”（见致李济深函，载《纪念册》页一六一）。

三十六年（一九四七）九月九日，冯氏与其志同道合者组织“华侨和平民主协会”，以促进其吁请美政府停止对中国之一切援助。效力虽微，而国民政府再不免受影响矣。十二月廿日，中央宣布召其回国，不应。卅七年（一九四八）之初，“国民党革命委员会”在香港成立。他被选为中央委员之一，并任该会驻美代表。这是冯氏“左”倾之正式表示。据我个人之臆断，他之所以行此一着，无非对于国民党人物与党、军、政措施之失望与不满，认为不符三民主义，故而投向他力，固以为共产党是足以实现其为国为民之理想的。上文已说过，他一生志在救国救民，不过所具有的是“单轨头脑”——由独自仗赖儒家治道，而至“基督教”，而至“国民党”，以至“共产党”，无非一贯的表现。其然，岂其然耶？愿质诸当代学术界史学家之公平的知人论世者。

归途中逝世

民国卅七年（一九四八），冯氏之旅美护照已过期，美国官方屡次加以压迫（见冯致李济深函，载《纪念册》页一六一）。据其自言，有一美国官员H曾向他表示："我们美国政府是反对共产党的，是决不能与共产党合作的；只要你们不要共产党，我们美国政府愿意帮你们的大忙，用钱用军火有的是。"又直引其言："只要你们不要共产党，我们就不要国民党，愿意帮助你们民主人士。"冯坚决拒绝，而一力拥护孙中山先生昔年的"三大政策"（以上统见同上函）。因此，美政府"不让冯玉祥将军享有在美寻得政治庇护的权利"（美国前内政部长伊斯克语，原译文载《纪念册》页一二四）。这即谓不准其再在美居留，无异是驱逐出境。冯氏于是不得不亟谋他适。但究去何方？初拟到香港，但是对他不安全（同上）。他自然不想托庇于英国或日本。那时，他真有点慌张；简直无家可归，无地可容，无路可走。美政府的表示何异"为丛驱雀"？卒之他得苏联驻美大使潘友新之力助（《纪念册》页一一二吴茂荪述），乃得转往苏俄之许可证。会夏间，共产党军队在北方大举南下，节节胜利，准备在北方召开大会。冯氏亦决乘势前往参加。据其自己宣布前往目的云："这次回国，是为了参加新的'政治协商会议'，筹备召开'全国人民代表大会'，组织真正民主的联合政府。"（见《告别留美同胞书》，载《纪念册》页一五七）

筹措旅费，也大不容易。原来，冯氏此时经济非常拮据，柏克莱的房子又卖不出去，只有拿房子向银行押了八千美元，又把家私拍卖了，才能成行。留下次子夫妇与两孙在美，说是"在美洲留下冯家一粒种子，永远为民主与自由而斗争"（上见"枫叶"函，载《纪念册》页一二六）。七月卅一日，他便挈夫人和一子三个女儿及女婿乘苏俄载重九千吨的货船"波必达"（Pobeda）号从纽约启行，出大西洋，假道苏俄返大陆。

八月杪，货船渡大西洋，过地中海而驶入黑海直趋苏联境内的敖德萨港。九月一日下午三时，冯氏突遭意外，在船上与其一女被焚死。据官式报告：是日，船上放演电影，影片失慎着火，影响及冯氏，遂因心脏病发或受窒息而死亡〔注二〕。一代奇人，遂尔溘逝，年六十有七〔注三〕。

五年之后（一九五三）十月十五日，冯氏之尸体遗灰安葬于其生前两度隐居之泰山；葬礼仪式隆重，毛泽东、朱德等均致送花圈，中国政府要人多有亲来送葬者。由李济深主持葬礼，其二子安放遗灰入土。冯氏在人间世的事迹于是结束。（其妻李德全于一九七二年四月廿三日，在北平逝世，年七十七岁。）

结语

关于冯氏之死，吾思之，吾重思之，这个旷代的军事奇才，千百年不可多见的人豪，一生怀抱和实行救国救民的大志，本来是饶有竟其全功之可能的，终因言行招惹，人事复杂，环境机陧，竟致有若是之悲惨收场，不能为国为民多造实益，赍志以殁。令我不能不相信新国画大师高剑父先生之所谓大自然充满“残缺美”。他之诞生距今适届九十周年，我为他写完这本传记，怛悼之怀，余哀不尽，结果全稿之时，犹有说不出的多端感慨，不禁掷笔三叹：“可惜！可惜！真真可惜！”

一九七二年十一月全书脱稿

〔注一〕又文按：冯部将领中与余最友善而为余所最敬仰之一人，厥维张荩忱将军。兹搜集所得有关其一生之资料，以及个人交谊印象所感，撰成《张自忠将军事略》，附录于此，以传此旷代民族大英雄。

张将军自忠，字荩忱，以清光绪十七年（一八九一）七月七日生于山东临清，为鲁西望族。父国桂公，官江苏海州，有政声。少时，随父任所攻读。继入临清中学，复毕业于天津法政专门学校。乃蒿目时艰，怀有报国大志。民国三年（一九一四），投笔从戎，投陆军第二十师为学兵。（上据刘棨琮：《张自忠成仁取义》篇，载《掌故》月刊第九期。）

民国六年（一九一七），年廿七岁，转而投效冯玉祥之第十六混成旅。初任学兵连见习官（刘著页二七）。其为人也，怀大志，具雄才，躯干魁梧奇伟，不愧“山东大汉”之称。素性严肃刚毅，木讷寡言，生活俭朴，精明强干，刻苦耐劳，此余昔在军中所深深认识、印象不磨者。入营未久，即得冯氏器重，资履虽浅，倚畀甚殷，浸假成为其骁勇爱将之一。历任各级军职，于诸战役中屡立大功。

自十九年（一九三〇）国民军解体后，孑身至晋复投宋哲元新改编之廿九军，任师长。后随军移驻华北。民国廿一年（一九三二），日本占据东三省后，分路西进。其进攻长城喜峰口一路，宋哲元军张自忠率本部与赵登禹两旅极力抵抗，大刀队神威莫御，日军死伤甚多，大败而退。其后，张将军继任察哈尔省主席及天津市长。廿六年（一九三七）卢沟桥战事发生后，宋奉中央命率所部坐镇保定。张乃代理冀察政务委员会委员长、北平绥靖主任，兼北平市市长，盖留其在后方与日军周旋掩护全军也。日方知其实为积极抗日分子，亟谋进兵逐之而另设傀儡组织。张实无法施行军政职权，而全国舆论，不明真相，一致痛诋，目为“汉奸”。张受谤，悲愤欲绝，但无由自辩，遂决出亡。一日，不动声色，独自骑脚踏车出城，径赴天津，乘轮至青岛转往济南。韩复榘得中央电，派员送其往南京。至则晋谒蒋委员长，自行请惩在北方失地丧师辱国之罪。蒋公慰勉备致，且自承担负一切责任，并嘱其安心保养以俟后命。第二次晋谒时，更告以决令其重回部队，俾再得机会效力国家。张大受感动，誓尽力抗战，一雪横受“汉奸”恶名之大耻，盖其为血性男儿，久受忠勇抗日之训练，至是已决心以死报国矣（秦著页二三）。

未几，张即奉命回宋哲元之第一集团军任五十九军军长。返部之日，对部众痛哭失声，宣布“今日回军，除共同杀敌报国外，乃与大众共寻死所”，无异是悲壮沉痛之抗日誓师辞也。全体官兵，大受感动，泣不成声，誓死效命。旋率军开赴鲁南临沂，与日军鏖战七昼夜，击溃板垣第五师团。由是我军得移师南向，奠定台儿庄之大捷。张乃奉命助守徐州。

时，镇守徐州者为李宗仁。李平素待下和蔼可亲，与冯氏之威严作风异。张来报到，以其为客将也，更接待之以礼，即命对坐谈话，张已兴殊感。（在“国民军”中，凡军官见冯氏，不论官职高下必立正。）旋又打开纸烟盒，亲手请其吸烟。张受宠若惊，勉强伸手抽出一支。不料李随即按开打火机，为其点燃。那时，张受了这样的特殊待遇，心神张皇不知所措，突然双膝跪地，接受其“殊恩”。这虽小事，却令张衷心感激，努力报国了。徐州会战后，李宗仁会见冯氏，与其闲谈云：“焕章，您练兵成绩之优越，真了不得，我在徐州也身受厚赐哩，特要多谢您。”冯不明白，回问意义。李答道："徐州撤退时，我军由一门出；各军鱼贯先行，留张自忠一军殿后。（此为行军后退时之最重要任务。）张将队伍摆列城外道旁两边，荷枪屹立不动，等待他军从其行列当中过尽了，张军乃依次随行。张独自为殿，为我全军最后之一人，左手提手枪，右手握大刀，从容不迫地押着走。全体兵将步伐整齐，秩序一些不乱，卒使我军毫无损失，安全撤退。这岂不是您的训练成绩而我身受厚赐的吗？"（以上徐州纪事是后来冯氏亲口对我说的。徐州突围张军殿后事并见秦著页二五，但不详。）

以后，战场西移。十月，在武汉大会战中，张氏又立辉煌功绩之后，升任卅三集团军总司令，而国人亦目为民族英雄矣。其后，转战湖北，无役不与，亦无役不作殊死战。廿八年（一九三九）三月，大捷于鄂北随县、枣阳，击破日军三个师团。翌年夏，敌以重兵三路再犯襄阳、樊城，中我诱敌深入之计。张以主力坚守襄河，负抄袭敌后之最困难、最重要任务。五月七日，以所部全力犹未集中，而全面战事关系及本身职责所在，不得不急行出击，遂留书与副总司令冯治安，预作永别之绝命的悲壮语。连夜奋不顾身，躬率七十四师轻兵由宜城（后改名"自忠县"）渡河截击，连战连捷，竟切断敌军归路，使其阵势摇动。十日，进击日军主力于方家集，独当正面，连日歼敌无数。十六日，敌援军万余人突至，张乃陷重围，仍不肯稍移指挥位置，复往返冲杀十余次；卒至部众伤亡殆尽，而其胸部亦受机关枪伤六处，拒敌仅数武，犹不肯后退一步。左右强曳之，则瞋目严斥曰："此吾成仁日，有死无退。"且振臂高呼杀敌，而创发仆地矣。弥留际，顾遗留之部属曰："吾力战而死，自问对国家、对民族、对领袖可告无愧；汝等当努力杀敌，毋负吾志！"乃拔佩剑自裁殉国。年五十岁。

当其灵榇到渝之日，蒋委员长将其历年政绩战功通电全国，褒扬之词，无以复加。官民致祭者，络绎不绝。"均一致确认张将军是我们抗战以来，最伟大的民族英雄。"（参考秦著《我与张自忠》篇。）

〔注二〕关于冯氏死事，有两种流行的、歧异的说法。一是遭意外被焚而致命的。据其夫人李德全函告友人的一封公开信（无日期）缕述当时情形云：

> 先夫是在九月一日，在苏联轮船"波必达"号航行于黑海时，突然失火而殉难的。……
>
> 在船上，每夜有苏联影片放映，他总是鼓励孩子们不要错过一张片子。影片

的内容，就常常成为我们第二天吃早餐时的谈话资料。

真是不幸之至，在我们要到达目的地的前一天，一个管理电影片的船员，因为把胶片卷得太快了，就突然起了火，无法救熄。先夫和我冲出了房舱，但舱外已经是一片火焰与烟气了。我的脸部立即灼伤，我们又赶快回到房舱里，被烟所窒息而晕倒在地板上。后来我从窗洞中，被救到了救生艇上，可是先夫因心脏衰弱，就与世长辞了。（见《纪念册》页一九）

李女士运其尸体遗灰回北平后，亦曾公开宣布其去世情形，大致与上函雷同。（曾在香港某左派日报发表，惜忘记日期及文辞。）此说，据同时在场、同时受伤者之人证，言之凿凿，诚大有可能。然因其在苏俄船上突然而死，且死得离奇，所以早就引起许多人的疑惑，以为他是被苏俄蓄意谋害者。在刘著（页一五八）据一位从美回国的友人说：

冯到美国第二年，被中共和苏俄所派的人包围，设好圈套，说请他先到莫斯科看看，再送他回国。三十七年秋冯上了圈套，便在乘俄轮去俄途中被害。据这位朋友说："这是史太林有计划的害冯。因冯在民国十五年，曾骗了许多枪弹，又杀了一个俄国顾问。史早想害冯，苦无机会；这回既把冯套住，如到莫斯科始下手，恐会引起国际间的指责。史不会放冯回国，也不会愿他进莫斯科；就计划好当轮船一到俄国领海边，即用毒瓦斯把冯毒死；向外宣布是烧死的。"

另据一说，谓当时电影胶片失火，在场观者纷纷逃避，皆庆得生。惟冯氏端坐椅上不能起来，动弹不得，致当场殒命。显见其座椅预先安置电流，及时有人发电，故冯氏不能离座云。说者又言此是据当时生还者传出的消息云。（以上系一位寅兄于一九七一年由台湾来港过访时谈话所述，谓亲闻自当年与冯等同船者所说的。）

再有一说大略如下：冯氏在美初欲回香港与李济深一致行动，继因在美的苏俄特工造谣警告他说国民党已派人行刺他，回港不安全，不如乘俄船直航到俄境绕道回国。冯氏信之乃举家成行。迨到了俄领海岸，于夜间放映自制的生活电影片。冯氏与女儿并肩坐第一排，影片忽失火。冯夫人李德全未在场，但一闻火警急趋入室，"即闻到极浓厚的毒瓦斯气味"。她救出女儿，幸晕而复苏。迨再去看冯氏，则船上俄人告已经抬下小艇，往岸上医院急救。旋说冯氏以受惊过度，心脏衰竭而死。"她认定谋杀者是把毒气暗置于冯的座椅底下，及时引发，立刻使冯窒息毙命的。”至究竟是何方（苏俄或中共）因何故害死他的则无人说出来。（上据“马五先生”——即雷啸岑：《政海人物面面观》，载香港《大成》月刊，一九七二年三月第廿三期页四五，云系“据李德全事后私下对其女婿叙述，……实系预定的谋杀计划”。“这些内幕是十余年前有位‘西北军’的老友，从北平来到香港，向笔者说出的。”）（按：这分明是第四手资料。）内容与上陈之说又有出入。

以上两说皆有可能。如果被害之说可信，则主谋者必是蓄意害死他全家的，因为李夫人当场受伤而其一个女儿也同父亲一齐遇难。李夫人及其他同行者之不死是侥幸的。至关于李夫人之报告，则怀疑者因她早年随冯氏赴俄时，已秘密加入共产党，埋伏在冯军工作，对于此事当然蓄意歪曲事实，为苏俄讳，所以她的“人证”是未可尽信的。

抑有进者，如其确被毒杀，则主谋和行凶者，当非中共。一因当时中共尚无这些适当人物在美布置，除非由李德全亲与俄人布置一切，但这幻想更过分，全无一点迹象，遑问凭据？次因中共当时正要欢迎冯氏回来，即如欢迎李济深、宋庆龄女士等，凡国民党军政要人均极力拉其“靠拢”，以壮声威及借以号召其旧部投效，无加害之理也。

综合以上直到执笔时的资料，吾人站在科学的历史立场，据“史识”和“史德”说句公平话：因当时真相难明，确凿证据未有，碍难肯定哪一说是对的。然凭个人理性的推测，他是死于意外的成分多于死于被谋杀的。因为中共不至主谋，已见上文。苏俄也无充分可信的动机去害死他。第一，因他从前所得苏俄的助力实是少数；多数的军械是备足价钱买来的，所以并非欺骗行为。第二，反俄、清共、驱鲍，是整个国民党共同的行动，不能由他个人负责。第三，苏俄那时以全力助中共，自然要助其拉拢冯氏夫妇。第四，杀俄顾问事前所未闻；纵为事实，必因有罪经军法处决，且多年往事，哪能成仇？第五，如要谋杀他，何以不就在渡大西洋中间实行？抛掷其尸实行海葬，便一了百了，毫无后患；但反而谋杀之于已入苏俄领海，又要抬之上岸，送往医院，大起嫌疑，留下痕迹，其谋也忒笨了；苏俄恐不至行此下策。

综合以上研究，站在现代历史家立场而下结论，总因真实的、直接的资料不足，种种推想，难作定论。究其极，我个人最高限度，只可认为于“斧声烛影”的千古疑案外，又增多一宗而已。

〔注三〕关于冯氏年岁问题，经著者慎为考证，断为生于光绪八年壬午

（一八八二）。薛立敦之《冯传》亦同此断定。依国人计算年龄法，是年为一岁。证以冯氏自传所述，亦屡符合无间，如光绪廿五年（一八九九）十八岁，一九〇〇年十九岁，一九〇一年二十岁。照此计算，其去世之年——民卅七年（一九四八）应为六十七岁。然据《纪念册》一般人及通讯社等均以为六十八岁。《冯玉祥将军传略》（页一）以其生于光绪六年（一八八〇），则一九四八年应为六十九岁，但篇末仍作六十八岁（页六）。“路透社”莫斯科九月五日电讯，亦以其生于一八八〇年死时六十八岁。“合众社”同日电同上（页十、十二）。上文保持著者考证成果，但并录他说于此备考。